감성의 인간학 총서 03

욕망의 문제틀로 읽는 현대사회

감성의 인간학 총서 03

욕망의
문제틀로 읽는
현대사회

고려대 철학연구소 지음

한국학술정보

머리말

　인간은 항상 무엇인가를 원하고─바라고─추구하며 살아간다. 원하고─바라고─추구하는 일이 성취되지 못할 때 인간은 고통스러워하며 자신이 불행하다고 여기지만, 원하고─바라고─추구하는 일을 그만두어버린다면 인간의 삶은 전원이 고갈된 시계처럼 동력을 잃고 그 자리에 멈춰 서게 될 것이다. 욕망이 충족되지 못하는 삶도 불행하지만, 과도한 욕망은 오히려 인간을 상대적 궁핍과 결핍감으로 몰아넣으며, 아예 욕망 자체가 결여된 삶 또한 인간을 무기력과 권태에 빠지게 한다. '잘 살기'(well-being) 위해서는 욕망에 대한 심층적인 성찰과 균형 잡힌 사유가 필요한 이유가 바로 여기에 있다.

　현대사회를 특징짓는 뚜렷한 징표 중의 하나는 '욕망의 과잉'이다. 가시성·효율성·물신성으로 대변되는 자본주의 체계는 질적인 행복을 양적 풍요로 대체하면서 인간을 '사물화'(Verdinglichung)의 길로 내몬다. 효율성에 대한 숭배와 물질에 대한 욕망은 한 개인의 힘으로 거부하거나 전복시킬 수 없는 거대한 문명사적 흐름이다. 동일성의 잣대와 정량화된 기준으로는 재단할 수 없는 '삶'(Lebens)의 고유한 영역들이 동일성의 잣대에 의해 재단되고 억압받는 데서 현대인의 비극은 탄생한다. 비극적 상황에서 벗어나기 위해서는, 깊은 산중의 미로에서 탈출하는 일과 마찬가지로, 일단 지형도를 확보하는 일이 필요하다. 이 책은 바로 과잉 욕망의 덫에서 벗어나기 위해 개념적 지형도를 그려보려는 작업의 일환이다.

원하고-바라고-추구하는 인간의 행위(및 심적 상태)에 관한 진술은 동·서양을 막론하고 처음에는 동사어로 표기되었지만, 인류 지성사의 전개와 더불어 이러한 단어들은 차츰 명사화되고 추상화됨으로써 다양한 철학적 담론으로 자라나게 되었다. 한자어의 원망(願望)·욕구(欲求)·욕망(慾望) 등도 그렇지만, 영어의 desire·want·demand·need, 불어의 désir·besoin·souhait·voeu, 그리고 독어의 Begierde·Wunsch·Trieb 등의 단어는 모두 원하고-바라고-추구하는 인간의 행위(및 심적 상태)를 지시하는 명사어들이다. 각기 다른 시기에 서로 다른 문화권에서 생겨난 다양한 '욕망' 관련 어휘들을 하나의 번역어로 통일하는 일은 애당초 가능하지 않은 일이다. 각각의 어휘들이 사용되는 언어적 맥락에 따라 어감이 달라지기도 하지만, 개별 철학자들이 바탕에 깔고 있는 철학적 전제와 논의의 맥락에 따라 각 어휘는 제각기 고유한 의미를 발휘하기 때문이다. 통약불가능성(incommensurability)이라는 난관에도 불구하고 과거와 현재, 동양과 서양, 그리고 이상과 현실 간의 대화는 지속되지 않으면 안 된다. 형이상학적 믿음이 붕괴되고 인식론적 확실성이 사라진 현시점에서 그나마 철학이 인류에게 기여할 수 있는 유일한 작업은 대화이기 때문이다.

이 책은 한국연구재단의 중점연구소 지원사업(KRF-2008-411-J04401)의 도움을 받아 고려대학교 철학연구소에서 수행한 연구결과의 일부분이다. 총 3단계(9년)로 설계된 중점연구소 사업은 전체 방향을 '감성적 인간'(homo aestheticus)으로 설정하고, 제1단계에서는 '욕망하는 인간'(homo desiderance), 제2단계에서는 '느끼는 인간'(homo sentiens), 그리고 제3단계에서는 '행복한 인간'(homo beatus)을 단계별 주제로 설정하고 연구를 진행 중이다. 도구적 합리성에 매몰된 '경제적 인간'(homo economicus)에서 탈피하여 새로운 시대를 열어갈 '감성적 인간'의 범형을 창출하는 것이 본 연구의 장기적인 목표이다.

2014년 9월 1일
고려대학교 철학연구소 소장 이승환

| 목차 |

생태적 미래와 자발적 가난
– 格物致知를 통한 인식과 수양을 중심으로 –

김형찬

1. 자연 동화와 생태적 미래

　독일 출신의 예술가인 요셉 보이스(Joseph Beuys, 1921~1986)는
<죽은 토끼에게 어떻게 그림을 설명할 수 있을까?>(1965)라는 퍼
포먼스 영상에서 약 3시간에 걸쳐 방 안을 돌아다니면서 토끼에게
중얼거리며 벽에 걸려 있는 자신의 그림들을 설명한다. 그는 치유
와 연금술을 상징한다는 꿀과 금박으로 자신의 얼굴을 감싼 채 토
끼를 품에 안기도 하고 양손으로 토끼의 앞발을 잡고 기어가기도
하면서 자신을 토끼와 동일시하는 모습을 연출한다. 또 다른 퍼포
먼스 영상인 <코요테 Ⅲ>(1984)에서는 한국 출신의 예술가 백남
준(1932~2006)이 피아노를 연주하는 가운데 코요테의 괴성을 모
방하여 소리를 낸다. 여기서 보이스는 아메리카 인디언의 숭배 대
상이었지만 미국인들에 의해 개체 수가 급격히 줄어들었다는 코요
테로 변신한 듯하다.[1]
　예술가이자 적극적인 사회참여 활동가이기도 했던 보이스는 다

---

1) 이 두 작품은 '소마미술관'(서울)에서 열린 전시회 '요셉 보이스: 멀티플'(2011년 6월 16일~
　2011년 8월 28일)에서 소개됐다.

양한 소재를 활용하여 자신을 자연에 투여하고 스스로 자연과 동화하는 행위예술을 통해 문명과 자연이 공생해야 하며 또한 공존할 수 있음을 보여주려 했다. 위의 두 작품을 통해 그가 사람들에게 전하려는 뜻은 분명했다. 인간만이 이해하는 고상한 문명에 대한 우월감이나 그러한 우월감에서 비롯된 자연 파괴는 잘못된 것이며 인간 역시 자연과 소통하는 자연의 구성원이라는 것이었다.[2] 하지만 죽은 토끼의 두 귀를 입에 물고 토끼처럼 기어간다거나, 사람의 성대로 코요테의 울음소리를 내는 것은 아무래도 보는 사람들에게 편안한 느낌으로 받아들여지지 않는다.

만일 사람들이 요셉 보이스가 지향한 바와 같이 자연과 동화된 생태적 미래가 바람직하다는 데 동의하고 그렇게 살아가려 한다면, 현대인들이 누리고 있는 물질적 소비문화의 상당한 부분을 포기하고 불편함을 감수해야 할 것이다. 그것은 사람들이 행복한 삶의 중요한 조건으로 여겨온 물질적 풍요를 포기하고, 오랜 역사를 거치며 인류가 벗어나려 부단히 애써 온 일종의 '가난'을 다시 선택하는 것이라고 할 수 있다.

사람들이 오랜 기간에 걸쳐 구축해온 삶의 방식과 가치관을 바꾸고 이러한 '가난'을 자발적으로 선택하도록 할 수 있으려면, 생태적 미래의 상은 일반인들로부터 그러한 자발성을 이끌어 낼 수 있을

---

2) 요셉 보이스의 활동 분야 또는 그의 사상 영역은 자연주의나 생태주의에 국한된 것은 아니다. 그는 국가 간 경계를 넘어 유럽과 아시아를 잇는 '유라시아' 기획으로 마르크스-레닌-마오쩌둥주의의 독단과 국가 간 대립을 비판하고 평화주의를 지향하는 정치적·예술적 실천을 주도하기도 하였고, 서양의 모든 철학과 과학의 발전 동인을 그리스도에게서 찾으며 그리스도의 영적·정신적 체험을 예술을 통해 보여주려 했던 실천적 기독교인이기도 했다. 다만, 이 글의 주제와의 연관 속에서 그에 관한 논의는 생태론적 측면에 한정한다. 요셉 보이스의 활동과 사상에 대해서는 Eugen Blume, 「요셉 보이스: 유토피아 유라시아(또는 예루살렘으로의 여행)」, 『Joseph Beuys: The Multiples』, 서울: 소마미술관, 2011; 전선자, 「요셉 보이스의 "확장된 미술개념"과 대안문화」, 『서양미술사학회논문집』 29, 서양미술사학회, 2008 참조.

만큼 강한 설득력을 가져야 할 것이다. 일반인들이 헨리 데이비드 소로나 니어링 부부처럼 삶의 방식을 전환하기에는 현대사회에서 물질적 풍요와 소비의 유혹이 너무 강하기 때문이다. 보이스가 보여 준 행위예술은 바로 그러한 '자발성'을 이끌어 내기 위한 일종의 의도된 연출이었다. 그럼에도 그러한 행위를 보며 가지게 되는 '불편한 느낌'을 통해 얻을 수 있는 것은 아마도 익숙한 현대문명의 삶을 되돌아볼 수 있는 성찰의 시간을 잠시 확보하는 정도인 듯하다. 그것이 사람들에게 '지속가능한 불편함'을 납득하고 받아들이게 하는 계기가 되기에는 뭔가 동의하기 어려운 부분이 있다는 것이다.

이러한 보이스의 퍼포먼스는 자연 개체들과의 동일화 경험을 통해 인간 자신이 자연의 부분일 수 있다는 사실을 보여 줌으로써 자연에 대한 현대인의 인식을 바꾸려는 생태주의적 설득 방식의 하나이다.[3] 그렇지만 인간이 자연과 함께 또는 자연의 일부로서 살아가야 한다고 해서, 토끼나 코요테처럼 살아가는 것이 바람직한 인간의 미래일 수는 없을 것이다. 인간은 인간 나름의 방식으로 자연 속에서 또는 자연을 기반으로 해서 살아가는 방법을 터득·전승하며 오랜 세월을 살아왔고, 그러한 삶의 방식은 이미 인간의 일부가 되어 있다.

생태론적 인식의 전환은 인간이 자연의 일부로서 자연의 개체들과 소통하는 존재임을 의식하되, 다른 자연 개체들과 공존하면서도 인간 나름의 '인간다운' 삶의 방식을 자각하고 구현하는 연장선 상

---

3) 자기이탈을 통한 자연과의 일체화 방식으로 보편적 지혜에 도달하려는 시도는 인간을 포함한 자연 전체를 유기체로 보는 생태주의의 관점에 근거한다. 이러한 자연과의 동일화에 대해서는 문순홍, 『생태학의 담론』, 서울: 아르케, 2006, 53~56쪽 참조.

에서 이루어지는 것이어야 할 것이다. 그런데 '자발적 가난'이란 儒家的 전통에서 늘 칭송되어 온 삶의 방식이었으며,[4] 특히 유교 국가였던 조선 시대에는 선비들에게 매우 권장되던 생활양식이었다.[5] 인간의 물질적·세속적 욕망에 대한 매우 강도 높은 절제를 요구한 그러한 가치관은 물론 물질적 소비를 제한할 수밖에 없었던 산업사회 이전의 경제·사회적 상황에서는 불가피한 선택이었을 것이다. 그렇지만 그 가치관이 적어도 조선에서 5백여 년간이나 사회의 피지배층뿐 아니라 지배층에서도 실제로 실천됐다는 사실을 고려한다면, 그 가치관이 지속해서 작동할 수 있도록 한 설득·설명과 교육·훈련의 방식에 주목할 필요가 있다.

논자는 특히 '자발적'으로 가난을 선택할 수 있도록 하기 위한 자연·타자의 이해 방식 또는 그러한 수양·훈련 방법으로서 '格物·致知'에 주목한다. 格物·致知는 성리학에서 인간 자신이 자연과 타자를 인식하고 이해하는 방법일 뿐 아니라, 이를 통해 자연 또는 우주에서 자신의 위상과 삶의 방향을 파악·설정하기 위해 제시된 인식이론 겸 수양방법이다.[6] 자연에 대한 일정한 이해를 바탕으로 '가난'을 자발적으로 선택할 수 있었던 유학자의 가치관은 바로 이

---

4) 孔子가 아끼던 제자인 顏回가 매우 궁핍한 생활 속에서도 그 처지를 억지로 벗어나려 하지 않고 그 상황을 편안히 여기며 진리 추구를 즐기는[安貧樂道] 삶을 추구했다는 것은 유학의 전통에서 '자발적 가난'의 대표적인 모범사례로 전해져 왔다. 『論語』, 「先進」 18; 『孟子』, 「離婁章句下」 29.

5) 율곡 이이가 초학자들을 위해 저술한 교과서인 『擊蒙要訣』에서도 물질적 욕망에 대한 경계가 여러 차례 반복된다. 그는 곤궁함이 지나치면 살아갈 방도를 찾아야 하겠지만, "굶주림과 추위를 면할 뿐 쌓아두고 풍족하게 지내려는 생각을 품어서는 안 된다"고 강조했다. 요컨대 "학자는 모름지기 부귀를 가벼이 여기고 빈천을 지키기로 마음을 먹어야 한다"는 것이었다. 李珥, 「擊蒙要訣」, 『栗谷全書』, 45:90a(한국문집총간 제45권 90쪽 상단 우측면).

6) '格物·致知'는 일반적으로 인식론의 차원에서 논의되지만, 格物·致知를 제대로 하기 위해서는 대상을 정확하게 인식하기 위한 노력과 더불어 '誠', '敬' 등으로 상징되는 수양의 자세가 반드시 병행되어야 한다. 이에 관해서는 다음 장에서 논한다.

러한 인식·수양론에 대한 검토를 통해 파악될 수 있을 것이다. 이 글에서는 이에 대한 검토를 통해 성리학의 자연 및 자기 이해의 방식을 살펴보고, 그것이 사람들로 하여금 절제된 삶을 자발적으로 선택할 수 있게 한 요인은 무엇이었는지 고찰하고자 한다.

2. 格物·致知를 통한 타자의 이해

格物과 致知는 본래 『大學』의 八條目 중 제1, 2조목으로 나오는 용어이다. 하지만 格物·致知는 단지 팔조목 중 일부라는 의미를 넘어, 이른바 『禮記』의 『古本大學』과 朱熹(1130~1200)의 『大學章句』를 가르는 핵심적인 개념이다. 『고본대학』에서는 팔조목 중 格物·致知에 대한 구체적 설명이 없이, 誠意에 대한 이야기가 펼쳐진다. 格物·致知가 타자에 대한 인식·이해의 방법인 데 비해, 誠意는 주체의 마음가짐에 대한 수양방법에 해당한다. 그러한 의미에서 자신의 마음이 곧 진리라고 주장했던 王守仁이 『고본대학』을 『대학』의 定本으로 간주한 것은 자연스러운 일이다. 이에 반해 주희가 誠意와 正心 이전에 格物·致知에 주목한 것은 타자에 대한 인식 또는 타자와의 관계 속에 관통하는 원리·법칙에 대한 인식이 주체의 의식·마음에 대한 수양의 전제가 되어야 한다고 생각했기 때문일 것이다. 그래서 주희는 『고본대학』에서 誠意와 正心에 대한 설명 이전에 格物·致知에 대한 설명이 누락되었다며, 이른바 '補亡章'을 추가했다.[7]

'補亡章'의 설명에 따르면, 사람의 마음은 특별한 인식능력[知]

을 가지고 있고 만물은 보편원리[理]를 가지고 있다. 물론 人心도 만물 중 하나이므로 보편원리를 가지고 있고, 人心의 인식능력[知]은 바로 그 '理'에서 비롯된다. 인간은 자신이 이미 알고 있는 理를 미루어서 인식 대상인 타자들의 理를 하나하나 인식해갈 수 있고, 그것이 오랜 시간 축적되면 어느 순간 우주 전체에 관통하는 그 보편원리[理]의 전모를 환하게 알게 된다[豁然貫通]. 그렇게 되면 모든 타자의 表裏精粗를 다 알게 되고, 인간의 마음은 그 지적 능력을 최대한 발휘하게 된다[致知]는 설명이다.

그런데 주희가 格物·致知의 대상으로 삼은 것은 물리적 객체로서의 타자가 아니라 그 타자가 가지고 있는 원리·법칙 또는 규범[物理][8]이다. 그것은 인식 주체로서의 人心과 인식 대상으로서의 타자가 각각 가지고 있는 우주·자연의 보편적 법칙·규범이다. 이러한 인식 주체의 대상 인식 과정에서 대상의 물질적 특성은 중요하게 고려되지 않는다. 물질적 요인은 단지 이러한 인식, 즉 人心과 物理의 만남을 방해하지 않도록 하면 될 뿐이다. 이렇게 본다면 성공적인 格物·致知는 철저하게 물질적 요소, 즉 氣의 장애가 배제될 때 가능해진다. 그러한 의미에서 退溪 李滉(1501~1570)은 이상적인 格物의 과정을 설명하면서 아예 氣를 생략하고 理만으로 格物을 해석하여 "理가 저절로 이른다[理自到]"[9]라는 명제를 제시

---

7) 朱熹 撰, 「大學章句」, 『四書章句集注』, 北京: 中華書局, 1983, 4쪽. "所謂致知在格物者, 言欲致吾之知, 在卽物而窮其理也. 蓋人心之靈莫不有知, 而天下之物莫不有理, 惟於理有未窮, 故其知有不盡也. 是以大學始敎, 必使學者卽凡天下之物, 莫不因其已知之理而益窮之, 以求至乎其極. 至於用力之久, 而一旦豁然貫通焉, 卽衆物之表裏精粗無不到, 而吾心之全體大用無不明矣. 此謂物格, 此謂知之至也."

8) 朱熹 撰, 「大學章句」 중 "致知在格物"에 대한 朱熹의 注. "格, 至也. 物, 猶事也. 窮至事物之理, 欲其極處無不到也."

9) 李滉, 「答奇明彦-別紙」, 『退溪集』, 18:30a~31b.

하기도 했다.

人心과 物理의 만남에서 핵심은 주체의 理와 대상의 理가 만나는 것이지만, 물리적으로 다른 공간을 점유하고 있는 주체와 대상 사이에서 그 만남의 매개 역할을 하는 것은 氣일 수밖에 없다. 성리학의 이기론 구조 내에서 氣의 역할이 없이는 주체와 대상이라는 자연의 두 개체(또는 두 개체의 理) 사이에 소통이 이루어질 방법이 없다. 그럼에도 이황은 氣의 역할을 무시하고 "理가 저절로 이른다[理自到]"라는 명제로 그 만남의 순간을 설명했다.

> 이전에 내가 잘못된 설을 고집했던 까닭은 다만 '理는 無情意·無計度·無造作'이라는 주자의 설만을 고수하여, '내가 物理의 極處에 궁극적으로 도달할 수 있지 理가 어찌 極處에 스스로 이를 수 있겠는가'라고 생각했기 때문이다. 그리하여 格物의 格이나 無不到의 到를 모두 내가 格하고 내가 到하는 것으로만 보았다. … 그러나 (朱子는) 또한 말하기를 "理에는 반드시 用이 있으니 어찌 또 心의 用을 말할 필요가 있는가?"라고 하였다. 그 用은 비록 人心을 벗어나는 것이 아니지만, 그 用의 妙를 이루는 까닭은 理의 發現 때문이니, 人心의 이름(所至)에 따라 이르지 않음이 없고 다하지 않음이 없다. 다만 나의 格物에 다하지 못함이 있음을 걱정할 뿐 理가 저절로 이르지(自到) 못함을 걱정하지는 않는다. 그러므로 格物이라 하면 내가 진실로 物理의 極處에 窮至함을 말하지만, 物格이라 하게 되면 어찌 物理의 極處가 나의 窮究함에 따라 이르지 않음이 없음을 말하는 것이 아니겠는가? 이로써 情意·造作이 없다는 이것은 理의 '本然의 體'이고, 그 窮究에 따라 發現되어 이르지 않음이 없다는 이것은 理의 '지극히 神妙한 用'임을 알 수 있다. 이전에는 다만 (理의) 本體의 無作爲만 알았을 뿐, 그 妙用의 顯行할 수 있음을 알지 못하였다. 혹시라도 理를 死物로 여긴다면 道에 어긋남이 그 얼마나 심하겠는가.[10]

위의 인용문은 '格物·物格'에 대해 이황이 설명한 부분이다. 여기서 이황은 "理는 無情意·無計度·無造作"이라는 주희의 말의 문자적 의미에 집착해서 '物格'의 의미를 잘못 해석해왔다고 반성하며 '物格'에 대한 새로운 해석을 제시하고 있다. 格物은 주어가 생략된 것으로 보아 "인식주체인 人心이 인식대상인 物理에 이른다"[11]라고 해석하면 별문제가 없겠지만, 物格은 주어가 物理라고 볼 경우 "物理가 인식주체에게로 이른다"라는 의미가 된다. 이것은 物의 理가 움직인다는 뜻이 되므로, 법칙·규범인 理가 운동성을 가진다는 의미로 이해될 수 있어 논란의 여지가 있다. 주희는 物格에 대하여 "物理의 지극함이 이르지 않음이 없다[物理之極處無不到]"라고 풀이하였고,[12] 이에 대한 의미의 해석은 조선 학자들에게 논란거리가 되었다. 이황도 이에 대해 오랜 고민 끝에 말년(사망약 20일 전)에 高峯 奇大升(1527~1572)에게 보낸 편지에서 위와 같이 생각을 정리한 것이다.[13]

이황은 體用의 관점에서 理의 用이 가능함을 지적하였고, 人心

---

10) 李滉, 「答奇明彦-別紙」, 『退溪集』, 18:30a~31b. "前此滉所以堅執誤說者, 只知守朱子理無情意·無計度·無造作之說, 以爲我可以窮到物理之極處, 理豈能自至於極處. 故硬把物格之格, 無不到之到, 皆作己格己到看. …… 然而又曰, 理必有用, 何必又說是心之用乎, 則其用雖不外乎人心, 而其所以爲用之妙, 實是理之發見者, 隨人心所至, 而無所不到, 無所不盡. 但恐吾之格物有未至, 不患理不能自到也. 然則方其言格物也, 則固是言我窮至物理之極處, 及其言物格也, 則豈不可謂物理之極處, 隨吾所窮而無不到乎. 是知無情意造作者, 此理本然之體也, 其隨寓發見而無不到者, 此理至神之用也. 向也, 但有見於本體之無爲, 而不知妙用之能顯行. 殆若認理爲死物, 其去道不亦遠甚矣乎."

11) 이 해석은 格을 至로, 物을 物理로 보는 주희의 설을 따른 것이다.

12) 朱熹 撰, 「大學章句」 중 "物格而后至知"에 대한 朱熹의 注. "物格者, 物理之極處無不到也. 知至者, 吾心之所知無不盡也."

13) '物格'의 해석과 관련된 조선학자들의 논란과 이황의 입장에 대한 상세한 논의는 이상은, 「退溪의 '格物·物格說 辯疑' 譯解」, 『퇴계학보』 3, 서울: 퇴계학연구원, 1974; 류정동, 「퇴계선생의 致知格物에 대한 認識論 고찰」, 『퇴계학보』 25, 1980; 김형찬, 「합리적 이해와 경건한 섬김: 백호 윤휴의 퇴계학 계승에 관한 고찰」, 『퇴계학보』 125, 2009 참조.

의 작용과정을 理의 用으로 재해석하였다. 그는 理의 用이 人心을 벗어나는 것이 아니라고 함으로써, 格物·物格의 인식작용은 人心의 영역에서 이루어지는 것임을 분명히 하는 동시에, 주희의 설명, 즉 "物理之極處無不到"란 "物理의 極處가 나의 窮究함에 따라 이르지 않음이 없음을 말하는 것"이라고 해석하였다. 物理 (또는 物理의 極處)가 나의 窮究함에 따라 이르지 않음이 없다는 것, 그리고 "다만 나의 格物에 다하지 못함이 있음을 걱정할 뿐 理가 저절로 이르지(自到) 못함을 걱정하지는 않는다"는 것은 바로 인심의 인식능력으로 物의 理가 인식되는 순간, 그 格物·物格의 순간이 바로 본래 '하나'에서 근원한 인식주체의 理와 인식대상의 理가 아무런 매개체[氣質]의 장애 없이 만나 본래 하나[一理]임이 인식되는 순간임을 뜻한다. 그 순간에 氣質은 완벽하게 理의 통제하에서 理의 잠재성을 온전히 구현하는 도구로 작용되므로, 이황이 늘 강조한 관점인 '가리키는 바[所指]' 또는 '비롯된 바[所從來]'의 관점에서는 氣質을 고려하거나 언급할 필요가 없다. 理와 관련해 이황이 제기한 명제들, 즉 "理가 발하다[理發]", "理가 움직이다[理動]", "理가 저절로 이르다[理自到]"는 것은 모두 이 같은 맥락에서 이해될 수 있다. 주희가 格物·致知를 통해 인식하고자 한 것은 物이 아니라 物理였고, 퇴계는 바로 그러한 의미에서의 완벽한 格物·致知가 이루어지는 것을 이처럼 人心 내에서 이루어지는 理自到 (理가 저절로 이르다)라고 설명했다. 理自到는 바로 格物·致知의 인식 대상뿐 아니라 인식 과정마저도 완전히 理 중심으로 설명한 것이었다. 그럼에도 理의 用이 人心을 벗어나는 것이 아니라고 규정되는 한 이것은 '주체'의 입장에서의 설명방식이라고 할 수 있다.

하지만 이를 주체의 理와 대상의 理와의 '만남'이라는 관점에서 본다면, 이것은 주체와 타자, 또는 人心과 物理의 '소통'이라고 볼 수 있다. 格物·物格을 感通으로 해석한 白湖 尹鑴(1617~1680)의 관점은 바로 이러한 의미를 잘 드러내 준다.

윤휴는 格物을 "공부의 첫 단계에서 誠敬과 思辨의 노력으로 物理가 心에 感通하게 하는 것이니, 마치 제사 지낼 때 神明에게 '格'한다는 것과 같다"[14]라고 해석하였다. 그에 따르면 格物은 "흐트러지는 마음을 거두어 신중히 간직하며 엄숙하고 고요하고 전일한 상태를 유지하여 그 근본[本原]을 명백 광대하게 함으로써 사물이 다가왔을 때 지혜로 알게 하는 것"이고, 또한 "따져 묻고 깊이 생각하고 연구에 연구를 거듭하여 참으로 오랫동안 힘을 쌓은 끝에 신화(神化)의 경지에 들어가는 것"이다.[15] 윤휴는 이처럼 格物을 덕성수양과 이론학습이 병행되어 이르게 되는 인식과정으로 해석하고 그것을 '感通'이라고 설명했다. 感通이란 서로 감응하여 소통한다는 의미이므로 주체와 대상의 선명한 구분이 필요하지 않다. 感通은 주체와 대상 사이의 구분마저 사라져 버린다는 의미에서, 이황이 이야기하고자 했던, 인심에서 이루어지는 理自到의 완벽한 구현 상태를 좀 더 효과적으로 설명해주는 개념이라고 할 수 있다.[16]

이러한 관점에서 본다면 주희가 강조했던 格物·致知, 즉 인심

---

14) 尹鑴, 「大學古本別祿」, 『白湖全書』, 1502쪽. "學問之始, 誠敬之力, 思辨之功, 使物理感通於心, 如齋祀之格於神明也"(이 글에 인용되는 『白湖全書』의 번역문은 『국역 백호전서』, 서울: 민족문화추진회, 1995~2004를 참고하여 수정·보완하였음).

15) 尹鑴, 「大學全篇大旨按說」, 『白湖全書』, p.1517. "蓋格物之道有二, 一則欲收放操存齊莊靜一, 而使本原昭曠, 而物來知知, 一則欲審問精思, 研幾極深, 使眞積力久, 而入於神化, 此皆物理感通之道也."

16) 윤휴가 말하는 '感通'의 의미에 대한 상세한 내용은 김형찬, 「합리적 이해와 경건한 섬김: 백호 윤휴의 퇴계학 계승에 관한 고찰」 참조.

의 靈明한 知的 능력으로 개별 사물의 理를 인식하고, 나아가 우주의 보편적인 이치를 인식하는 豁然貫通의 경지는 바로 神明과 감응·소통하듯이 우주 만물의 이치와 감응·소통하는 것을 의미한다고 볼 수 있다. 그런데 여기서 格物 또는 感通은 바로 氣質의 장애가 완전히 배제된 순수한 理의 '작용'을 의미한다. 물론 理의 '작용'은 氣를 통해 드러나는 것이지만, 이때 氣는 理의 완벽한 통제하에 작용한다는 의미에서 이를 理의 '작용'이라고 해도 무방하다는 것이 이황의 뜻이었다. 格物·致知하는 주체와 대상의 작용이 바로 理의 온전한 顯現일 때, 氣質은 굳이 언급하지 않아도 된다는 것이다.

이처럼 氣質의 차이가 무시되고 배제된다면, 인간과 타종의 생물을 구분하는 물질적 요인 역시 무시되고 배제될 수 있을 것이다. 하지만 이렇게 格物·致知, 感通으로 인식된 理는 단지 만물에 동일한 보편적 법칙·규범의 의미만 지니고 있는 것이 아니다. 그 理는 우주·자연에 보편적이되, 種마다 또는 개체마다 다른 법칙·규범이 되기도 한다. 성리학의 대표적 명제 중 하나인 '理一分殊'는 바로 보편 법칙·규범의 근원적 동일성 안에 현상적 다양성이 내포 또는 잠재되어 있고, 자연 개체의 현상적 다양성 안에 근원적 동일성이 온전히 보존되어 있음을 표현한 것이다.

3. 자연의 이치와 인간의 도덕성

성리학에서 格物·致知를 통해 인식되는 物理 또는 人心 안의 理는 자연의 보편적 원리·법칙으로서 물리법칙과 도덕규범을 겸한다. 자연을 몰가치적인 대상으로 보는 서구 근대의 자연관과 달리 성리학에서는 인간이 따르며 살아가야 할 도덕규범이 자연으로부터 비롯된 것이라고 본다. 그리고 그러한 도덕규범은 물리법칙과 일치시되고, 이렇게 물리법칙과 일치시됨으로써 도덕규범은 인간을 비롯한 자연 개체가 따라야 할 당위성뿐 아니라 물리법칙과 같은 필연성을 가지는 것으로 간주된다.[17]

자연에서 그 理의 내용은 元·亨·利·貞으로 표현된다. 각각 생성·번성·결실·안정으로 해석될 수 있는 이 元·亨·利·貞의 보편 법칙은 자연의 개체에게 부여되어 仁·義·禮·智(·信)라는 도덕적 본성으로 표현된다. 그런 의미에서 仁·義·禮·智(·信)는 인간을 포함한 만물에게 보편적인 도덕규범이라고 할 수 있다. 그렇지만 만물이 모두 동일한 정도로 仁·義·禮·智(·信)를 구현하면서 살 수 있는 것은 아니다. 성리학의 주요 명제 중 하나인 '理一分殊'는 우주 만물이 보편 법칙·규범이라는 근원적 동일성을 공유하면서도 현상적으로는 매우 다양한 모습으로 드러날 수 있다는 사실을 압축적으로 기술한 것이다. 유일하고 보편적인 법칙·규범[理]은 자연 개체의 다양한 기질과 결합되어 여러 가지 현상적 특

---

17) 理 개념이 물리법칙과 도덕규범의 의미를 겸함으로 인해 조선유학에서의 理氣心性 논쟁 양상은 매우 복잡해졌다. 그럼에도 이황과 기대승을 비롯한 조선유학자들이 이를 분리하지 않은 것은 바로 도덕규범을 물리법칙과 연계시킴으로써 도덕규범의 당위성이 물리법칙의 필연성의 기반 위에 있는 것으로 설명할 수 있었기 때문일 것이다.

성으로 드러난다. 18세기 조선에서 벌어진 人性物性 논쟁은 이와 관련해서 인간과 동물의 동일성과 차별성을 집중 논의한 것이었다.

성리학에 따르면 보편 법칙·규범[理]은 각 개체의 心에 본성[性]으로 부여된다. 개체의 본성은 보편 법칙·규범이 부여된 것이라는 점에서 인간과 동물에게 동일하지만[理一/性卽理], 또한 그것은 각 개체의 氣質 안에 부여된 것이라는 점에서 인간과 동물이 같은 것일 수 없다[分殊/氣中之理]. 전자는 인성물성 동론의 입장이고 후자는 인성물성 이론의 입장이다. '理一分殊'라는 명제가 이미 근원적 동일성과 현상적 다양성의 공존 또는 상호 내포 관계를 의미한다는 점을 고려하면, 이러한 논쟁은 이미 이 명제 내에 잠재된 것이었다. 문제는 어느 편이 옳으냐의 문제가 아니라, 인간과 동물의 동일성과 차별성의 근거를 어디에 두느냐 하는 것이었다.

인성물성논쟁에 참여한 조선유학자들이 그 차별성의 핵심으로 주목한 것은 五常이었다. 五常이란 바로 위에서 언급한 仁·義·禮·智·信을 가리키는 것으로, 자연의 개체에 부여된 도덕적 본성의 내용을 상징하는 다섯 가지 개념이다. 이것은 유교의 오랜 역사 속에서 각 개체가 타자와 조화로운 관계를 맺으며 질서 있게 살아가기 위해 반드시 필요하다고 여긴 덕목들이었다. 이에 대해 인성물성 동론자는 인간과 동물이 모두 이 오상을 온전하게 가지고 있다고 주장했고,[18] 인성물성 이론자는 인간에 비해 동물은 濁駁한 기질을 가졌기 때문에 온전히 오상을 가진 인간과 달리 오상 중 일부만 가지고 있다고 주장했다.[19] '理一分殊'라는 명제만 보아도,

---

18) 李柬, 「上遂庵先生-別紙」, 『巍巖遺稿』(한국문집총간), 190:305a.
19) 韓元震, 「論性同異辨」, 『南塘集』(한국문집총간), 202:126a.

양측의 주장은 분명히 성리학 이기론체계의 근거 위에서 모두 타당성을 가지는 것이었다. 하지만 여기서 주목하고자 하는 것은 양측 모두 인간이 오상을 온전히 구현하면서 살 수 있는 데 반해, 동물은 오상을 온전히 구현하면서 살 수 없다고 보았다는 사실이다. 이론자는 물론, 인간과 금수가 오상을 모두 가지고 있다고 주장한 동론자조차도 인간과 금수는 오상의 온전한 구현 여부에서 분명한 차이가 있다고 여겼다는 것이다.

성리학 성립 이전의 유학에서도 인간이 인간일 수 있는 근거를 금수초목과의 차이에서 찾으려 했고, 그 근거는 도덕과 연관된 것이었다.[20] 물론 인간은 자연의 산물이자 자연의 구성원으로서 仁·義·禮·智·信이라는 덕목도 자연으로부터 비롯되었고, 자연으로부터 배워 실천해야 하는 것이었지만, 대다수의 유학자 또는 성리학자가 생각하기에 그러한 덕목을 온전히 다 구현하며 살아갈 수 있는 것은 인간뿐이었다. 인성물성 이론자는 인간만이 오상을 본성 안에 온전히 가지고 있다고 주장하면서 금수와 인간을 그 본성상에서 구별하려 하였다. 한편, 인성물성 동론자는 인간과 금수가 그 본성의 측면에서는 모두 오상을 구비하고 있다는 점에서 인간과 금수의 본성이 같다고 주장하면서도, 그 본성이 부여되어 있는 心의 氣質의 차이로 인해 인간만이 오상을 구현할 수 있다는 점을 분명히 하였다.

성리학에 따르면 인간이 금수 이상의 생리적·이기적 욕망을 가지고 있음에도 금수와 달리 이를 스스로 조절하고 나아가 '자발적

---

20) 인간의 차별성을 '義'라는 도덕적 분별력에서 찾은 荀子가 그 대표적인 예이다. "水火有氣而無生, 草木有生而無知, 禽獸有知而無義. 人有氣有生有知亦且有義, 故最爲天下貴也." 『荀子』, 「王制篇-第九」.

가난'을 택할 수 있는 것은 바로 이러한 인간의 특성 때문이다. 인간이 자연의 산물이자 그 구성원이면서도 금수초목과 다른 삶을 살아갈 수 있는 것은 오상의 온전한 구현이 인간에게만 가능한 일이기 때문이라는 것이다. 성리학의 관점에서 만물은 理와 氣의 결합으로 이루어져 있다는 점에서 인간은 자연의 산물이자 자연의 구성원이다. 張載가 인간과 자연의 개체들이 모두 동포라고 주장한 것은 바로 氣의 보편성에 근거한 것이었고,[21] 程頤가 理一分殊를 주장하며 인간과 자연에 관통하는 보편 법칙·규범을 주장한 것은 바로 理의 보편성에 주목한 것이었다.[22] 그러나 유학자 또는 성리학자에게 생리적·이기적 욕망의 절제와 '가난'의 자발적 선택이 가능한 것은 자연의 구성원으로서 자연의 다른 개체와 같은 질료로 만들어졌기 때문이라거나 동일한 법칙·규범을 가지고 있기 때문이 아니었다. 그것은 금수초목과 달리 인간만이 자연의 이치에 따라 도덕적 이상을 구현하며 살 수 있다는 자부심과 나아가 天地와 함께 우주의 운용에 참여하여 만물들이 온전히 그 생명력을 발휘하면서 살아가도록 할 수 있는 특별한 존재라는 책임의식을 가짐으로써 가능한 일이었다.[23]

---

21) 張載, 「正蒙」중 '太和', '乾稱', 『張子全書』.

22) 程顥·程頤, 『二程全書』, 40:42b.

23) "책임은 무겁고 갈 길은 멀다"는 증자의 다음과 같은 말은 바로 인간으로서의 그러한 자부심과 책임의식을 잘 보여준다. "曾子曰: 「士不可以不弘毅, 任重而道遠. 弘, 寬廣也. 毅, 强忍也. 非弘不能勝其重, 非毅無以致其遠. 仁以爲己任, 不亦重乎? 死而後已, 不亦遠乎?」" 『論語』, 「泰伯」.

4. 자연법칙의 실현과 인간의 의지

요셉 보이스가 자신을 토끼나 코요테와 동일시하면서 펼친 퍼포먼스는 문명과 야만, 또는 인위와 자연으로 과도하게 구분된 두 영역의 경계를 무너뜨려야 한다는 뜻을 전달하려는 일종의 '충격요법'이었다. 그가 보여주려 한 것은 인간이 자연의 개체와 별다를 것이 없는 존재이며, 자연의 공통 구성원으로서 다른 자연의 개체들과 서로 넘나들 수 있을 만큼 동질성을 공유하고 있다는 사실이었을 것이다. 이러한 인식 전환의 시도는 유기체로서의 자연 또는 우주 전체 속에서 인간의 위상과 역할을 되돌아보게 하려는 생태주의자들의 일련의 시도와 같은 맥락에 있다.[24] 그것은 주로 자연과 인간의 물질순환적 동질성 또는 물리작용의 관계·연계성에 초점을 맞춘 것이다. 즉, 인간 또는 인간사회가 자연으로부터 상대적 독립성을 가진 존재나 시스템이 아니라, 거대한 우주·자연의 물리적 순환계 안에 그 일부로서 존재한다는 사실에 주목한 것이다.

하지만 머레이 북친이 지적하듯이 이는 "사회 제도들의 동요적인 복잡성, 개인들의 변덕스러운 경향, 다양한 문화전통, 그리고 갈등하는 개인"이라는 의미에 대해 신중하게 고려하지 않은 것이라고 할 수 있다.[25] 사회제도나 인간의 특성이 간과된 채 자연 또는

---

24) 우주 전체를 유기체의 시스템으로 설명하는 프리초프 카프라나 지구를 하나의 살아 있는 생명체로 간주한 제임스 러브록 등이 이러한 의미에서의 전형적인 생태주의자일 것이다. Fritjof Capra, 이성범·구윤서 옮김, 『새로운 과학과 문명의 전환(The Turning Point)』, 범양사출판부, 1985; James Lovelock, 홍욱희 옮김, 『가이아(Gaia: A New Look at Life on Earth)』, 갈라파고스, 2004.

25) Murray Bookchin, 문순홍 옮김, 『사회생태론의 철학(The Philosophy of Social Ecology)』, 솔, 1997, 151쪽.

우주의 유기체적 동질성만 지나치게 강조했다는 것이다.[26] 적어도 유학의 전통 속에서 顔回가 선택했던 자발적 가난은 그가 처한 사회현실에서 택한 최선의 문명적 선택이었지, '문명'적 생활양식과 대비되는 '자연'적 삶의 방식으로 돌아가기 위한 것은 아니었다. 그리고 유학 또는 성리학의 전통에서 그러한 자발적 가난이 '지속가능한 삶의 양식'으로 선택되고 권장되고 실천될 수 있었던 것도 바로 그러한 문명을 지향하는 고도의 도덕적 가치관 때문이었다.

이황이 지적하였듯이 세상을 보는 방법에는 '같은 것들 가운데서 다른 점이 있음[同中有異]'을 보는 방법도 있고, '다른 것들 가운데서 같은 점이 있음[異中有同]'을 보는 방법도 있다.[27] 인간과 금수 초목 및 그들의 모든 물리적·정신적 작용이 理와 氣의 결합이라는 동일한 기본 구조로 되어 있다는 것은 성리학에서 인간을 포함한 만물이 모두 거대한 자연의 구성원이라는 사실을 이해하는 근거가 된다. 하지만 이황이 강조한 것은 同中有異의 설명 방식이었다. 이는 "(四端을 말한) 맹자의 의도가 다만 '仁·義·禮·智'의 측면으로부터 순수하게 발출함을 가리켜 말함으로써 性이 본래 선함을 드러내려 한 것"이듯이, 인간의 性情이 본래 선하다는 그 본질을 분명히 함으로써 금수와 다른 삶의 목표를 명확히 제시하는 것이 교육

---

26) 물론 요셉 보이스는 자연뿐 아니라 사회도 유기체로 파악하고 사회의 구성원인 모든 사람을 미술가로 여기고, 그들의 사회적 실천을 곧 '사회적 조각'으로 간주하려 했다는 점에서 사회 제도나 인간의 특성을 무시하는 것은 아니다. 그럼에도 그는 사회마저도 유기체로 이해하고 정형화된 문화와 사회체제를 넘어서 인간과 자연, 국가와 대륙, 인종과 문화, 물질과 정신의 경계를 넘나들며 자유롭게 소통하는 것을 주요 테마로 삼았다는 점에서 다양한 개체 또는 집단 사이에 소통 가능한 '동질성'에 주목했다고 할 수 있다. 이에 관해서는 전선자, 「요셉 보이스의 "확장된 미술개념"과 대안문화」, 『서양미술사학회논문집』 29, 서양미술사학회, 2008; 김재원, 「Joseph Beuys: 탄생 90주년을 맞아 그를 되돌아보다」, 『Joseph Beuys: The Multiples』, 서울: 소마미술관, 2011 참조.

27) 李滉, 「答奇明彦-論四端七情第一書」-改本, 『退溪集』, 29:414c~415b.

상 유익하다는 입장이었다.[28] 이황이 四端과 七情뿐 아니라, 本然之性과 氣質之性, 道心과 人心을 모두 主理와 主氣의 관점으로 선명하게 구분하려 한 것은 바로 이러한 입장 때문이었다.

물론 그렇다고 해서 만물이 不相離・不相雜의 관계에 있는 理・氣의 결합으로 구성되어 있다는 성리학의 존재론적 理氣 구조를 부정하는 것은 아니었다. 그것은 존재의 구조인 데 반해, 인간이 지향해야 할 삶의 가치는 이와 다른 방식으로 제시되어야 한다는 것이었다. 이황은 이를 '가리키는 바[所指]'와 '비롯된 바[所從來]'라고 표현하였다. 존재론적 구조만 이야기한다면 그저 七情, 氣質之性, 人心만 이야기하면 될 텐데, 성현들이 굳이 그 안에서 四端, 本然之性, 道心을 구분하여 이야기한 의도는 바로 인간을 비롯한 자연의 개체가 근거하여 살아가야 할 삶의 가치, 나아가 지향하며 살아가야 할 삶의 가치가 바로 질료적 성질의 요소인 氣質에서 비롯되는 것이 아니라 자연의 법칙・규범[理]에 근거한다는 것이었다.

그 理는 물론 결합된 氣質의 淸濁粹駁에 따라 현상화 과정에서 다양한 모습으로 드러날 수 있겠지만, 이황이 강조하고자 한 것은 궁극적 목표로서의 理의 순선・완전성의 구현이었다. 그가 格物・物格을 설명하며 제시한 명제 '理自到'는 바로 그러한 理의 완전한 구현과정을 보여 주려는 것이었다. 인식 주체가 전심전력으로 物의 理를 인식하려고 노력하다 보면 어느 순간 人心의 理[즉 性]와 物

---

28) 李滉, 「答奇明彦(論四端七情第二書)-後論」, 『退溪集』, 29:424~b. "孟子之意, 但指其粹然從仁義禮智上發出說來, 以見性本善. 故情亦善之意而已. 今必欲舍此正當底本旨, 而拖拽下來, 就尋常人情發不中節處, 滾合說去, 夫人羞惡其所不當羞惡, 是非其所不當是非, 皆其氣昏使然. 何可指此儳說, 以亂於四端粹然天理之發乎? 如此議論, 非徒無益於發明斯道, 反恐有害於傳示後來也." 이에 관한 이황의 의도에 대한 자세한 설명은 김형찬, 「理氣論의 一元論化 연구」, 고려대학교 대학원 박사학위논문, 1996, 54~55쪽 참조.

의 理가 감응·소통하며 본래 하나였음이 확인된다. 이 순간에 대상을 인식하려는 인간의 인위적 노력이 자각되지 않듯이, 人心의 氣質은 '性卽理'의 확인 과정에서 완벽하게 수동적인 매개체로서 기능하면서 그 존재가 망각된다. 이는 마치 "不知足之蹈之手之舞之"[29]의 상태이므로 인심이 인위적 노력으로 物의 理에 다가가는 것이 아니라 理가 저절로 다가오는[理自到] 것이라고 해도 무방하다. 이러한 상태에 이르기 위해서는 物理를 인식하려는 人心의 全心全力이 전제되어야 하며, 이 때문에 理自到는 人心 내의 일이라고 할 수 있다.

그런데 이러한 전심전력은 자연의 모든 개체가 할 수 있는 일이 아니다. 자연의 법칙·규범이 그러하다는 것을 이해하고, 이를 구현하기 위해 스스로 몸과 마음을 조절하여 그 '경지'에 도달하려는 의지와 의식이 있어야 한다. 李珥는 이를 '意'라고 하였다. 이이는 이러한 '意'가 인간만이 가진 특별한 특성이라는 사실에 주목했다.[30] 이이는 이러한 '意'를 강조함으로써, 바로 이황의 '理自到'가 가능하기 위해서는 그러한 법칙·규범을 추구·실현하려는 인간의 의식과 의지가 전제되어야 함을 지적한 것이다.

그리고 이렇게 도덕적 이치를 체득·구현하기 위해 의지·의식을 가지고 理와 감응·소통하는 인간의 역할은 자아의 실현이나 인간문명의 건설에 그치는 것이 아니라 天·地와 함께 도달해야 할

---

29) 孟子, 『孟子』, 「離婁章句上」 27.

30) 李珥, 「答成浩原」, 『栗谷全書』, 44:194c～195a. 이이에게서 인간의 心의 意는 計較商量하고 精察하는 능력으로서, 心의 의식적인 인식·판단·의지 기능을 가리킨다. 이이의 意에 관한 상세한 내용은 김형찬, 「氣質變化, 욕망의 정화를 위한 성리학적 기획」, 『철학연구』 38, 고려대학교 철학연구소, 2009, 202～206쪽 참조.

먼 길을 지향하고 있고, 유학의 전통에서는 그것을 三才[天·地·人]의 相參이라고 표현해왔다. 즉, 인간은 자연의 일부이되, 자연과 함께 자연의 개체들을 그러한 길로 인도하는 역할을 한다는 것이다.

5. 인간다운 삶과 가난의 자발적 선택

현대사회의 과도한 소비문화와 물질적 풍요의 숭배, 그리고 그로 인한 자연 파괴 등을 보면 지구라는 삶의 터전이 이러한 인간들의 생활양식을 더 이상 지탱하기 어려우리란 것을 충분히 짐작할 수 있다. 그렇다고 해서 인류가 과학기술과 물질문명의 기반 위에 구축해온 가치관과 삶의 방식을 포기하고 그저 자연으로 돌아가기를 기대하기는 어려울 듯하다. 현대인에게 그것은 곧 과거로의 회귀, 역사의 후퇴를 의미할 수 있기 때문이다. 즉, 현대인이 이룬 문명은 인간들이 각기 다른 시대와 환경 속에서도 각각 나름의 더 나은 삶을 위해 추구하며 도달한 '미래'라는 것이다.

이른바 '생태적 미래'가 인류의 공멸을 피하기 위한 최후의 어쩔 수 없는 혹은 내키지 않는 선택이 아니라, 인류의 역사에서 의미 있는 '진전'으로 받아들여질 수 있는 자발적 선택이 되려면, 그것은 현대문명이 추구해온 가치관보다 한 차원 더 의미 있는 것이어야 할 것이다. 논자가 주목한 것은 우리의 역사 속에서 물질의 유혹에 맞서 절제된 생활양식을 지속가능한 삶의 방식으로 제시하고 권장하고 실천했던 상당히 성공적인 경험이 있었다는 사실이다. 가난조차 편안히 여기며 진리를 즐겼던 安貧樂道의 삶은 유학자가 지향한 고도의 가치 있는 생활방식이었으며, 성리학의 格物·致知는 그러한 가치관을 체득하는 인식·수양 방법으로 제시된 것이었다. 그것은 인간이 자연의 일부로서 자연으로부터 삶의 방식을 배우며 살아가는 것이었지만, 또한 금수초목과 다른 인간다운 삶의 방향을 인식하고 추구하는 것이기도 했다. 당시에도 安貧樂道의 길은 대단히 어려운 일이었지만, 그것은 인간이 자연의 산물이자 자연의 구성원으로서 자신의 생명력을 최대한 발휘할 뿐 아니라, 타자의 생명력도 가장 효율적으로 발휘하도록 도와주면서 자연·타자와의 조화로운 삶을 이끌어나가는 존재라는 자각과 자부심을 가졌기에 가능한 것이었다.

물론 유학 혹은 성리학에서 그 삶의 가치관을 상징했던 五常[仁義禮智信]이 반드시 지금까지 최선의 것일지에 대해서는 더 논의가 필요하다. 오상의 근거가 된 보편 법칙·규범으로서의 理가 경직된 지배이데올로기로 작용했던 역사적 경험도 잊어서는 안 될 것이다. 그럼에도 자연의 특별한 구성원으로서 인간의 위상을 파악하고 자연·타자와의 조화 속에서 인간다운 삶을 구현하려 했던 유학·성리학의 인식·수양 방법론은 '생태적 미래'의 구상과 지향을 위한 좋은 지적·경험적 자료가 될 수 있을 것이다. 중요한 것은 생태적 미래의 전망과 선택이 '문명'의 폐단에 대한 반발에서 비롯된 자연에로의 회귀가 아니라 진정 인간다운 삶이 무엇인가에 대한 고민에 근거한 것이어야 할 것이고, 그러할 때 가난의 자발적 선택은 문명의 포기가 아니라 역사의 진전일 수 있다는 사실이다.

참고문헌

孔子, 『論語』

孟子, 『孟子』

荀子, 王先謙 撰, 『荀子集解』, 中華書局, 1992.

尹鑴, 『白湖全書』, 경북대 출판부, 1974.

李柬, 『巍巖遺稿』, 韓國文集叢刊 190, 민족문화추진회, 1997.

李珥, 『栗谷全書』, 韓國文集叢刊 44~45, 민족문화추진회, 1988.

李滉, 『退溪集』, 韓國文集叢刊 29~31, 민족문화추진회, 1988.

張載, 『張子全書』, 臺灣中華書局, 1966.

程顥·程頤, 『二程全書』, 中文出版社, 1979.

朱熹, 『四書章句集注』, 中華書局, 1983.

韓元震, 『南塘集』, 韓國文集叢刊 201~202, 민족문화추진회, 1998.

김재원, 「Joseph Beuys: 탄생 90주년을 맞아 그를 되돌아보다」, 『Joseph Beuys: The Multiples』, 소마미술관, 2011.

김형찬, 「氣質變化, 욕망의 정화를 위한 성리학적 기획」, 『철학연구』 38, 고려대학교 철학연구소, 2009.

_____, 「理氣論의 一元論化 연구」, 고려대학교 대학원 박사학위논문, 1996.

_____, 「합리적 이해와 경건한 섬김: 백호 윤휴의 퇴계학 계승에 관한 고찰」, 『퇴계학보』 125, 2009.

류정동, 「퇴계 선생의 致知格物에 대한 認識論 고찰」, 『퇴계학보』 25, 1980.

문순홍, 『생태학의 담론』, 아르케, 2006.

이상은, 「退溪의 ‘格物·物格說 辯疑’ 譯解」, 『퇴계학보』 3, 퇴계학연구원, 1974.

전선자, 「요셉 보이스의 "확장된 미술개념"과 대안문화」, 『서양미술사학회 논문집』 29, 서양미술사학회, 2008.

Eugen Blume, 「요셉 보이스: 유토피아 유라시아(또는 예루살렘으로의 여행)(Joseph Beuys: Die Utopia EURASIA(auch eine Reise nach Jerusalem))」,

『Joseph Beuys: The Multiples』, 소마미술관, 2011.

Fritjof Capra, 이성범·구윤서 옮김, 『새로운 과학과 문명의 전환(The Turning Point)』, 범양사출판부, 1985.

James Lovelock, 홍욱희 옮김, 『가이아(Gaia: A New Look at Life on Earth)』, 갈라파고스, 2004.

Murray Bookchin, 문순홍 옮김, 『사회생태론의 철학(The Philosophy of Social Ecology)』, 솔, 1997.

다문화주의 속의 욕망
- 이데올로기 비판을 중심으로 -

고현범

1. 들어가는 말

이 글의 목적은 현재 전 세계적으로 대두하고 있는 다문화 현실과 다문화주의에 관한 실천 철학적 쟁점들을 욕망이라는 스펙트럼을 통해서 검토하고 이를 통해서 한국 사회에 주효한 사회 철학적 논의를 모색하는 데 있다. 자본과 인구가 세계적 단위로 이동하는 세계화 시대에 단일 민족, 단일 문화에 대한 강한 의식을 갖고 있던 한국 사회 또한 예외는 아니다. 여러 이견에도 불구하고 한국 사회는 다문화사회로 진입하고 있다. 그렇다면 과연 한국 사회는 다문화주의 사회인가? 지난 정부에서부터 시행한 다문화주의 정책은 결혼 이민자(다문화) 가정을 주요한 대상으로 삼고 있으며, 그런 과정에서 국내 거주 외국인 중 50%를 차지하는 이주 노동자들의 문제는 원천적으로 배제되었다.[1] 따라서 한국 정부가 주도하는 다

---

1) 지난해 6월 기준 국내 거주 외국인 실태조사 결과에 따르면 139만 명의 외국인이 3개월 이상 체류하고 있으며, 이는 한국 인구의 2.6% 정도이다. 자격별로 50%가 근로자, 17%는 결혼이민자와 혼인귀화자, 다문화 가정의 자녀가 12%, 기타 유학생이 9%가량이다. 김준식 · 윤인진 · 차윤경, 「집중토론: 다문화 한국의 미래, 어떻게 대비해야 하나?」, 『나라경제』, 한국개발연구원 국민경제연구소, 2011년 11월호, 48쪽. 2005년부터 본격화된 한국의 다문화주의에 대한 정부의 관심과 정책에서 대상 범주는 결혼 이민자 가정이며, 이에 미등록 이주노동자들의 문제는 범주적으로 배제된다. 오경석, 「어떤 다문화주의인가? – 다문화사회 논의에 관한 비판적 조망」, 오

문화주의 정책에서 노동권에 대한 진지한 고려는 찾기 어렵다. 다문화주의 정책이 주요한 대상으로 삼는 결혼 이민자 가정에 있어서도 가부장적 순혈주의에 기반을 둔 동화주의 원칙을 고수하고 있다는 점에서 이주민의 시민권에 대한 고려 역시 부족하다. 다문화주의를 어떻게 규정하느냐는 물음 자체가 논쟁적이며 다양한 맥락에 의존하고 있지만, 소박하게, 다문화주의를 한 사회 안에서 서로 다른 문화적 기원과 정체성을 지닌 집단들 간의 공존을 모색하는 정책이나 지향을 일컫는 말로 이해할 때, 한국 사회에서 다문화주의란 아직은 낯설거나 주변화된 문제로 의식되는 것이 사실이다.

　한국 사회의 특수한 관 주도형 다문화주의가 갖는 한계에도 불구하고 한국 사회 성원들은 이미 다인종 다문화 사회의 현실과 마주하고 있으며 그에 대한 반응 역시 온정어린 시선에서부터 반(反)다문화주의적 정서에 이르기까지 다양하다. 이러한 다양한 반응들은 이방인들에 대한 자연스러운 반응이라는 측면을 갖고 있지만, 욕망의 시각으로 볼 때 한층 복합적인 층위를 안고 있으며, 그에 따른 불편한 진실을 내보인다. 코리안 드림을 좇아 한국에 온 이주민들을 '잘 살기 위해, 돈 벌러 한국에 온 사람들'이라고 보는 시각에는 누구나 가질 수 있는 욕망의 균질성에 대한 인정보다는 그들이 처한 열악한 지위에 대한 무시가 깔려 있다. '내국인도 살기 어려운데'와 같은 말 속에서는 노동 시장을 두고 경쟁하는 욕망의 충돌을 목격하기도 한다. 미등록 이주 노동자들에게 불법 체류란 딱지를 붙이는 것은 이주, 거주, 그리고 노동이라는 인간의 기본적 권

경석 외, 『한국에서의 다문화주의 - 현실과 쟁점』, 한울아카데미, 2007, 33쪽.

리에 대한 이해의 부족을 넘어서 법과 공권력이 가진 이면에 대한 하나의 증후를 보여주는 듯하다. 이주민에 대한 한국인들의 이중적인 태도 또한 증후적이다. 즉 맹목적 백인선호주의(혹은 '화이트 해바라기')라는 인종차별적 의식 또는 무의식은 한국 사회에 드리운 과거의 그림자이면서 동시에 신자유주의적 자본주의가 그려내고 있는 현재이자 미래의 자화상이기도 하다.

철학에서 다문화주의 문제는 주로 자유주의와 공동체주의 논쟁이라는 중요한 도덕 정치철학적 논의를 배경에 두고 고찰되었다. 이는 "소수문화의 발언력 증대로 특징지을 수 있는 다문화주의 현상"2)이 지배권의 정당한 행사와 관련된 규범적 요청을 함축하고 있으며, 한 사회의 지배적 원리와 다문화주의적 요청이 일관된 실천 체계를 형성할 수 있는가의 문제를 제기하고 있기 때문이다. 그리고 그 안에는 좋음과 옳음, 특수성과 보편성, 공동체와 개인과 같은 개념들을 둘러싸고 전개되는 해석의 논쟁과 함께 다원주의, 정체성, 자치권과 자결권, 탈식민주의와 같은 논점들이 포함된다.3)

이 글에서는 한국 사회에서 주변화된 그러나 일상 속에서 간과할 수 없는 윤리적 물음들을 제기하는 다문화주의 문제를 욕망의 관점과 언어를 통해서 접근하고자 한다. 한국 사회에서 다문화주의는 또 다른 인종주의라는 불편한 진실과 마주하고 있다는 전제로

---

2) 김비환, 「포스트모던 시대에 있어 합리성, 다문화주의 그리고 정치」, 『사회과학』 제35권 제1호 (통권 제42호), 성균관대학교 사회과학연구소, 1996, 209쪽.

3) 이러한 논쟁 과정에서 논쟁의 축은 자유주의적 다문화주의, 자유주의적 세계시민주의, 그리고 공동체주의로 새롭게 재편되는 것처럼 보인다. 자유주의 내부에서의 다문화주의 논쟁의 진행 과정에 관해서는 Will Kymlicka, 장동진 외 옮김, 『현대정치철학의 이해』, 동명사, 2006, 467~520쪽. 김남국, 「심의 다문화주의: 문화적 권리와 문화적 생존」, 『한국정치학회보』 제39권 제1호, 한국정치학회, 2005, 87~99쪽 참조.

부터 출발해서, 이러한 인종주의가 무의식적 욕망이 투영된 이데올로기로서 작동하고 있으며 현재의 다문화주의는 인종주의의 새로운 버전에 다름 아니라는 주장을 검토하려고 한다. 그리고 변별적 정체성들이 갖는 우연한 접합으로서 다문화주의가 갖는 가능성을 검토하고 이러한 논의를 바탕으로 단지 이데올로기로서 다문화주의에 대한 규범적 비판을 위한 기준을 제시할 수 있는지, 그리고 정당화된 다문화주의가 가능한지를 검토하려고 한다.

2. 탈정치화하는 이데올로기로서 다문화주의와 인종주의

지난해 9월 부산의 한 목욕탕 직원이 한 외국인 이주민의 입장을 제지해 경찰이 출동하는 사건이 일어나 논란을 빚었다. 이 목욕탕 주인은 경찰에게 외국인 입장을 금지하는 이유를 설명했고, 결국 경찰은 그 이주민을 다른 목욕탕으로 안내할 수밖에 없었다. 목욕탕 주인은 외국인들이 사우나 물을 더럽히며, 에이즈에 걸렸을 수 있어서 거부감을 느끼는 내국인들이 외국인들의 출입을 금지시켜 달라고 요청한다고 그 이유를 밝혔다. 입장을 거부당한 우즈베키스탄 출신 이주민은 한국 국적을 취득한 귀화인이기에 목욕탕 출입의 권리가 있음을 항변했지만, 경찰은 개인 업소의 외국인 출입 금지를 규제할 현행 법률이 없어서 별다른 조처를 할 수 없었다. 이에 그 이주민은 국가인권위원회에 진정했고, 올해 1월 인권위는 귀화한 외국인 여성의 사우나 출입을 막은 것은 인종차별이라는 판단을 내렸다. 판단의 근거로는 다음 두 가지 이유, 즉 첫째,

업주가 내국인 고객의 선호를 고려하지 않을 수 없지만, 고객의 선호가 차별을 정당화하는 합리적 근거가 될 수 없다는 점, 둘째, 에이즈가 공중목욕장을 함께 사용하면서 전파되는 것이 아닌데도, 목욕장 이용을 금지하는 것은 합리적인 이유가 없는 차별행위임을 들고 있다.[4]

인권위는 위 근거를 바탕으로 외국인의 목욕장 이용을 거부하지 말 것을 권고하고, 해당 지역 행정 책임자에게 불합리한 차별을 받지 않도록 관리·감독을 강화할 것을 권고했다. 그러나 이러한 권고에 의해 외국인과 함께 사우나 시설을 이용할 것을 거부하는 주민들의 완강한 태도가 얼마만큼 누그러들지는 미지수다. 그렇다면 다문화주의 시대에 인종차별적인 주민들의 요구는 전(前)근대적이고 퇴행적인 외국인 혐오의 일종인가? 에이즈에 대한 합리적인 이해를 한다면, 이러한 인종주의적 거부감은 완화될 수 있을까?

이처럼 양립할 수 없을 것처럼 보이는 다문화주의와 인종주의의 관계를 두고 지젝(Slavoj Žižek)은 다문화주의란 변형된 인종주의에 다름 아니라고 주장한다.

> 다문화주의는 인종주의의 부인된, 역전된, 자기-지칭적 형태이며, '거리를 두는 인종주의'다. 다문화주의는 타자의 정체성을 '존중'한다. 즉 다문화주의는 타자를 자기-폐쇄적인 '진정한' 공동체로서 파악하면서, 그런 공동체에 대해서 다문화주의자는 자신의 특권적인 보편적 자리 때문에 가능해진 어떤 거리를 유지한다. 다문화주의는 그 자신의 자리에서 모든 실정적(positive) 내용을 비워버리는 인종주의다(다문화주의자는 직접적 인종주의자가 아니다. 그/

---

4) 오마이뉴스 2011년 10월 13일 「"외국인은 물 더럽히니 사우나 출입 안 돼요!"」, 한겨레 2012년 1월 16일 「귀화 외국여성 목욕탕 문전 박대 인권위 "평등권 침해" 개선 권고」.

녀는 자기 자신의 문화의 **특수한** 가치들을 타자에게 대립시키지
않는다).[5]

　다양한 인종 문화적 생활 방식들과 그에 따른 정체성들의 상호
공존을 지향하는 다문화주의가 다른 인종과 문화에 대해 배타적이
고 공격적인 태도를 보이는 인종주의와 어떻게 동일시될 수 있을
까? 지젝의 이러한 과감한 주장의 바탕에는 다문화주의를 전 지구
적 자본주의 이데올로기로 보는 시각이 놓여 있다. 즉 자본주의의
제국주의적 단계에서는 다른 지역을 직접 식민지화했고, 그에 상응
하는 이데올로기가 동화주의라면, 현재의 전 지구적 자본주의 시대
에는 제국주의의 중심 국가와 식민지화된 국가들이라는 대립이 더
이상 유효하지 않다. 왜냐하면, 세계화된 자본이 좌우하는 다국적
회사는 선진국들 역시 식민화할 영토로 취급하기 때문인데, 지젝은
이를 "자기 식민화"[6]라 부른다. 그리고 이러한 자기 식민화하는 세
계화된 자본주의의 이데올로기가 바로 다문화주의라는 것이다.
　여기서 지젝이 지시하는 다문화주의는 이국적 음식과 생활방식
을 소비하는 "온건한"(soft) 다문화주의[7]로부터 자유주의적 다문화
주의, 그리고 비판적인 정체성 정치에까지 이른다. 물론 온건한 다
문화주의가 갖는 소비지향성에 주목한다면 이러한 다문화주의가
갖는 자본의 논리를 파악할 수 있다. 그리고 자유주의적 다문화주
의가 다층적인 서구의 경험에서 제기되었고 그러한 맥락을 벗어날

5) Slavoj Žižek, 이성민 옮김, 『까다로운 주체』, 도서출판 b, 2008, 353쪽.

6) 같은 책, 351쪽.

7) Marco Martiniello, 윤진 옮김, 『현대 사회와 다문화주의: 다르게, 평등하게 살기』, 한울, 2008,
　89~93쪽.

수 없다는 점에서 그것이 갖는 서구 중심성을 지적할 수도 있겠다. 그러나 이러한 추론에 대한 지젝의 입장은 좀 더 단호하다. 즉 다문화주의를 주장하는 정체성 정치, 그리고 페미니즘, 퀴어 운동 등을 포함한 차이 정치가 제기하는 비판들에도 불구하고 전 지구적 자본주의는 건재하다. 나아가 지난한 과정을 통해 정체성 정치가 획득한 자유와 평등의 장(場)은 이러한 요구들을 통합할 수 있는 공간을 이미 전제하기에 그렇게 전복적이지 않다.

지젝의 이러한 입장은 자유주의적 관용을 이데올로기 비판의 틀로 분석한 브라운(Wendy Brown)의 입장과도 연결된다. 관용이 다문화주의적 요구들을 담아낼 수 있는 유력한 덕목이 될 수 있는지에 관한 논쟁에도 불구하고, 다문화주의에 대한 자유주의 논의의 역사는 관용을 둘러싸고 진행되었다고 해도 과언이 아닐 것이다. 이러한 자유주의적 관용에 대한 브라운의 기본적인 관점은 관용을 "초월적이고 보편적인 개념·원리·원칙·미덕이라기보다는, 목적과 내용, 행위주체와 대상에 따라 다양한 역사적·지리적 변형태를 가지는 정치적 담론이자 **통치성**(governmentality)의 실천으로 이해"[8]해야 한다는 것이다. 브라운에 따르면 자유주의적 통치성으로서 관용은 "자유주의 국가나 법체계와 밀접히 결합되어 있지만, 법으로 성문화되지는 않은 여러 실천의 결합"[9]이며 서구 문명과 그

---

8) Wendy Brown, 이승철 옮김, 『관용: 다문화제국의 새로운 통치전략』, 갈무리, 2010, 22쪽. 브라운의 이러한 이해에는 통치성에 대한, 그리고 권력과 담론에 대한 푸코의 논의가 바탕에 깔려 있다. "미셸 푸코는 통치성을, 공식적인 정치 영역에 한정되지 않은 다양한 장소에서, 다양한 합리성을 통해 '행위의 지도'(conduct)를 조직하는 것이라고 설명한 바 있다"(같은 곳). 이를 통해서도 브라운의 권력에 대한 이해가 기본적으로 푸코적 욕망의 담론을 채택하고 있음을 확인할 수 있다.

9) 같은 곳.

타자를 구획하는 문명 담론과 결합해서 "유기체적이고 비서구적이며 비자유주의적인 타자를 제어하는 기능을 한다."[10] 이러한 자유주의적 관점에서 집단적 정체성과 연관된 문화란 늘 위험한 것이며 따라서 문화를 자율적인 개인이 선택하는, 사적이며 객관적인 재화로 간주하는 경향이 있다. 이처럼 문화를 사사화(privatization)하는 자유주의의 경향은 지난한 종교분쟁을 통해 얻은 역사적 체험을 바탕으로 하는 것이지만, 탈정치화의 경향을 갖는다는 점에서 다문화 현실이 안고 있는 근본적인 문제제기를 희석시킬 수 있는 가능성을 언제나 갖는다고 할 수 있다.

지젝은 이처럼 자유주의적 관용의 이면에서 작용하는 탈정치화를 통한 통치성이란 논의를 발리바르(Etienne Balibar)가 제안한 두 가지 "잔혹함"과 연결시킨다.[11] 즉 노숙자에서 실업자에 이르는, 사회적으로 배제된 사람들을 만들어내는 지구적 자본주의 조건들에 내재한 "얼굴 없는 잔혹"과 인종주의적인 근본주의자들의 "비인간적(surhumain) 메두사의 얼굴을 한 잔혹"이라는 두 가지 잔혹함은 모두 합리적인 기능이나 이유를 갖지 않는다는 점에서 과잉적이다. 또한, 이 잔혹함은 현재 전 지구적으로 심각한 폭력의 두 가지 양상이다. 즉 전자의 잔혹함은 "초(ultra)객관적 형태"의 구조적 폭력으로, 후자의 잔혹함은 "초주체적인" 폭력으로 자행된다.

가령 외국인에게 잔인한 폭력을 가하는 근본주의자들인 스킨헤드들이 아무리 자신의 폭력의 이유로 그들이 처한 열악한 가정환

---

10) 같은 책, 268쪽.

11) Žižek, 앞의 책, 329쪽. Etienne Balibar, 최원 옮김, 「폭력: 이상성과 잔혹」, 『대중들의 공포』, 도서출판 b, 2007, 502~503쪽.

경과 사회환경을 든다고 해도 그러한 이유가 그들이 자행하는 잔혹함을 합리적으로 설명해주지는 못한다. 지젝이 보기에 그러한 근본주의적 인종주의는 욕망의 층위에서 작동하는 "환상"[12]과 관련된다. 즉

> 타자(유대인, 일본인, 아프리카인, 터키인……) 속에 들어 있는 우리를 성가시게 하는 그 무엇은, 그가 그 대상과의 특권적 관계를 즐기는 것처럼 보인다는 것이다. 타자는 우리로부터 앗아간(우리가 그것을 가지지 못하는 것은 그 때문이다) 대상−보물을 소유하고 있거나 우리가 그 대상을 소유하는 것에 대해 위협을 제기한다.[13]

여기에서 지젝은 두 가지 기본적인 인종주의적 환상을 거론한다.[14] 첫 번째 유형의 환상은 우리의 향락에 가하는 인종적 타자의 위협이다. 즉 "인종적 '타자'가 '우리'의 향락을 훔치려고 하며, 우리만의 고유한 환상을 강탈하려고 한다." 두 번째 유형의 환상은 인종적 타자가 우리로서는 알지 못하는 어떤 낯선 향락에 도달했다는 믿음이 야기하는 불쾌함에서 비롯한다.[15] 이러한 두 가지 인종

---

12) 지젝이 따르면 환상은 "타자는 도대체 내게 무엇을 원하는가?"라는 물음에 대한 답을 모색하는 과정에서 생성된다. 프로이트의 예를 들면, 딸이 지난밤 딸기 케이크를 먹는 꿈을 꾼 것은 단지 딸기 케이크가 먹고 싶다는 욕망의 충족 때문이 아니라 자신이 딸기 케이크를 맛있게 먹는 모습을 보고 기뻐하는 부모의 욕망의 실현과 관련된다는 것이다. 즉 언제나 타자의 욕망과 관련된다는 점에서 환상은 상호주체적이다. Tony Myers, 박정수 옮김, 『누가 슬라보예 지젝을 미워하는가?』, 앨피, 2005, 183쪽. 그리고 라캉의 환상 공식에 대한 지젝의 논의로는 S. Žižek, 이수련 옮김, 『이데올로기라는 숭고한 대상』, 인간사랑, 2003, 206쪽 이하 참조. 이러한 환상 구조를 인종주의와 연관시키면, 바로 인종주의자들은 자신들의 희생양의 욕망을 상연한다는 것이다. 즉 인종주의자들은 "그들은 진정 무엇을 원하는가?"라는 알 수 없는 타자의 욕망의 심연에 부딪혀 온갖 인종주의적 환상을 만들어낸다. T. Myers, 앞의 책, 177쪽 이하.

13) Žižek, 『까다로운 주체』, 328쪽.

14) Myers, 앞의 책, 195쪽.

15) 가령 미국의 인종주의자들이 일에 열중하는 아시아계(특히 일본인)에 대한 시각이 그러하다. 그들의 눈에 일본인들은 일하는 것을 '즐기는 것'처럼 보인다. 그러한 일본인들의 생활방식은 전형적인 미국인들이 취하는 일과 여가에 대한 태도에 어긋나 있으며, 따라서 위협으로 작용

주의적 환상의 요점은 바로 타자가 우리와는 **다른 방식으로** 즐긴
다는 것이다. 따라서 지젝에게 인종적 갈등은 바로 이러한 환상 간
의 갈등에서 비롯한다.

그리고 지젝에 의하면 이러한 인종주의 이데올로기에 대한 적절
한 대응은 표준적인 이데올로기 비판의 과정인 다음의 추론 과정,
즉 "그들은 자신들이 무엇을 하고 있는지 알지 못하기 때문에 그것
을 한다. 따라서 잘못을 저지르는 주체가 자신이 하고 있는 것을
반성한다면, 그는 더 이상 그 잘못을 하지 않을 것이다"는 아니다.
오히려 스킨헤드들은 "자신들이 무엇을 하고 있는지를 아주 잘 알
고 있지만, 그럼에도 불구하고 그것을 하고 있다"[16]는 것이다. 다
시 말하면 인종주의자들의 발화 행위는 두 층위에서 분열되어 있
다. 즉 인종주의자들의 발화는 "언표된 주체(나는 … 잘 알아)"와
"언표행위의 주체(그럼에도 불구하고 나는 알지 못하는 듯이 행동
한다)"로 분열되어 있다.[17] 이러한 언표된 주체(발화된 진술 속의
주어)와 언표행위 주체의 분열은, 지젝이 제시하는, 이데올로기가
작동하는 분열이기도 하다.

그렇다면 다문화주의는 어떻게 인종주의와 연결되는가? 지젝에
따르면, 지난 10여 년간 눈에 띄게 증가한 인종주의는 강화된 세계
화 과정에 상응한다. 즉 토착 자본을 다국적 기업의 이익에 따라
재편하는 세계화 과정에서 지역적(local) 전통과 가치는 세계적인

한다. 같은 책 196쪽.

16) Žižek, 『까다로운 주체』, 330쪽.

17) 이러한 분열을 지젝은 "냉소주의의 페티시즘적 부정(negation)"(Myers, 앞의 책, 197쪽)이라고
부른다. 이러한 부정의 논리는 기본적으로 프로이트 – 라캉적인 의미에서 "거세"의 논의 구조
를 따르고 있다.

표준에 따라 동질화되어가는 데[가령 전 세계의 맥도날드화 (Mcdonaldization)], 이러한 세계화 과정에서 지역적인 특수성을 보존하는 방법은 자신을 고유하게 인도인, 영국인, 일본인으로 만드는 인종적 환상을 고수하는 것이다.18)

　따라서 지젝이 보기에 자기 집단만의 정체성에 집착하는 근본주의, 그리고 다양한 하위집단(라틴 아메리카계 여성, 흑인 게이, 백인 남성 에이즈 환자 등)으로 부단히 나뉘는 포스트모던 다문화주의 정체성 정치는 바로 자본주의적 세계화를 배경으로 해서 가능한 것이다. 이에 다문화주의자는 근본주의적인 인종적 정체성에서 친밀함을 발견하기도 하며(물론 이러한 정체성이 원주민들처럼 배제된 소수의 정체성인 한에서이지만), 반대로 근본주의자는 자신을 생존을 위협받는 소수자 중 하나로 내세움으로써 포스트모던 정체성 정치의 전략을 채택하기도 한다. "따라서 다문화주의 정체성 정치와 근본주의의 분리선은 순전히 형식적인 것이다. 종종 그것은 집단 정체성을 유지하기 위한 운동을 바라보는 관찰자의 상이한 관점에 의존하고 있을 뿐이다."19) 따라서 지젝에 의하면 오늘날 목격할 수 있는 인종적 종교적 근본주의와 외국인 혐오는 퇴행적이라기보다는, "인종적 사물"에 대한 애착으로 특징지을 수 있는 특수한 민족 국가적 틀이 초국가적 본성을 갖는 자본의 내재적 논리에 의해 위협받는 상황을 보여주는 증거다.

---

18) 이러한 인종적, 민족적인 고유함은 애국심 등으로 표출되는데 이를 지젝은 "인종적 사물"(ethnic Thing)이라고 칭한다. Žižek, 『까다로운 주체』, 350쪽.

19) Žižek, 『까다로운 주체』, 343쪽.

3. 우리는 어떻게 이데올로기에서 벗어날 수 있는가?

그렇다면 다문화 현실에 대한 지젝의 처방은 어떠한가? 지젝에게 이데올로기로서 다문화주의의 주된 문제점은ー브라운과 마찬가지로ー바로 그것이 갖는 탈정치화하는 경향이다. 그런데 다문화주의적 태도가 이데올로기에 불과하다면 우리는 타자화된 인종이나 민족에 어떤 행동을 취할 수 있을까? 이데올로기의 밖에는 진실된 의식이 있는가, 그렇다면 그 경계를 우리가 어떻게 알 수 있을까?

지젝이 강조하듯이, 현재 세계화된 자본주의는 공식적인 평등과 그 실행 사이에 놓인 간격을 인정할뿐더러 세계화 이데올로기가 표방하는 보편성 이면에 배제의 논리가 작동하고 있음을 인정한다. 나아가 모든 집단 및 그 하위 집단이 제기하는 요구를 수용하고 시정하기 위한 (차별 철폐 등을 통한) 조치들을 내놓기도 한다. 그러나 이러한 "관용적 절차"는 "고유한 **정치화**의 제스처"를 배제하고 있다. 이러한 정치화를 지젝은 개인이 겪는 불의를 보편적 불의의 상징으로 고양시키는 것이라고 말한다. "고유의 정치적 행위란 … **사물들이 어떻게 작동하는가를 결정하는 틀구조 그 자체를 변화시키는 어떤 것이다.**"[20] 가령 실직한 아프리카계 미국인 레즈비언 어머니가 겪는 어려움은 단지 개인화된 문제가 아니다. 이 여인에게 남아있는 정치화의 제스처는 바로 포용적이고 관용적인 탈정치화된 논리 속에서 이미 배제된 것은 무엇인가를 묻는 행위다. 바꿔 말하면 탈정치화는 어떤 특수한 요구들("새로운 세금을 폐지하라!

---

20) Žižek, 『까다로운 주체』, 324쪽.

수감자에게 정의를! 천연자원 개발을 멈춰라!……")의 보편화를 막
는 경향이 있다는 것이다. 즉 탈정치화하는 통치는 가령 전문가와
사회복지사 등을 동원해서 특수한 요구들을 단지 특수한 이해관계
들만의 조정으로 환원시킨다.

지젝이 제안하는 이러한 정치화하는 제스처는 나아가 사회적 삶
이 갖는 근본적으로 적대적인(antagonistic) 성격을 인정하는 것이다.
탈정치화하는 개별적 주체로부터 정치적 주체로의 전환을 위해서
는 자유주의가 말하는 중립성의 지대는 절대로 존재하지 않는다는
확신과 함께 적대 중 한편으로의 (지젝으로서는 좌파적인) 편들기
가 요구된다. 그리고 지젝은 이러한 편들기의 필요성을 인정하는
것이 보편적일 수 있는 유일한 길이라고 말한다. 그렇다면 편들기
가 어떻게 보편적일 수 있을까? 이 역설에 대한 지젝의 접근 방식
은 그가 말하는 "증상과의 동일화"[21]라는 절차에 있다.

> 이 절차는, 어떤 추상적 보편적 개념의 배후에서 하나의 특수한 내
> 용을 인지하는, 즉 중립적 보편성을 거짓으로 기각하는['인권의 그
> 인(man)이란 사실상 백인 남성 소유주를 말한다(……)'] 표준적인
> 이데올로기 비판적 조치의 바로 그 필수적 이면이다. 즉 구체적 실
> 정적 질서의 내속적 예외/배제 지점인 '천민'을 참된 보편성의 유일
> 한 지점으로서 감상적으로 단언한다(그리고 그것과 동일화한다).[22]

---

21) Žižek, 『까다로운 주체』, 366쪽.

22) Žižek, 『까다로운 주체』, 366∼367쪽. 다소 기묘하게 보이는 이러한 논리를 지젝은 헤겔 철학
의 보편성에 대한 그의 독특한 파악에 기대어서 제시한다. "보편성을 구현하는 예외"라고도
할 수 있는 이 논리에 따르면 "어떤 주어진 전체의 내부에서 그것의 보편적 차원을 나타내는
것은 자신의 특수한 정체성을 온전히 실현하는 것이 저지당한 바로 그 요소이다." Žižek, 『까
다로운 주체』, 368쪽. 그리고 이러한 논리를 지젝은 『기표논리』라고 부르기도 한다. 지젝은
이러한 기표논리를 "보편적 유가 자신의 종 안에서 자신의 대립물의 형식으로 자기 자신과
대면하게 되는 자기 지시적 논리 공간"으로 정의한다. Žižek, 박정수 옮김, 『그들은 자기가 하
는 일을 알지 못하나이다』, 인간사랑, 2004, 200쪽.

증상과의 동일화란 바로 사회 질서 속에 존재하지만, 그 질서 속에 어떤 자리도 갖지 못하는 예외적 존재(사회적 증상, 즉 여기에서는 우리 사회의 미등록 이주 노동자)와 우리를 동일화하는 것이다. 즉 "**우리 모두가 이주 노동자다**"라고 말하는 것이다.

그렇다면 이러한 지젝의 조치는 충분히 다문화주의적인가? 앞에서 살펴보았듯이 이러한 물음 자체가 지젝에게는 무의미할 것이다. 그렇다면 증상과 동일화하는 태도를 취한다면 다인종 다문화적 현실이 제기하는 문제는 해결될 수 있을까? 지젝이 제시하는 증상과의 동일화는 그 "은유적" 성격에 비추어 수사적인(rhetoric) 것임을 부정할 수 없다. 물론 지젝이 구사하는 수사의 정치가 일정한 효과를 갖는 것은 사실이지만 정체성의 차원을 수사가 대체할 수는 없다. 나아가 지젝의 이론틀에서 환상들의 충돌이 불가피한 것이라면, 환상의 논리를 갖는 이데올로기로부터 우리는 벗어날 수 있을까? 나아가 이러한 지젝의 방식만이 다문화 현실에 대한 유일한 태도일 수 있을까? 당연히 그렇지 않을 것이다. 이데올로기론이나 적대적인 것으로서(이미 구성적으로 분열된 것으로서) 사회에 대한 기본적인 시각을 지젝과 공유하는 라클라우(Ernesto Laclau)는 그러나 다문화주의에 대해 상이한 입장을 갖고 있다.

라클라우는 다문화주의 문제를 기본적으로 보편과 특수의 관계를 통해 고찰한다. 즉 "순수한 차이의 문화, 즉 어떤 식으로든 보편적 원칙에 전혀 기대지 않는 순수한 특수주의가 가능한가?"23) 라클라우에 따르면 그런 식의 차이의 정치는 다음 두 가지 의미에서 자

---

23) Ernesto Laclau, "Subject of Politics, Politics of the Subject", *Emancipation(s)*, Verso, 1996, 48쪽.

기 파괴적(self-defeating)이다. 즉 예를 들어, 모든 인종이 문화적 자율성을 가질 권리를 주장하는 것은 보편적인 근거에서만이 정당화될 수 있는 논증을 제시하는 것이다. 다시 말하면 일정한 맥락 속에서 관철되는 특수성을 주장하는 것은 그 맥락을 초월하는 것에 대한 호소를 요구한다. 한편 어떤 집단이 갖는 구별적인 정체성을 주장하는 것은 반드시 그 구별을 유지시켜 주는 다른 정체성들을 필요로 하며 그 다른 집단들과의 일정한 관계를 요구한다. 가령 고용과 교육에 있어서 평등한 기회를 요구하는 것은 다른 정체성을 가진 집단들과 일정한 공동체의 일원으로서 갖는 권리의 평등을 전제한다는 것이다. 이것이 바로 라클라우가 주장하는 평등으로서 "등가"(equivalence)[24]의 논리다.

이러한 등가를 인정하지 않는다면, 즉 순수한 의미에서 차이의 정체성을 주장한다면, 그것은 오히려 한 사회 속에서 지배적인 집단이 관철하고자 하는 배제의 논리를 수용하는 것이며, 이는 불가피하게 순수한 정체성 집단의-살아있는 민속 박물관으로 전시되는 식으로- 게토화를 야기할 수 있다. 그렇지 않다면 현재의 지배적인 권력관계를 용인하는 제도권으로 진입해서 자신의 정체성을 관철할 변화를 야기하는 길이 있을 수 있다. 후자의 경우 정체성의 상실, 즉 일정한 동화의 위험성을 안고 있으며 그럼에도 성공적으로 정체성을 지킬 수 있는가 여부는 우연적인 헤게모니 투쟁에 의존한다. 그리고 이 경우에도 정체성의 일정한 변화란 불가피하다.

라클라우가 제시하는 등가의 논리에 따르면 한 사회에서 헤게모

---

24) 등가의 논리에 관해선, E. Laclau/C. Mouffe, 김성기 외 옮김, 『사회변혁과 헤게모니』, 터, 1990 참조.

니를 갖는 집단적 요구들은 그 우선성이 미리 주어져 있는 것이 아니다. 왜냐하면, 등가를 갖는 집단적 요구 중 하나가 나머지 등가적 요구들을 선험적으로 대표한다면, 등가적 연쇄는 닫히며 이는 또 다른 토대주의(foundationalism)를 의미하기 때문이다. 그리고 이러한 요구들을 평가하는 가치 중 어떤 가치도 맥락과 분리되어 존재하지 않으며, 따라서 권리 주장의 타당성은 맥락에 의존적이다. 이런 점에서 라클라우는 기본적으로 다원주의 입장이다. 그러나 이러한 입장이 반드시 상대주의를 의미하는가? 순수한 특수성의 관철이 자기 파괴적이라는 주장에서도 알 수 있듯이 라클라우는 "상대적인 또는 관계적인(relative) 보편성"[25]을 언급한다.

라클라우가 주장하는 보편성은 등가의 논리를 통해 이해할 수 있다. 즉 첫째, 사회적 욕망의 특수성과 관련해서, 다양하고 구별적인 요구들, 예를 들어 주거, 집회 결사의 권리, 임금 상승, 국가 산업의 보호, 여성의 권리 또는 소수 인종의 권리와 같은 요구들은 그 상이성에도 불구하고 일정한 지배 체제와의 관계에서 공동의 이해를 갖는다. 이때 지배 체제가 등가의 논리를 벗어나는 길은 각기 다른 요구들을 단지 상이한 이해관계의 요구들만으로 간주하고 개별적으로 치유책을 마련하고자 하는 방법이다. 둘째, 보편성 내에 내재한 긴장 관계를 파악하는 것이다. 가령 민족 자결과 같은 보편적인 원칙은 언제나 관철되어야 하지만, 다음과 같은 문제 상황, 즉 인종 청소를 자행하는 국가에 대해 국제 사회는 개입할 의무가 있는가 아니면 이 경우에도 민족 자결의 원칙은 지켜져야 하

---

25) Laclau, "Subject of Politics, Politics of the Subject", 54쪽.

는가와 같은 상황 속에서 역설에 빠진다. 즉 그 원칙은 보편성을 갖는 원칙으로 주장되었지만 언제나 예외를 만드는 것처럼 보인다. 그러나 이러한 보편성은 완결되지 않는(언제나 열려진) 등가적 요구들의 연쇄를 특정한 맥락 속에서 합리적인 방식으로 전달할 수 있게 하는 고유한 기능을 갖기 때문에 반드시 요구된다. 왜냐하면, 특수한 요구들은 단지 특수한 방식만으론 전달될 수 없기 때문이다. 그러한 보편적 원칙은 언제나 그 발생 맥락을 넘어서서 초월적으로 작용한다.

라클라우에 따르면, 등가적 요구들이 갖는 의미를 고정해주는 이러한 보편성은 그 자체가 특수한 내용을 가질 수 없으며, 따라서 사전에 이론적으로 확정되거나 연역될 수 없다. 요컨대 라클라우의 보편성이란 "비어있지만 지울 수 없는 자리"26)이며 정치적으로는 헤게모니 투쟁을 통해 그 자리를 무엇이 채울 것인가가 정해지는 [접합되는(articulating)] 우연성의 자리다.

> 이것은 다음 두 가지를 의미한다. 첫째, 모든 접합은 우연적이다. 둘째, 접합하는 순간 자체는 언제나 텅 빈 자리일 것이기에, 그것을 채우는 다양한 시도들은 일시적이고 또한 쟁론에 휘말리게 된다. 결과적으로 특정 역사적 순간, 한 사회에 어떤 차이들의 분산이 존재하는지는 맥락화와 탈맥락화라는 모순적인 과정들에 굴복하게 된다.27)

이러한 라클라우의 입장에 따르면 다문화주의란 지젝에게서처럼

---

26) 같은 책, 58쪽.
27) 같은 책, 59~60쪽.

전 지구적 자본주의의 이데올로기로서 미리 규정되지 않는다. 즉 미등록 이주 노동자의 요구, 소수 인종의 인종적 문화적 정체성 요구, 여성의 권리, 게이와 레즈비언의 사회적 권리 요구 등은 그것을 수용할 자본의 위력 앞에서 무력화되지 않으며 계급의 정체성에 비해서 부차적인 정체성으로 간주될 필요가 없다. 또한, 지젝의 논의가 가졌던 또 다른 난점, 즉 이데올로기에서 우리는 어떻게 벗어날 수 있는가, 달리 말하면 우리는 진정한 정체성을 가질 수 있는가의 문제에 대해 라클라우는 "혼성적"(hybrid) 정체성의 모델을 제시한다. 라클라우에 따르면 젠더, 인종 또는 민족성 같은 특정한 내용을 갖는 특수한 정체성은 그 자체로 완결될 수 없으며 등가성이란 열린 성격을 갖는 변별적 관계에 따라 정해진다.

그런데 라클라우에게서 문제는 비어있지만 지울 수 없는 자리인 보편성, 그리고 보편성 주장을 하면서 그에 접합하는 특수한 요구들과의 관계에서 어떤 특수한 요구가 보편성을 대표(표상)하는가이다. 물론 그러한 대표는 요구들과 그것을 실현하려는 운동들이 갖는 내용적 성격에 의해 미리 규정되는 것은 아니다. 하지만 이스라엘의 경우처럼 단일한 민족이 거주권을 포함한 시민권을 배타적으로 주장하는 경우나 혹은 한 사회에서 특정 집단, 가령 백인 청교도 집단이 헤게모니를 행사하는 경우를 생각해볼 수 있다. 보편성의 미결정성이란 언제나 이러한 긴장 관계를 낳기 때문에 라클라우가 말하는 비어있는 보편성이란 언제나 배제된 자들의 흔적을 지닐 수밖에 없다.[28] 따라서 라클라우의 헤게모니론은 "세상 돌아

---

28) Judith Butler, 「경쟁하는 보편성들」, 『우연성, 헤게모니, 보편성』, Judith Butler, Ernesto Laclau, Slavoj Žižek, 박대진·박미선 옮김, 도서출판 b, 2009, 234쪽.

가는 일에 대한 중립적 서술이 아니라 아무리 '사실'을 사실로 이해한다더라도 애초부터 그런 이해방식을 좌우하는 규범적 요소가 바로 그 가능성 조건인 서술"[29]이다. 이러한 규범성의 요구에 따라 라클라우의 정치적 입장은 "급진 민주주의"라고 할 수 있다.

그렇다면 다시 라클라우의 이러한 입장은 충분히 다문화주의적인가? 다문화주의적인 특수한 요구들이 보편성을 주장한다는 것은 어떤 의미인가? 이러한 물음들에 대해 버틀러(Judith Butler)는 두 가지 측면에서 라클라우를 비판한다.[30] 첫째, 라클라우가 상정하는 보편성은 그것이 갖는 언어적 차원을 배제하고 있다. 둘째, 특수한 요구들은 본래부터 보편성과 구별되는 특수한 요구들로 보기 어렵다. 버틀러가 보기에 특수한 요구들은 그 안에 보편성의 계기를 갖고 있으며, 특수성과 보편성의 경계란 라클라우가 상정하는 것처럼 명료하게 규정될 수 없다. 인종적 평등에 대한 요구는 그것이 상정하는 다문화 공동체의 요구와 함께 보통 선거권의 관철과 같은 보편성 주장을 함축한다. 또한, 여성 인권 운동의 역사는 성차를 인정하면서 동시에 거부하는 "수행적 모순" 속에서 전개되었고, 지난 2006년 미국에서 일어난 미등록 이주민 투쟁은 그들에게 부여되지 않은 집회 결사의 권리를 거리에서 주장하고 있다는 점에서 마찬가지로 수행적 모순 속에서 보편성 주장을 한다.[31]

---

29) Ernesto Laclau, 「정체성과 헤게모니」, 같은 책, 123쪽.

30) Judith Butler, 「보편자를 다시 무대에 올리며」, 같은 책, 59쪽 이하.

31) Judith Butler/Gayatri Spivak, 주해연 옮김, 『누가 민족 국가를 노래하는가?』, 산책자, 2007, 63쪽 이하.

4. 다문화주의 윤리는 가능한가?

지금까지 다문화주의의 욕망 이론적 측면들을 이데올로기 비판이라는 관점에서 살펴보았다. 다문화주의는 지젝처럼 인종주의 이데올로기와의 상동성 속에서 파악할 수도 있고, 라클라우에게서처럼 단지 특수성만을 주장하는 폐쇄적 이데올로기로 작용할 가능성역시 존재한다. 그렇다면 다음의 물음이 제기된다. 즉 비판적 의미에서 다문화주의는 여전히 유효한가? 우리는 진정한 다문화주의와단지 이데올로기로서의 다문화주의를 구별할 수 있는가? 그렇다면그 기준은 무엇인가? 욕망이 작동하는 이데올로기로서의 다문화주의의 이면을 고찰하는 이론적 작업은 일정한 가치 체계로서 다문화주의가 갖는 한계에 대한 고찰이자 동시에 그 가능성을 검토하는작업이기도 하다.[32] 이런 관점에서 우선 다문화주의에 일정한 가능성을 열어두는 이론틀을 제시하는 라클라우에게서 다문화주의 윤리의 가능성을 검토하고, 이어서 이데올로기로서의 다문화주의가 정당화된 윤리로 제시될 수 있는 조건들을 고찰하려고 한다.

　우선 라클라우의 헤게모니론에서 윤리가 갖는 위치는 보편성의실현 불가능성, 또는 완전히 충족되는 사회의 불가능성이란 그의테제를 통해 파악할 수 있다. 라클라우에 따르면, 가령 내가 임금

---

32) 이러한 맥락에서 다문화주의가 안고 있는 실천 철학적 문제들, 특히 인권과 관련된 논의에 관해서는 진은영, 「다문화주의와 급진적 인권」, 『철학』 제95집, 한국철학회, 2008, 255~283쪽. 소병철, 「관용의 조건으로서 인권적 정의: 자유주의적 다문화주의의 한 옹호론」, 『민주주의와 인권』 제10권 3호, 전남대학교 518연구소, 2010, 138~161쪽 참조. 진은영은 다문화주의가 개인의 인권을 침해하고 전체주의적 이데올로기로 작용할 위험에 주목하면서 무페(C. Mouffe)의 논의를 통해 "급진적 인권"의 다문화주의 가능성을 모색한다. 한편 소병철은 다문화주의의 요구가 단지 폐쇄적인 이데올로기로서가 아니라 인권적 정의가 함축하는 보편성에 의해 충족될 수 있음을 논의한다.

인상을 위한 파업에, 또는 이주 노동자의 권리를 위한 투쟁에 참여할 때 주장하는 특수한 요구들은 그것의 충족을 목표로 하는 것은 아니다. 다시 말하면 임금 인상이라는 요구는 그 내용을 넘어서는 가령 완전히 평등한 사회라고 하는 "불가능한 대상"[33]을 실현하는 데 있어서 우연적인 계기일 뿐이며, 이러한 불가능한 대상을 배경으로 해서만이 하나의 행위가 윤리적일 수 있다. 이때 하나의 행위가 갖는 윤리적 차원은 한 사회에서 실행되고 있는 규범적 질서와는 구별된다. 따라서 어떤 윤리적 행위의 구체적인 내용이 무엇인가를 미리 규정할 수는 없으며, 그렇다고 선험적인 원리를 전제하는 것도 아니기 때문에, 라클라우에게 윤리적 행위란 "결단의 범주"에 속한다. 그러한 결단은 우연적인 것이기에 규범적 내용을 가질 수 없다. 라클라우가 보기에, 롤스나 하버마스와 같은 보편주의적 윤리들은 규범과 윤리를 동일시하고 있다. 그렇다고 그러한 결단이 행위의 합리적 이유에 대한 일종의 단절을 전제하는 결단주의(decisionism)는 아니다. 왜냐하면, 윤리적 행위로서 결단은 규범적 질서와 완전히 다른 것이 아닌데, 규범적 질서는 그 기원에 있어 최초의 결단과 그로부터 행해진 구체적 실천들이 쌓여 이루어진 것이기 때문이다.

그렇다면 이러한 윤리와 규범적 질서의 구별의 논리는 지젝이 기대고 있는 불가능한 실재와 상징계의 구별과는 어떻게 다른가? 물론 라클라우가 제시하는 윤리의 차원이나 결단이 함축하고 있는 바가 지젝이 말하는 "행위로의 이행"이나 규범적 질서로서 "윤리적

---

33) Laclau, 「정체성과 헤게모니」, 같은 책, 128쪽. 라클라우의 윤리에 관한 논의는 같은 책 122~130쪽을 참조했다.

인 것의 정치적 중지"와 동일시될 수는 없을 것이다. 왜냐하면, 라클라우의 이론틀에서 결단으로서의 행위는 하나의 규범적 질서로 우연히 구체화되는 것이면서 동시에 그 맥락을 초월하는 윤리적 차원을 갖고 있기 때문이다. 그러나 지젝처럼 "윤리와 정치의 페티시즘적 균열"34)까지는 아니더라도 윤리/정치 구별의 미결정성이란 문제가 라클라우에게는 늘 따라다니며 그것이 다문화주의 윤리를 고찰하는 데 유리한 위치를 부여하는 것처럼 보이지 않는다. 이는 라클라우가 제시하는 윤리/정치적 주체의 변별적 정체성이 갖는 장점이자 동시에 단점인 것처럼 보인다.

이제 마지막으로 윤리와 정치 사이에서 작동하는 이데올로기란 관점에서 다문화주의가 현대 사회에서 효과적으로 작용하기 위해 필요한 제한들과 그리고 정당화된 다문화주의를 구별할 수 있는 기준을 검토하는 것으로 논의를 마무리하려고 한다. 다문화주의가 정상적으로 그리고 합리적으로 작동하기 위해서는 다음 조건들을 고려해볼 수 있다.35)

첫째, 어떤 이데올로기가 함축하고 있는 신념 체계들은 한 사람이

---

34) 김종갑, 「행위의 윤리학과 행위의 정치학」, 『철학연구』 제33집, 고려대학교 철학연구소, 2007, 226~248쪽.

35) 아래의 논의는 단지 이데올로기로서의 인정과 정당화된 "인정"을 구별함으로써 비판이론의 규범적 기준을 인정 이론으로서 재구성하려는 호네트(Axel Honneth)의 논의를 다문화주의에 적용한 것이다. Axel Honneth, "Recognition as Ideology", ed. by Bert van den Brink/David Owen, *Recognition and Power: Axel Honneth and the tradition of critical social theory*, Cambridge Univ. Press, 2007, 337~347쪽. 욕망이 지닌 상호주체적인 측면 중에서도 특히 주체 형성에 있어서 상호의존성에 주목하는 호네트의 입장은 이 글에서 앞서 논의한 지젝이나 라클라우의 "적대적인 것"으로서의 욕망 이해와는 분명히 대조된다. 이 두 입장 간의 관계는 또 다른 논점을 형성할 것이나 이 글에서는 다문화주의와 이데올로기의 관계에 주목하면서 이 두 입장 간의 차이를 명시적으로 부각시키지는 않았다. 또한, 지젝, 라클라우, 호네트는 각각 헤겔 철학에 대한 분명한 입장 차이를 보여준다. 특히 헤겔 철학의 "인정" 개념에 관한 호네트의 독해에 대해서는 Joel Whitebook, "Mutual Recognition and the Work of the Negative", ed. by William Rehg/James Bohman, *Pluralism and the Pragmatic Turn*, MIT Press, 2001, 257~291쪽 참조. 화이트북은 호네트와는 달리 헤겔의 욕망론이 갖는 홉스적 계기와 나르시시즘적 요소를 부각시킨다.

나 집단이 지향하는 가치나 정체성들에 "긍정적으로"(affirmatively) 기여할 수 있어야 한다. 만약 어떤 신념이 특정한 정체성을 지닌 사람들이나 집단들을 이미 배제하거나 차별하고 있다면—예를 들면, 인종주의, 여성혐오증 또는 외국인 혐오증과 같은—그러한 신념은 소위 통합의 이데올로기로 유효하게 작용하기 어렵다.

둘째, 유효하게 작동하는 신념 체계들은 그것을 수용하는 사람들에게 일정한 "신뢰감"(credibility)을 주어야 한다. 이는 어떤 신념 체계들이나 요구들에 사람들이 기꺼이 자신과 동일시(identify)할 수 있는 계기가 있어야 함을 의미한다. 이러한 계기는 한 개인이나 집단의 긍정적인 "자기 이미지"를 강화하는 데 기여함으로써 주어진다. 폐쇄적인 관습을 강요하는 집단의 원칙들은, 그 집단을 구획하고 게토화할 뿐만 아니라 그 구성원들에게 일체감을 주기 어려울 것이다.

셋째, 일정한 신념 체계들이 강조하는 가치들은 긍정적이고 신뢰할만해야 할 뿐만 아니라 그 성원들이 과거 혹은 기존 질서와 자신을 구별할 수 있는 새로운 가치들이나 특수한 성취들을 표현해야 한다. 이러한 "대조적인"(contrastive) 조건은 우리가 사회 속에서 다른 이들과의 상호작용을 통해서 습득한 평가적 성질 중에서 일정한 가치들을 새롭게 조명하거나 강조하는 것을 포함한다. 가령 인종·민족·종교·성차별 등의 편견을 담고 있는 표현이나 용어들을 사용하지 않으려는 "정치적 올바름"(political correctness) 운동은 평등이란 가치를 새롭게 강조한다는 점에서 대조적인 조건을 충족한다고 볼 수 있다. 이러한 정치적 올바름 운동은 개인이나 집단의 자부심(self-esteem)을 충족시킨다는 점에서 정체성에 긍정적으로 기여하고 또한 주체들의 신뢰를 얻을 수 있다.

그러나 이러한 조건들을 충족시키는 다문화주의라 하더라도 그것이 단지 순응적인 이데올로기로 작용할 가능성을 배제할 수는 없다. 다문화주의가 세계화된 자본주의의 통치 전략에 머문다면, 세계화 과정에서 배제된 "하위주체들"(subaltern)의 목소리를 담아내지 못할 것이다. 지배 권력을 통한 욕망의 배제와 노동의 통제 가능성을 고려한다면, 다문화주의는 세계화를 통해 오히려 강화된 제3세계 가부장적 지배 체제하의 여성들, 그리고 노동의 국제적 분업에 따라 갈수록 열악해지는 현실에 처한 노동자들의 요구와 마주할 수밖에 없다. 그런데 신뢰감이란 조건은 일정한 가치 지향을 함축하지만, 주체들이 처한 현실적 여건들을 반영할 수 있는지는 회의적이다. 그리고 정치적 올바름의 경우에서도 볼 수 있듯이 상징적 인정이 단지 상징에만 그치고 사람들 간의 관계나 제도적인 차원에서 보장되지 않는다면 대조적인 조건 역시 일정한 한계를 갖는다. 왜냐하면, 그 경우 정치적 올바름 나아가 다문화주의 역시 한층 세련되고 복잡화된 통치성의 연장으로 볼 수 있기 때문이다.[36)]

따라서 정당화된 다문화주의와 단지 이데올로기로서의 다문화주의를 구별하기 위해서는 위에서 언급한 세 가지 조건과 함께 "물질적 차원",[37)] 즉 주체들이 처한 현실적 여건들을 반영해야 한다는 점이 중요한 요건으로 고려되어야 한다. 이러한 물질적이고 현실적

---

36) 지젝은 정치적 올바름 운동 역시 탈정치적 자유주의의 제스처에 불과하다고 신랄하게 비판한다. Žižek, 이현우 외 옮김, 『폭력이란 무엇인가』, 난장이, 2011, 74쪽.

37) 호네트는 이러한 물질적 차원의 성격이란 오스틴(J. L. Austin)이 말하는, "성공적인 것으로 또는 완성된 것으로 간주될 수 있는 특수한 수행적 진술"을 "인정"의 특수 사례에 적용한 것임을 밝히고 있다. Honneth, 앞의 책, 345쪽 주 28.

인 여건들이 함께 고려된다면 캠페인적 성격을 갖는 다문화주의 광고나 냉소적으로 통용될 수 있는 정치적 올바름이 제공하는 공허한 약속으로서의 다문화주의, 그리고 진정한 공존의 약속으로서의 다문화주의를 구별하고, 후자의 관점에서 전자를 비판하는 준거를 가질 수 있을 것이다.

5. 맺음말

이 글에서는 다인종 다문화적 현실이 제기하는 문제들을 욕망의 관점에서 고찰하고자 했다. 그런 관점에서 욕망이 투영된 인종주의는 다문화주의에서 간과할 수 없는 문제다. 또한, 다문화 현실이 제기하는 여러 문제를 해결하고자 하는 노력과 지향을 다문화주의라고 한다면, 이 글에서는 다문화주의를 현재 전 지구적 주도권을 행사하는 신자유주의적 자본주의 현실에 비춘 욕망의 환상-스크린으로서 이데올로기 비판의 관점에서 살펴보았다. 지젝이나 브라운과 같은 이데올로기 비판의 관점에서 다문화주의란 현재의 변화된 정치·경제적 지형 속에서 그에 맞추어 변형된 통치성의 일환으로 간주된다. 이러한 입장에서 볼 때 다문화주의란 한 사회에서 살아갈 수밖에 없는 다양한 인종들과 각기 다른 정체성들을 갖는 다양한 문화 집단들이 빚어내는 갈등들을 자칫 탈정치화된 이데올로기로 각색할 위험을 안고 있다.

그러나 다문화주의와 다문화적 현실은 구별되어야 한다. 다시 말해서 주체들은 다문화적 현실 속에서 일정한 행위를 통해 대처해

나가며, 이러한 여러 행위 가능성들 중에서 선택된 집단적 요구와 공존의 윤리로서 다문화주의는 제기된다. 즉 다문화주의는 구체적인 현실 속에서 제기되는 다양한 요구들을 함축하고 있으며 이러한 점들이 다문화주의 문제를 한층 복잡하고 어렵게 한다. 따라서 다문화주의를 단지 이데올로기적인 것으로 거부하기보다는 다문화적 현실이 제기하는 문제들을 담아낼 수 있는 정당화된 다문화주의와 단지 이데올로기로서의 다문화주의를 구별하는 것이 중요하다. 이 글에서는 정당화된 다문화주의와 단지 이데올로기로서의 다문화주의를 구별할 수 있는 가능성들을 크게 네 가지 측면에서 검토했다. 이러한 조건들이 과연 필요하고도 충분한 조건인지에 관해서는 좀 더 진전된 고찰이 요구된다.

참고문헌

김남국, 「심의 다문화주의: 문화적 권리와 문화적 생존」, 『한국정치학회보』 제39권 제1호, 한국정치학회, 2005.

김비환, 「포스트모던 시대에 있어 합리성, 다문화주의, 그리고 정치」, 『사회과학』 제35권 제1호(통권 제42호), 성균관대학교 사회과학연구소, 1996.

김종갑, 「행위의 윤리학과 행위의 정치학」, 『철학연구』 제33집, 고려대학교 철학연구소, 2007.

김준식·윤인진·차윤경, 「집중토론: 다문화 한국의 미래, 어떻게 대비해야 하나?」, 『나라경제』, 한국개발연구원 국민경제연구소, 2011년 11월호.

소병철, 「관용의 조건으로서 인권적 정의: 자유주의적 다문화주의의 한 옹호론」, 『민주주의와 인권』 제10권 3호, 전남대학교 518연구소, 2010.

오경석, 「어떤 다문화주의인가? - 다문화사회 논의에 관한 비판적 조망」, 오경석 외, 『한국에서의 다문화주의 - 현실과 쟁점』, 한울아카데미, 2007.

진은영, 「다문화주의와 급진적 인권」, 『철학』 제95집, 한국철학회, 2008.

Balibar, Etienne, 최원 옮김, 「폭력: 이상성과 잔혹」, 『대중들의 공포』, 도서출판 b, 2007.

Brown, Wendy, 이승철 옮김, 『관용: 다문화제국의 새로운 통치전략』, 갈무리, 2010.

Butler, J./Laclau, E./Žižek, S., 고려대학교 대학원 옮김, 『우연성, 헤게모니, 보편성』, 도서출판 b, 2009.

Butler, J./Spivak, G., 주해연 옮김, 『누가 민족 국가를 노래하는가?』, 산책자, 2007.

Honneth, Axel, "Recognition as Ideology", ed. by Bert van den Brink/David Owen, *Recognition and Power: Axel Honneth and the tradition of critical social theory*, Cambridge Univ. Press, 2007.

Kymlicka, Will, 장동진 외 옮김, 『현대정치철학의 이해』, 동명사, 2006.

Laclau, Ernesto, "Subject of Politics, Politics of the Subject", *Emancipation(s)*, Verso, 1996.

Laclau, E./Mouffe, C., 김성기 외 옮김, 『사회변혁과 헤게모니』, 터, 1990.

Martiniello, Marco, 윤진 옮김, 『현대 사회와 다문화주의: 다르게, 평등하게 살기』, 한울, 2008.

Myers, Tony, 박정수 옮김, 『누가 슬라보예 지젝을 미워하는가?』, 앨피, 2005.

Whitebook, Joel, "Mutual Recognition and the Work of the Negative", ed. by William Rehg/James Bohman, Pluralism and the Pragmatic Turn, MIT Press, 2001.

Žižek, Slavoj, 이수련 옮김, 『이데올로기라는 숭고한 대상』, 인간사랑, 2003.

＿＿＿＿＿＿, 박정수 옮김, 『그들은 자기가 하는 일을 알지 못하나이다』, 인간사랑, 2004.

＿＿＿＿＿＿, 이성민 옮김, 『까다로운 주체』, 도서출판 b, 2008.

＿＿＿＿＿＿, 이현우 외 옮김, 『폭력이란 무엇인가』, 난장이, 2011.

강요된 교육경쟁과 물화된 자기실현

– 책임 · 배려 · 실천의 민주적 · 도덕적 학교공동체의 형성 –

김철운

1. 들어가는 말

현재 모든 것이 소비 가능한 교환재로 계량화되는 자본주의 사회에서 우리의 학교는 자본과 경쟁을 강조하는 시장경쟁 논리를 도입하여 학생들에게 승자독식의 '경쟁교육'을 강요하고 있다. 이런 속에서 학교는 교사에 의해서 학생들에게 일방적으로 전달된 지식에 대한 시험이나 측정의 결과, 즉 교육현장의 모든 문제와 성과를 수량화·계량화하는 교육에 치중하고 있다. 이러한 교육은 크게 두 가지 문제점을 불러온다고 할 수 있다. 하나는 학생들의 성적(학업성취도)과 학력(교육수준) 성취능력을 기준 삼아서 선발과 탈락을 결정하는, 즉 교육의 도구화를 획책(劃策)하는 입시교육의 경쟁을 더욱 부추긴다는 것이다. 또 하나는 학생들의 개인적이고 사회적인 욕망을 발산시켜서 사회경제적 지위를 점유하게 하는, 즉 그들에게 최고의 교육을 받게 하여 출세시키고자 하는 학부모들의 교육열을 더욱 과열시킨다는 것이다. 이로부터 사람다운 삶을 실현하는 공교육의 역할은 더욱 축소되고, 반면에 학부모들의 재력으로 학생들의 성적과 학력을 구매하는 사교육 시장은 더욱 팽창된다고 할 수 있다.

그런데 그러한 교육환경에서는 사사화(私事化: privatization)의 문화, 즉 '일등만을 추구하는' 일등주의('일등만이 승자이고 성공한 인생을 산다') 문화와 '나밖에 모르는' 개인주의 문화가 학교문화의 중심으로 등장하기 마련이다. 이러한 문화는 학생들의 사회적 책임감을 저해하고 공동체의 참여와 공동체에 대한 애착을 무력화하기 때문에 학교는 반드시 학생들의 독창적인 사고 능력과 자율적인 창의 능력을 길러주고 사람답게 살아가는 데 필요한 가치를 가르쳐 주는 창의성(創意性)[1] 교육을 실행해야 한다. 왜냐하면, 그러한 교육만이 학생들을 학교의 지시와 통제에 순종하고 복종하는 타율적이고 의타적인 존재가 아닌 『교육기본법』 제2조에서 명시하듯이 "인격을 쌓고 민주시민의 자질을 갖추는", 즉 스스로 결정하고 그 결정에 대한 책임을 질 줄 아는 자율적이고 독립적인 존재로 거듭나게 할 수 있기 때문이다.

하지만 우리의 교육역사에서 그러한 창의성 교육의 실행은 고사하고 그것의 언급조차 아주 어려웠다고 할 수 있다. 왜냐하면, 특히 1960년대의 경제개발 시대 이후부터 교육정책의 결정권자들은 겉으로는 '국가의 국제경쟁력 강화'를 교육목표로 내세우면서도 안으로는 사회 기득권층의 교육에 대한 요구를 정당화하기에 급급했기 때문이다. 다시 말해 그들은 한편으로 사회 기득권층의 교육에 대한 다양한 요구를 충족시키기 위하여 교육제도들을 그때마다 임시방편으로 공교육 안에 허용해왔고, 또 한편으로 '평등교육(사람 중심 교육)의 실현'을 요구하는 많은 사회구성원의 강한 열망을 계속

---

1) 창의성 교육에 대한 자세한 내용은 조연순 외 지음, 『창의성 교육』, 서울: 이화여자대학교출판부, 2008 참조.

해서 무력화시켜 왔기 때문이다. 이렇게 본다면 그러한 교육제도들은 그 구성원들의 현실적 삶을 구속하고 지배하고 파괴하는 동시에 사회 기득권층의 사회경제적 지위를 재생산하기 위한 하나의 도구에 지나지 않는다고 할 수 있다.

현재 우리의 학교교육은 '사람 중심의 교육'에서 벗어나 '입시 중심의 교육'으로 나아가고 있고, 궁극적으로 출발선의 평등, 공정한 교육의 기회를 봉쇄하여 교육 불평등을 더욱 공고화하고 있다고 할 수 있다. 그래서 우리는 학교교육을 심각한 위기에 빠트린 근본적인 원인에 대한 비판적 논의를 통해서 그 문제의 심각성을 집중적으로 검토하고, 아울러 학교교육이 나아갈 바람직한 방향에 대해서도 심도 있게 살펴볼 것이다.

2. 교육열의 과열과 입시교육의 경쟁

1) 교육의 도구화를 획책(劃策)하는 입시교육

우리나라의 교육 목적은 무엇인가? 즉, 『교육기본법』제2조의 "(교육이념) 우리나라의 교육은 홍익인간(弘益人間)의 이념 아래 모든 국민으로 하여금 인격을 도야하고, 자주적 생활 능력과 민주 시민으로서 필요한 자질을 갖추게 하여 인간다운 삶을 영위하게 하고, 민주 국가의 발전과 인류 공영의 이상을 실현하는 데 이바지하게 함을 목적으로 한다"가 그것이다. 그래서 학교교육은 '자기 자신을 객관적으로 돌아보고서 결점을 고치고, 말로써 다른 사람의 감정을 상하지 않게 하고, 다른 사람의 훌륭한 인격을 본받고, 현재 처한 상황을 더 나은 쪽으로 개선·극복해나갈 수 있는 학생들을 길러내야 한다. 더 나아가 그것은 자율적인 삶의 태도를 가지고, 합리적 판단과 결정을 하고, 남의 타당한 주장을 받아들이고(관용정신), 의무를 다하면서 법을 지키고(준법정신), 사회의 일에 직접 참여하고(공동체 의식), 인간의 존엄성을 존중할 줄 아는 학생들을 길러내야 한다.'[2]

학교교육은 반드시 학생들이 가진 소질과 능력을 최대한 이끌어내면서 새로운 지식이나 기능을 습득하게 하는 동시에[3] 궁극적으로 그들이 사람답게 살아갈 수 있는 도덕적 가치의 구현에 집중되어야 한다. 왜냐하면, "교육은 한 사람이 다른 사람에게 작용하여 사람이 지닌 소질과 가능성을 가능한 한 전체적으로 발달시켜 자기의 전 능력을 완전히 발휘케 하여 더욱 완전한 사람으로, 사람으로서의 존재 의의나 가치 있는 존재로서 일생을 보내게 하는 역할을 담당하기 때문이다."[4] 물론 여기에는 한 가지 전제가 필요하다. 즉, 학교에서는 학생들이 반드시 '교육받을 권리'(학습권)를 보장받아야 하고, 또한 '공정한 교육 기회'(균등)를 부여받아야 한다는 것이다. 왜냐하면, "모든 국민은 능력에 따라 균등하게 교육받을 권리를 갖고"(『헌법』제31조 1항), "(학습권) 모든 국민은 평생에 걸쳐 학습하고, 능력과 적성에 따라 교육받을 권리를 가지고"(『교육기본법』 제3조), "(교육의 기회균등) 모든 국민은 성별·종교·신념·인종·사회적

---

2) 중학교 2학년 『사회』 교과서.
3) 『두산백과사전』, 교육.
4) 『위키백과사전』, 교육.

신분·경제적 지위 또는 신체적 조건 등을 이유로 교육에서 차별을 받지 않아야 하기 때문이다"(『교육기본법』 제4조).

하지만 문제는 현재 우리의 학교교육이 그러한 교육 목적에 잘 부합하고 있지 않다는 것이다. 왜냐하면, 그것은 '국가의 국제경쟁력 강화'라는 교육목표 아래에서 교육을 교육 공급자(생산자)와 교육 수요자(소비자)의 관계로 보고, 교육 행위와 내용을 교육 상품(서비스)으로 규정하는 시장주의 교육 때문이다. 이러한 교육은 학교와 학생의 개별적 학업 성취를 중시하여 학생과 학생 및 학교와 학교의 경쟁교육을 강요하는 동시에 학생들의 학업 성취 능력을 기준 삼아서 선발·탈락을 결정하는 등, 그 능력의 차별화와 서열화를 계속해서 부추긴다고 할 수 있다. 이런 속에서 '교육의 도구화를 획책(劃策)하는', 즉 '학생들에게 사회구성원으로서 스스로 살아가는 데 필요한 다양한 가치들이 아니라 오직 다른 학생들과의 치열한 경쟁 구도 속에서 승리하여 살아남는 방법만을 가르쳐 주는' 입시교육의 경쟁은 더욱 과열되는 것이다. 이러한 입시교육의 환경에 학생들을 최적화시키기 위해서 나타나는 사회적 현상이 바로 '교육열'[5]이다.

2) 출세주의 신분욕망의 성취를 위한 교육열의 과열화

그럼 교육열은 무엇인가? 현재 우리 학계에서는 '교육열'의 통일

---

[5] '教育熱'이란 용어가 처음으로 나타난 시기는 통감부가 설치된 직후의 일이며, 당시의 학부문서나 신문을 보면 '교육열'을 비롯하여 '학교열'(學校熱), '향학심'(向學心), '향학열'(向學熱) 등 여러 용어가 나타난다(한우희, 「보통학교에 대한 저항과 교육열」, 『교육이론』 제6권 제1호, 66쪽, 1991).

된 정의가 없고, 단지 학자들의 관점에 따라서 다양한 의미로 정의되고 있다. 즉, '입신출세에 필요한 최고의 학력과 학벌을 자녀들에게 갖게 하려는 사적 욕망', '한국의 사회·문화적 맥락 속에서 교육과 관련된 사회 현실에 대한 인식', '자녀교육에 대한 기대, 그리고 자녀교육을 위한 교육지원행위를 포함하는 교육에 대한 열의', '교육에 대해 가지고 있는 열망과 교육을 위해 투입하는 행위', '자녀의 교육을 지원하려는 부모의 동기체제와 자녀가 사회적 경쟁에서 우위를 차지할 수 있도록 더 나은 학력을 갖게 하려는 행위', '학부모가 자녀에게 가지고 있는 이기적 교육열', '교육열은 개인과 사회적 욕망이 교육에 대해 일정한 힘을 분출하는 집착', '학교를 중심으로 한 제도 교육에 대한 강한 집착', '교육 전쟁', '교육 욕구가 정상 수준을 넘어선 학력 및 학벌 쟁취 현상' 등이 그것이다.6) 이것에 근거하면, 우리 사회의 교육열은 기본적으로 제도화된 교육 안에서 자녀들에게 좋은 교육환경을 만들어주어 그들의 성적과 학력을 높이는 동시에 그들의 출세·성공·행복을 바라는 학부모들의 교육열을 가리킨다고 할 수 있다.

그럼 현재 우리 사회에서 그러한 학부모들의 교육열이 교육의

---

6) '교육열'에 대한 학자들의 논의는 이종각·김기수의 「교육열 개념의 비교와 재정의」(『교육학연구』, 41권 3호, 한국교육학회, 2003, 193~207쪽)와 안우환·김경식의 「가족 내 사회적 자본을 통한 학부모의 교육열 연구」(『중등교육연구』 53권 1호, 경북대학교 중등교육연구소, 2005, 35쪽)에 잘 정리되어 있다. 그런데 한 연구에 의하면 그러한 다양한 정의들로 인하여 개념상의 혼란을 겪을지도 모르지만, 교육열 연구에서는 몇 가지 공통적인 특성을 찾아볼 수 있다는 것이다. "첫째는 학부모, 특히 어머니와 그들의 자녀가 항상 주요 변인으로 동원되고 있다는 것이다. 둘째는 교육열의 표출 양상과 결과가 부모와 자녀 간의 유·무형의 관계·지원 정도·열정·노력 등에 따라서 교육열이 지역별·계층별로 달리 나타나거나 부모-자녀 관계에 긍·부정적인 영향을 줄 수 있는 것이다. 셋째는 학부모의 자녀에 대한 교육지원 활동과 심리 행동에는 반드시 그러한 원인을 제공하는 제3의 외부적인 변인(이웃, 지역사회, 대중매체, 친구 등)들이 존재하며, 그러한 변인들이 학부모나 자녀의 교육 활동에 영향을 준다는 것이다"(안우환·김경식, 「가족 내 사회적 자본을 통한 학부모의 교육열 연구」, 『중등교육연구』 53권 1호, 경북대학교 중등교육연구소, 2005, 36쪽).

전면에 부각되고 있는 이유는 무엇인가? 그것은 바로 무한 경쟁의 국제화 시대에서 학생들의 불확실한 미래의 삶에 대한 학부모들의 불안감이 제도화된 교육 안에서 강한 동기로 작용하기 때문이다. 그래서 그 불안감은 단순히 '교육공간에만 국한되지 않고 사회적으로 연결 확장되어 나타나는데',[7] 즉 그 불안감은 제도교육에 대한 강한 집착을 불러오고, 그 집착은 '출세주의 신분욕망'을 불러온다는 것이다. 바로 '자녀들을 최고의 학교에 입학시켜서 최고의 교육을 받게 하려는 욕망', '자녀들을 최고의 직장에 보내서 출세시키고자 하는 욕망', '자녀들이 가문을 빛내주기를 바라는 욕망' 등이 그것이다.

이렇듯이 학부모들의 출세주의 신분욕망이 모두 학생들의 사회경제적 지위를 점유하는 데에 집중된다고 한다면 그 근저에는 교육을 하나의 투자로 보면서 그것이 개인과 사회 모두에게 높은 소득을 가져다준다는 의식이 자리 잡고 있다고 할 수 있다.[8] 다시 말해 그 의식은 사람에 대한 투자로 그 경제가치 내지 생산력의 크기를 증가시킬 수 있다는, 즉 교육에 대한 높은 투자로 개인들의 교육수준이 높아질수록 그들의 생산 능력이 증대되고 소득 능력이 향상되어 높은 경제적 이익을 창출할 수 있다는 것이다. 이러한 의식이 사회 전반에 확대되는 속에서 학부모들의 '출세주의 신분욕망'의 성취를 위한 교육열은 더욱 과열된다고 할 수 있다.

---

7) 강창동, 「한국교육열의 편집증적 성격에 관한 사회학적 연구—들뢰즈와 가타리를 중심으로—」, 『교육학연구』 38권 3호, 2000, 160쪽 참조.

8) 이것은 '인적자본론'(人的資本論: human capital theory)의 핵심 주장이다. 이 이론은 1950년대 말부터 미국의 노동경제학에 새롭게 나타난 개념으로 미국의 슐츠(T. W. Schultz)와 베커(G. S. Becker) 등에 의해 발전된 이론이다. 자세한 것은 오욱환, 『한국사회의 교육열: 기원과 심화』, 서울: 교육과학사, 2002를 참조 바람.

3. 강요된 경쟁교육과 학교교육의 위기

1) 평등성 교육을 교육 주변으로 밀어내는 수월성 교육

현재 우리의 학교교육을 둘러싼 가장 뜨거운 쟁점은 '경쟁교육'과 '평등교육'의 갈등 구도이다. 예컨대, "국가가 학부모들의 교육에 대한 요구를 충족시켜줄 새로운 교육제도를 공교육 안에 허용해야 하는가?", 아니면 "국가가 새로운 교육제도를 허용할 것이 아니라 현재의 공교육 안에서 그 정상화(안정화)를 위한 다양한 방안을 강구해야 하는가?"가 그것이다. 그런데 여기서 경쟁과 평등은 실질적으로 동전의 양면과 같아서 어느 것에 우위를 더 두기가 매우 어렵다. 왜냐하면, 학교교육에서는 어느 정도 학생들의 학습에 동기를 부여한다는 점에서 경쟁도 필요하고, 그들 간의 공동체 의식을 심어준다는 점에서 평등도 필요하기 때문이다. 그럼에도 불구하고 많은 사람은 그 무게 중심을 반드시 경쟁이 아니라 평등에 두어야 한다고 말한다. 왜냐하면, 뒤에서 보겠지만, 평등을 강조하는 교육은 경쟁에서 지든 이기든 간에 학생들을 학교교육의 중심에 계속 두는 '사람 중심의 교육'을 지향하는 반면에, 경쟁을 강조하는 교육은 경쟁에서 도태된 학생들을 학교교육의 주변으로 계속 밀어내는 '입시 중심의 교육'을 지향하기 때문이다.[9]

---

[9] '경쟁'(競爭, competition)은 생물학적으로 "한 군집 내에 같이 살고 있는 다른 종(種) 또는 같은 종 사이에서 자원이 부족할 때에 개체들이 자원을 서로 차지하려고 하는 것이다"(『브리태니커』, 경쟁). 그래서 '경쟁'은 개체들이 '같은 목적에 대하여 남을 이기거나 앞서려는 것', 즉 개체와 개체의 이기적이고 공격적인 경쟁을 가리킨다. 바로 '개체와 개체의 경쟁'을 통한 우승열패(優勝劣敗)와 생존경쟁(生存競爭)·적자생존(適者生存) 등이 경쟁의 본 모습일 것이다. 이러한 경쟁이 인류의 역사에서 없었던 시대도 없었고, 또한 많은 부분 사회의 발전을 촉진하는 긍정적 역할을 수행해왔음은 분명한 사실이다. 하지만 우리 사회의 모든 영역에서 '협력'(협동)을

그런데 우리 사회에서 그러한 경쟁이 하나의 담론적 성격을 띠고 등장한 시기는 대체로 20세기 초기로 거슬러 올라가지만, 이때의 경쟁 개념은 오늘날의 경쟁 개념과는 아주 달랐다.10) 즉 과거의 경쟁이 제국주의 국가들의 야만적 침략으로 인하여 잃어버린 '국가의 주권을 회복'하는 데에 집중되었다고 한다면 오늘날의 경쟁은 무한 경쟁시대로 치닫고 있는 국제 사회에서 살아남아서 '국가의 경쟁력을 신장'하는 데에 집중된다는 것이다. 왜냐하면, '국제사회에서 신자유주의(1970년대에 부각됨) 사상이 확산되면서 국제경쟁이 가열되고 있으며, 경쟁력의 도구로서 인적자본의 확대가 국가적 과업으로 부상하고 있기 때문이다. 다시 말해 국제사회가 국가를 단위로 하는 무한경쟁의 시대로 접어들면서, 모든 국가가 지식과 기술의 개발로 국제경쟁력을 신장시키는 데에 총력을 기울이면서 인적자본의 확대를 요구하고 있기 때문이다.'11) 마찬가지로 우리의

전제하는 선의의 경쟁이 아니라 오직 이기적이고 공격적인 경쟁만을 최고의 가치로 삼는 '경쟁주의'가 그 중심에 있다면 그러한 발전은 기대하기가 몹시 어려울 것이다.

10) 우리 사회에서 국가를 단위로 하는 경쟁이 하나의 담론적 성격을 띠고 등장한 시기는 대체로 20세기 초기로 거슬러 올라간다. 이 시기의 지식인들은 학교교육에 서구의 '사회진화론'(社會進化論: 개인주의를 지향함)과 이론적으로 결합된 '국가유기체론'(國家有機體論: 국가주의를 지향함)을 적극적으로 수용하여 경쟁의 기본 단위를 국가에 두고 '국가와 국가의 경쟁'을 통한 '애국'(愛國)을 강조하였다. 왜냐하면, 국가와 국가의 경쟁을 회피하는 것은 자국이 미개화(未開化)된 국가임을 스스로 인정하는 것이었고, 경쟁에서 패배하는 것은 자국이 '적자생존'의 경쟁체제에서 도태된 제국주의의 희생양임을 스스로 인정하는 것이었기 때문이다. 그래서 그들은 국가와 국가의 "경쟁을 진화의 어머니로, 그들이 살던 시대를 경쟁시대"[황성신문, 1906년 11월 19일 자 논설 「경쟁시대」(최기영, 「사회진화론」, 『한국사시민강좌』 25), 25쪽에서 재인용, 1999]로 규정하고, '경쟁의 주체인 개인이란 언제나 국가로 수렴되어야 하고, 국가로 수렴되지 않는 개인의 이기적 경쟁이란 정상적인 궤도를 일탈한 것이라고 비판하였다'[채성주, 「근대적 교육관의 형성과 "경쟁" 담론」, 『한국교육학연구』(구 『안암교육학연구』) 제13권 제2호, 안암교육학회, 2007, 56쪽]. 즉, 국가로 수렴되지 않는 개인의 이기적 경쟁은 국가의 경쟁력 향상에 불필요하고, 오직 국가와 국가의 경쟁에서 후퇴가 아닌 전진만이 문명화된 국가로 진보할 수 있다는 것이었다. 이러한 현실의 냉혹한 국가 중심의 '경쟁시대'에서 국가에 수렴된 개인의 생존경쟁은 바로 국가의 운명을 결정짓는 아주 중대한 일이었다(김철운, 「修身의 근대적 변용: 국가에 의해 유폐된 개인」, 『철학논총』 48권 2호, 새한철학회, 2007, 140~142쪽 참조).

11) 오욱환, 『한국사회의 교육열: 기원과 심화』, 서울: 교육과학사, 2002, 102~103쪽.

국가도 그러한 국제사회에서 도태되지 않으려고 '사람이 곧 자본'이라는 '인적자본'의 중요성을 사회 전반에 부각시키면서 국가의 국제경쟁력을 신장시키기 위한 인적자본의 확대를 요구하고 있다. 이러한 국제경쟁력 신장을 위한 인적자본의 확대를 위해서, 특히 1980년 이후에 첨단 기술 산업에 필요한 우수인력을 양성하기 위해서 도입된 교육이 바로 '수월성(秀越性: excellence) 교육'이다.

그러한 수월성 교육의 기본 취지는 교육의 경쟁력 강화를 목표로 학생 개개인이 가지고 있는 재능과 잠재력을 최대한 발전시키고 이끌어 올리자는 것이다. 이를 위해서는 국가가 국가 수준의 학력고사를 시행하고 평가한 뒤에 행·재정적으로 차등적인 지원을 통하여 교육 공급자(학교) 간의 경쟁을 유도하고, 다양한 학교의 설립·국가에 의한 학교 배정의 축소·교육 과정의 다양화 등을 통하여 학부모들이 원하는 학교를 선택할 수 있는 권리(학교 선택권)를 확대하며, 경쟁을 통해 수월성을 추구하는 등, 무한 경쟁시대에 적합한 효율적인 교육을 해야 한다는 것이다. 이러한 이유로 혹자는 "현재 우리의 교육이 교육 수요자의 요구를 충족시켜 주지 못하고 있기 때문에 개인이 어떤 목적을 이루기 위해 자발적으로 관계를 유지하도록 하는 자유의 원리(개인의 자발성)를 도입해야 한다. 교육은 정부의 규제와 통제에서 벗어나 자율성을 획득하고, 교육 공급자의 필요가 아니라 교육 수요자(학생과 학부모)의 필요에 의해 이루어져야 한다"[12]고 본다. 다시 말해 국가는 교육의 재정 지원을 축소하고, "자신이 비용을 부담하면서 더 좋은 교육을 받으려

---

12) 신중섭, 「[시론] 교육노동의료분야에 만연한 평등주의를 비판한다: 不평등은 문제가 아니라 자연 상태이다」, 『월간조선』, 조선일보사, 2002년 6월호.

는 사람들의 요구를 충족시켜 줄 수 있는 교육 제도를 공교육 안에서 허용해야 한다는 것이다."[13]

그럼 그러한 교육경쟁에 입각한 수월성 교육을 긍정하는 주장에는 어떠한 문제도 없는가? 여기서는 크게 세 가지 문제점에 주목하면서 그것들에 대한 비판적 논의를 진행할 것이다.

첫째, 학교 선택권은 오직 일부 계층의 학부모들만이 자유롭게 행사할 수 있다는 것이다. 왜냐하면, 그 행사의 결정 여부에는 그들의 합리적이고 자율적인 의사보다도 그들의 사회경제적 배경이 큰 요인으로 작용하고 있기 때문이다.[14] 그렇다면 그러한 배경이 낮은 학부모들에게서 그러한 학교 선택권은 오로지 승자독식의 시장경쟁논리가 지배하는 교육시장에서 경제·문화자본으로 교육소비가 가능한 중·상위 계층의 교육에 대한 요구를 충족시켜주기 위한 하나의 도구일 뿐이다. 따라서 학부모들의 사회경제적 배경이 학생들의 교육환경을 결정짓고 있는 우리의 교육 현실을 고려한다면, 그러한 학교선택권은 학생들이 경쟁에서 도태되지 않고 살아남기를 바라는 학부모들의 교육열을 더욱 과열시키고 있는 동시에 사회의 교육 양극화를 더욱 고착화시키고 있다고 할 수 있다.

둘째, 그 효율적인 교육이란 바로 국가발전을 위해서 교육지원의 투입을 차등적으로 지급하자는, 즉 성적이 우수한 학생들에게 집중적으로 투자하자는 것이다. 왜냐하면, 그러한 '수월성 교육을 높이

---

13) 신중섭, 같은 글.

14) 예컨대, 사회경제적 배경이 낮은 학부모들은 자신들의 요구를 충족시켜 줄 수 있는 학교 선택에 따른 막대한 교육비용 때문에 학교 선택권을 거의 자유롭게 행사할 수 없을 것이다. 반면에 그 배경이 중간인 학부모들은 어느 정도 그러한 교육비용을 감당할 수 있기 때문에 학교 선택권을 어느 정도 자유롭게 행사할 수 있을 것이다. 더 나아가 그 배경이 높은 학부모들은 그러한 교육비용과는 무관하게 학교 선택권을 아주 자유롭게 행사할 수 있을 것이다.

기 위한 방안으로 도입된 것이 바로 경쟁을 유도하는, 즉 개인의 자율·선택·책임을 근간으로 하며 적자생존이나 업적주의와 연결되는 시장경쟁 논리이기 때문이다.'[15] 앞서 보았듯이 이러한 교육은 학생들의 성적(학업성취도)과 학력(교육수준) 성취 능력을 기준 삼아서 그 능력의 차별화·서열화를 부추기고 있는데, 학부모들이 학생들을 그러한 경쟁교육에서 도태되지 않게 하려고 자신들의 재력을 이용하여 그들을 위한 최적의 교육환경을 만들려고 하는 이유가 바로 여기에 있다. 이로부터 사교육 시장의 경쟁이 더욱 과열되는 것이다.[16] 따라서 경쟁교육을 통해 내재적 발전을 이루겠다는 (우수 인력을 양성하겠다는) 발상에서 시작된 '수월성 교육'은 겉으로는 국가의 국제경쟁력 신장을 표방하고 있으면서도 안으로는 중·상위 계층의 요구를 정당화하는 논리로 작용하고 있는 것이다. 결국, 평등성 교육을 교육의 주변으로 계속해서 밀어내는 것은 수월성 교육이라고 할 수 있다.

셋째, 공교육 안에 허용되는 그러한 교육제도는 공교육의 사교육화를 부추기고 있는 동시에 많은 학부모에게 막대한 교육비용을 부담하게 한다는 것이다.[17] 왜냐하면, 승자독식의 시장경쟁논리가

---

15) 오욱환, 같은 책, 293~294쪽 참조.

16) 문학성은 교육평등주의가 사교육 시장의 경쟁을 더 부추기고 있다고 본다. 즉 "사회 전반적 분위기는 경쟁 지향적인데, 공교육은 학생들에게 경쟁을 가르치려 들지 않고 학부모들에게는 평등에 대해서만 설교한다. 그러니 학부모들은 경쟁에의 욕구를 충족시켜주는 사교육에 의지하여 경쟁 지향적 사회에서 살아남는 법을 아이들에게 가르치려 하는 것이다. 교육평등주의의 미명하에서 공교육이 담당해야 할 경쟁의 몫을 담당하지 않으니, 결국 사교육 시장만 경쟁 과열로 치닫고 있는 것이다. 교육 평등주의가 사교육 시장의 경쟁을 더 부추기고 있다"는 것이다(문학성, 「교육평등주의를 다시 생각한다」, 경북대신문, 2007.10.8).

17) 2009년에 고등학교 평준화 정책이 갖고 있는 단점을 보완한다는 취지(사학의 자율성 제고, 학생·학부모의 학교선택권 보장, 다양한 학습자 욕구 충족과 교육의 경쟁력 강화)에서 고교 교육의 다양화와 특성화를 내세우면서 지정된 자율형 사립학교(자율고)가 대표적이다.

지배하는 교육 현실에서 모든 학부모는 학생들을 그러한 교육제도
에 편승시키기 위해서 더 좋은 교육환경을 조성하는 데에 자신들
의 재산을 거의 다 투자하려고 하기 때문이다. 하지만 여기서 문제
는 충분한 재력을 갖추지 못한 하위 계층의 학부모들이 학생들에
게 그러한 환경을 제공하지 못한다는 것이다. 이들에게서 그러한
교육제도들은 오로지 사적으로 교육비용을 충분히 부담할 수 있는
중·상위 계층 학부모들의 교육에 대한 요구를 충족시켜주기 위한
하나의 도구일 뿐이다. 따라서 그러한 교육제도들의 허용은 공교육
의 붕괴와 학력의 하향을 더욱 가속화 할 것이고, 궁극적으로 획일
성이 교육을 지배하는 결과를 불러올 것이라고 할 수 있다.

결국, 현재 경쟁교육을 지향하는 우리의 학교교육은 승자독식의
시장경쟁 논리를 정당화하여 그 경쟁에서 배제되고 도태된 학생들
에 대한 어떠한 배려 없이 그들을 계속해서 교육의 사각지대로 밀
어내고 있다. 왜냐하면, 그러한 교육은 오로지 '협력(협동)'의 이름
으로 학생들 간의 배려·인정·조화를 조성하는 방법이 아니라 오
직 '경쟁'의 이름으로 학생들 간의 대립·경계·반목을 조장하는
방법만을 가르쳐 주고 있기 때문이다.

2) 공정한 교육의 기회를 봉쇄하는 학부모들의 사회경제적 배경

현재 우리의 사회는 '학벌'[18]로 개인의 모든 것을 평가하고 판단

---

18) 현재 우리 사회에서는 학교에서 학문을 닦고 배운 이력에 불과한 '학력'을 출신학교의 사회적
평판 내지는 등급에 의해서 개인의 사회적 지위를 판단하는 '학벌'["학벌은 특정 학파 또는
특정 학교 출신자가 어느 직업 혹은 특정 기업, 특정 집단 내에서 암묵적 지위나 세력을 형성
하여 그것을 자기들의 지위를 유지하거나 세력을 확장하는 데 이용하는 행위나 그 집단을 지

하는 '학벌주의'를 지향하고 있다. 이러한 학벌주의는 우리 사회에 많은 문제를 불러오고 있다. 즉, 그것은 우리 사회 내에서의 '공정한 경쟁'의 원칙을 파기시키면서까지 일부 계층들에게 제한된 사회자본과 경제자본의 집중화 현상을 유발시키고 있다. 또한, 그것은 공정한 교육의 기회(균등)를 봉쇄시키면서까지 학벌의 획득이 성공적인 사회생활의 실현을 위한 지름길이라는 의식을 우리의 사회 전 영역에 확산시키고 있다. 이러한 과정에서 '개인들의 이익이나 편견을 배제한 합리적 개인들의 정의로운 절차적 합의 결과인 절차적 공정성'은 파괴되는 것이다.[19] 여기서 우리는 한 가지 중요한 문제에 직면하는데, 즉 "만약 누군가가 업적을 쌓지 못하고 계층의 상승 이동을 하지 못하여 경쟁에서 밀려났다면 그 책임은 전적으로 누구에게 있는가?" 하는 것이다. 만약 학교에서 모든 학생이 '출발선에서의 평등', '공정한 교육의 기회'를 부여받고 있다면 그 책임은 전적으로 그러한 기회가 주어졌음에도 불구하고 그러한 기회를 살리지 못한 학생 자신에게 있다고 할 수 있는가? 만약 그렇다

칭하는 용어이다"(『위키 백과』, 학벌)]과 동일한 의미로 사용하고 있다. 이러한 점은 '학력'의 두 가지 개념을 통해서 그 의미를 충분히 알 수 있다. '하나는 수직적 분화로서의 학력이다. 이것은 단순히 초·중·고·대학 등을 다닌 경력을 가리키지만, 사회에서 일의 실질적인 수행능력에 대한 평가 없이 고등학교 졸업자보다 대학교 졸업자에게 더 나은 사회경제적 지위를 부여한다면 이때의 학력은 학벌의 의미이다. 또 하나는 수평적 분화로서의 학력이다. 이것은 학교의 종류·학교 이름·학과 등을 가리키지만, 이것으로 특정 집단이나 동문들의 도움을 받아 특정한 지위를 부여받는다면 이때의 학력은 학벌의 의미이다'(이종각, 『교육열 바로 보기』, 서울: 원미사, 2003, 240쪽 참조). 물론 여기서 고학력사회가 출현하면 고학력자의 양산으로 말미암아 단순한 고학력은 가치를 잃고 수평적 분화로서의 학벌이 우세하게 된다는 주장도 간과할 수 없지만[정태화, 「학력주의: 장점과 개선 대책에 관한 논의」(Andragogy Today: Interisciplinary Journal of Adult Continuing Education, 2004, 7권 2호), 97쪽] 우리 사회에서 '학벌'은 여전히 전자와 후자를 모두 가리킨다고 할 수 있다.

19) 롤스, 황경식 옮김, 『정의론』, 서울: 이학사, 2003, 105~132쪽 참조("사회적 불평등, 즉 재산과 권력의 불평등을 허용하되 그것이 사회의 최소 수혜자에게 그 불평등을 보상할 만한 이득을 가져오는 경우에 정당한 것이 된다. 이런 경우에 강자가 더 큰 이익을 취한다 해도 그로 인해 약자의 삶의 처지가 더 향상된다면 부정의(不正義)한 것은 아니라는 것이다. 즉, 부정의는 그보다 더 큰 부정의를 피하기 위해 필요한 경우에만 참을 수 있는 것이다").

고 한다면 그러한 주장은 정당성을 획득할 수 있는가?

이제 우리는 다음의 두 주장에 대한 비판을 통해서 그러한 주장이 결코 정당성을 획득할 수 없음을 확인할 수 있을 것이다.

첫째는 학교가 합리적이고 보편적인 사회적 선발 및 배치기구로서 성취지향의 가치를 보편적인 원리로 받아들이고, 교육이 사회유지를 위한 기능을 수행한다는 주장이다.[20] 즉, '학교에서는 모든 학생이 공정한 교육의 기회를 부여받고 자신들의 능력과 노력을 발휘하는데, 공정한 경쟁을 통한 그들의 능력과 노력이 그들의 성적과 학력을 결정하고 그 결과에 따라서 그들의 사회경제적 지위를 할당받는다는 것이다.'[21]

하지만 콜맨(Coleman)의 지적처럼, 학교에서는 모든 학생이 공정한 교육의 기회를 부여받고 있다고 하더라도 그들 간의 교육 격차는 학부모들의 사회경제적 배경이라는 외적 요인과 절대로 무관하지 않다는 것이다. 즉 학생들의 교육(학력) 격차에 결정적인 영향력을 행사하는 것은 학생들의 노력과 능력이 아니라 학부모들의 경제자본(financial capital) · 인적자본(human capital) · 사회자본(social capital)[22] 등이라는 것이다. 또한 부르디외(P. Bourdieu)의 지적처럼,

---

20) 브리태니커, 구조기능주의 교육학(structural functional theory of education).

21) 이건만, 『교육사회학의 이론과 실제』, 서울: 문음사, 1999, 32~35쪽 참조.

22) 콜맨(Coleman, James Samuel)은 『교육기회의 평등』(Equality of Educational Opportunity)에서 학생의 학업성취도를 결정하는 가장 큰 변인은 학생 가정의 사회경제적 지위라고 발표하였다. 즉 경제자본은 가족의 소득 수준에 의해 결정되는 자녀에 대한 부모의 물질적 지원 능력을 말한다. 인적자본은 부모의 교육 수준에 의하여 측정될 수 있는 것으로, 자녀의 학업에 도움을 줄 수 있는 인지적 환경과 관련되어 있다. 사회 자본은 가족 내·외의 두 가지 형태가 있는데, 가족 내 사회자본은 부모와 자녀의 관계를 의미하는 것으로 자녀교육에 대한 부모의 관심 및 시간의 투입이라는 형태로 나타나며, 가족 외부의 사회 자본은 부모의 사회적 활동과 각종 모임이나 조직에의 참여 등에 의해 형성되는 사회적 연결망이다(김경근, 「가족 내 사회적 자본과 아동의 학업성취」, 『교육사회학연구』 10권 제1호, 한국교육사회학회, 2000, 22~25쪽 참조).

자본주의 체제에서 교육은 하나의 문화자본(cultural capital)[23]을 형성하고, 이 문화자본은 교육(학교교육과 사회화된 교육을 모두 포함함)에 의해서 상속된다는 것이다. 즉, 학교는 지배 계급이 승인한 문화를 주도적으로 보급하여 이를 정당화함으로써 기존의 사회질서를 유지하며 지배관계를 당연한 것으로 오인하게 하는 기제이자 문화적 자의성(cultural arbitrary)을 강제하는 상징적 폭력[24] 행사를 통해 사회의 불평등을 재생산하는 기본적인 제도라는 것이다.[25] 이 두 주장에 근거하면, 학교는 출발선의 평등으로부터 멀어지는 학력 격차와 사교육 시장의 팽창으로 인하여 공교육의 역할과 기능을 상실함은 물론 더 이상 학생들에게 '공정한 경쟁'(롤스는 경쟁의 규칙이 공정하다면 경쟁의 결과에 무관하게 공정성을 얻을 수 있다고 봄)과 '공정한 교육의 기회'(균등)를 부여하는 장소가 아닌 것이다. 따라서 학교를 성취지향의 가치를 실현하거나 사회를 유지하는 기능만으로 보려는 '구조기능주의론'의 주장은 그 자체로 정당성을 획득하기 어렵다고 할 수 있다.

---

23) 문화자본은 지식의 형식, 체화된 의식, 문화적 관계들과 문화적 가공물을 해독하는 데 필요한 능력과 행동을 위한 감상력과 이에 따른 공감을 지닌 사회적 행위자들이 갖추어야 할 인식의 취득을 말한다.

24) 상징적 폭력은 지배계급의 문화를 피지배계급에게 부과시키는 것, 특히 이러한 피지배 계급으로 하여금 지배적 문화는 합리적인 반면, 자신의 문화는 비합리적인 것으로 인식하게 만드는 과정을 가리킨다.

25) 이소영, 「부르디외의 문화이론과 재생산으로서의 교육에 대한 철학적 고찰」, 『교육철학연구』 33권 1호, 한국교육철학학회(구 교육철학회), 2011, 129~134쪽. 특히 부르디외의 문화이론에서 '아비투스'(habitus) 개념은 아주 중요하다. 이것은 크게 세 가지 정도의 특징을 가진다. 첫째, 아비투스는 행위자가 자신의 삶의 조건과 교육 환경 속에서 지속적으로 아비투스를 습득하는 속에서 구조화된다. 둘째, 아비투스는 행위자가 개인적·집단적 실천을 재생산하여 이전의 구조를 새로운 상황과 접하게 하여 끊임없이 새롭게 재생산하는 속에서 구조화된다. 셋째, 아비투스는 행위자가 오랜 시간을 거쳐 습득한 결과물로 이해되는데, 이럴 경우 이것은 이차적 본성이 되어버리고 체화된 세계관이 된다. 이런 측면에서 아비투스는 무의식적 행위틀이다(부르디 외, 최종철 옮김, 『구별짓기: 문화와 취향의 사회학』, 서울: 새물결, 2006, 13쪽).

둘째는 개인의 사회적 지위가 공정한 절차 위에서 개인의 능력과 노력에 의한 업적으로 결정된다는 주장이다. 즉, 사회 계층은 공정한 '교육의 기회' 위에서 그 자신들이 갖고 있는 지적 기술의 사회적 공헌도를 평가받아 사회적 위계의 한 위치(사회적 지위)를 차지한다는 것이다. 이렇듯이 그들의 사회적 지위가 직업적 지위에 의해 결정되며 직업적 지위는 그들 자신의 업적에 의해 쟁취되는데, 결과적으로 그러한 업적이 사회계층의 상승 이동에 결정적인 역할을 한다는 것이다. 그래서 중·상위 계층들이 자신들의 재력을 학생들의 교육에 집중 투자하여 그들의 사회경제적 지위를 점유하거나 투자 능력이 없는 하위 계층들이 그것으로부터 격리되면서 발생하는 사회계층화는 정당하고 결코 불평등한 것이 아니라는 것이다.[26]

하지만 문제는 그러한 사회계층화가 실지로 사회계층불평등을 의미한다는 것이다. 분명히 우리의 '학교교육은 직업적 지위 획득 과정에서 경쟁계층보다 지배적인 위치를 점유하려는 상위계층들의 노력의 산물로서 자신들의 문화적 가치와 기준을 교육에 부과하려 하고 있다. 이러한 교육은 사회계층불평등 체계를 완화해주기보다는 세대 간에 이를 재생산하는 역할을 한다. 즉, 학교교육은 사회 이동의 기제가 아니라 기존의 사회계층 질서를 공고히 함으로써 계급과 계층의 재생산을 위한 하나의 도구라는 것이다. 바로 중·상위 계층이 자신들에게 절대적으로 유리한 학력을 선발기준으로 채택함으로써 하위 계층의 상승을 체계적으로 봉쇄하는 근거도 여기에 있다.'[27] 따라서 학생들의 '학력 성취가 계층별로 다르게 이루

---

26) '지위획득론'(status attainment theory)은 오욱환의 『한국사회의 교육열: 기원과 심화』(103~117쪽)를 참조 바람.

어진다면 교육 수준의 차이 때문에 빚어진 결과의 불평등(직업이나 소득의 불평등)은 그 자체로 정당성을 획득할 수 없다.'[28] 왜냐하면, 그러한 '불평등'은 "(교육의 기회균등) 모든 국민은 성별·종교·신념·인종·사회적 신분·경제적 지위 또는 신체적 조건 등을 이유로 교육에서 차별을 받지 아니한다"는 『교육기본법』 제4조의 '교육의 기회균등' 원리에 크게 위반되기 때문이다. 따라서 사회계층불평등을 단순히 사회계층화로만 보려는 '지위획득론'은 그 자체로 정당성을 획득하기 어렵다고 할 수 있다.

이처럼 '교육의 기회균등' 원리로부터 철저하게 격리된 하위 계층들에게서 학교는 더 이상 합리적이고 정의로운 지위 배분이 아니라 계급 또는 계층 재생산을 위한 하나의 장소일 뿐이다. 여기서 우리는 한 가지 중요한 문제에 직면하게 된다. 즉, "그러한 불평등의 해소를 위한 국가 개입은 확대될 필요가 있는가?"가 그것이다. 물론 혹자의 주장처럼 "교육에 대한 정부의 통제 뒤에는 다양성과 민간 자율성을 부정하고 평등을 이상화한 국민 정서가 자리 잡고 있다. 평등을 많이 실현하려고 하면 할수록 정부 개입은 확대될 수밖에 없다"[29]고 한다면, 즉 국가 개입이 학생들을 위한 자율성 및 다기능 교육을 가로막는다고 한다면 국가 개입은 확대될 필요가 없을지도 모른다.

하지만 그러한 주장은 크게 두 가지의 문제를 내포한다. 하나는 국가 개입의 확대를 반대하면서까지 다양성과 민간 자율성을 주장

27) 안우환·김경식, 「가족 내 사회적 자본을 통한 학부모의 교육열 연구」, 『중등교육연구』 53권 1호, 경북대학교 중등교육연구소, 2005, 40쪽.
28) 남춘호, 「교육과 불평등」, 방하남 외, 『현대 한국사회의 불평등』, 서울: 한울 아카데미, 2004, 57쪽 참조.
29) 신중섭, 같은 글.

하려면 먼저 『초중등교육법』의 제6조와 『고등교육법』의 제5조에 명시된 국가 개입(지도・감독)의 내용에 대한 '개정' 내지 '삭제'를 요구해야 한다는 것이다.[30] 만약 그것을 요구하지 않고 국가 개입의 확대를 반대한다면 법률상에서만큼은 그 주장은 그 자체로 법체계를 부정하는 행위로 규정지을 수 있기 때문이다. 또 하나는 국가의 통제 뒤에 평등을 이상화하는 국민 정서가 자리 잡고 있다고 해서 국가 개입에 의한 평등교육의 실현을 무조건 반대하지는 말아야 한다는 것이다. 물론 "평등을 이상화하는 국민 정서"가 '평등지상주의'를 염두에 두고 하는 말이라면 그러한 주장은 어느 정도 타당할지도 모른다. 왜냐하면, 교육을 오로지 평등의 잣대로만 들이대면 학교교육에서는 모든 학생이 항상 똑같아야 한다는 완전평등(결과의 평등)이 강조되어 교육의 획일성과 맹목성만이 부각될 수 있고, 또한 국가 개입에 의한 일방적 통제가 강조되어 교육의 다양성이 확보될 수 없기 때문이다.

결국 '평등교육'의 평등은 그러한 완전 평등을 지향하는 결과의 평등이기보다도 차등의 원리를 전제하는 절차의 평등이고, 또한 교육을 통한 분배적 정의를 전제하는 평등을 가리킨다고 할 수 있다.[31] 이러한 분배적 정의를 실현하여 경쟁교육을 지향하는 학교교

---

30) 『초중등교육법』 제6조 (지도・감독) 국립학교는 교육과학기술부장관의 지도・감독을 받으며, 공・사립학교는 교육감의 지도・감독을 받는다[『고등교육법』 제5조 (지도 감독) 학교는 교육인적자원부장관의 지도・감독을 받는다[『헌법』 제31조 ④ "교육의 자주성・전문성・정치적 중립성 및 대학의 자율성은 법률이 정하는 바에 의하여 보장된다." 이 조항은 『초중등교육법』의 제6조와 『고등교육법』의 제5조에 비하면 그 규정이 매우 불명확하다. 즉, 하위법은 국가의 규제와 통제(지도 감독)를 명확히 규정하고 있지만, 상위법은 그렇지 못하다. 독일 『헌법』 제7조 1항의 "모든 교육기관은 국가의 감독하에 존립한다"와 제헌 『헌법』의 "……모든 교육기관은 국가의 감독을 받으며 교육제도는 법률로써 정한다"와 같이 명확한 규정이 있어야지만 상위법과 하위법의 충돌이 일어나지 않으며, 대학에 대한 국가의 규제와 통제 또한 법률적 정당성을 충분히 확보할 수 있다. 따라서 『헌법』 제31조의 4항에 대한 보다 명확한 규정이 필요하다고 할 수 있다].

육의 문제를 해결한다는 측면에서 보면, 더 나아가 합리적인 제도·재정적 후원 정책을 마련하여 분배적 정의가 실현되는 평등한 사회를 건설한다는 측면에서 보면, 평등의 실현을 위한 국가 개입은 더욱 확대되어야 할 것이다.

4. 도덕행위 주체의 확립과 학교공동체의 형성

1) 인지·정서적 도덕성을 갖춘 도덕행위 주체의 확립

현재 창의력과 국제경쟁력이 요구되는 지식기반사회에서 우리의 학교교육은 학교에 의해서 일방적으로 정해진 행위규범과 규율에 '무조건 복종하고 순종하는 학생'이 아니라 공정한 근거에 의해서 가치 결정이 이루어지는 학교공동체의 행위규범과 규율에 '책임의식과 실천의지를 드러내는 학생'을 길러내야 한다. 간단하게 말해, 그것은 교육의 주체인 학생들이 그러한 규범과 규율에 근거하여 자신들의 행위 기준을 결정하고 그 결정에 도덕적 책임을 질 줄 아는 동시에 인간적 유대 관계에 근거하여 타인에 대한 관심과 인정을 베풀 줄 아는 '도덕행위의 주체'로 거듭나게 해야 한다는 것이다. 그렇다면 학생들은 어떻게 '도덕행위의 주체'가 될 수 있는가? 여기서는 크게 두 개의 주장에 근거하여 그 문제를 살펴볼 것이다.

---

31) 롤스의 말대로 정의로운 사회란 개인의 자유와 존재에 대해 우월성을 인정하고 있는 사회인 동시에 그 결과로 생기는 특권을 상쇄하기 위해 보다 유능한 사람들이 지니고 있는 자원을 보다 불행한 사람들의 처지를 개선하는 데 활용되는 분배적 정의가 실현되는 사회이기 때문이다(롤스, 황경식 옮김, 『정의론』, 서울: 이학사, 2003, 105～132쪽 참조).

첫째는 학생들의 인지적 도덕성, 즉 도덕적 판단 능력을 길러주어야 한다는 주장이다. 콜버그(L. Kolhberg)에 의하면, 그러한 능력을 길러주려면 먼저 교사는 학생들에게 도덕적 딜레마를 제시한 후 다양한 질문에 대한 대답을 통해서 학생들이 스스로 무엇이 옳은지를 판단하고(도덕적 판단) 그 이유를 제시하도록 해야 하고, 또한 학생들이 그 도덕적 판단으로 해결할 수 없는 도덕적 상황에 직면했을 때 고민하게 하고, 인지적 각성을 통해 도덕성 발달의 더 높은 단계의 사고로 이동하게 해야 한다.[32] 간단하게 말해, 교사는 학생들에게 특정한 덕목이나 가치를 무조건 주입하는 것이 아니라 학생들의 도덕적 판단 능력을 발달시키고 인격적인 자유를 존중하는 토론 위주의 교육을 통하여[33] 그들의 도덕적 행위를 이끌어내야 한다는 것이다. 이 도덕적 행위가 갈등 상황에서 '하나의 행동이 적당한 것인지 아니면 부적당한 것인지, 또는 이기적인 것인지 이타적인 것인지를 깊이 생각하여 결정하는' 것이 도덕적 판단 능력이며, 이 도덕적 판단의 원리가 바로 '정의(justice)의 원리'라는 것이다.[34]

하지만 문제는 비록 학생들이 그러한 도덕적 판단 능력을 길렀다고 하더라도 그들은 아직 도덕 행위의 주체가 아니라는 것이다. 왜냐하면, 그러한 능력을 강조하면 학생들의 자율성과 독립성은 강해진다는 장점이 있지만, 타인을 배려하고 도와주는 일은 약해진다

---

32) 콜버그의 도덕발달론은 롤즈(J. Rawls)의 정의 이론(theory of justice)과 뒤르켐(E. Durkheim)의 사회학적 공동체 이론을 접목시킨 것이다. 도덕 발달 6단계는 다음과 같다. **인습이전 수준**: 1단계, 처벌과 복종의 단계. 2단계, 도덕적 상대주의의 단계. **인습수준**: 3단계, 사람들 상호 간의 동조 혹은 착한 아이 단계. 4단계, 사회 유지의 관계. **인습 이후**(자율적·원리적 수준) 5단계, 사회계약의 단계. 6단계, 보편 윤리적 원리의 단계.

33) 정소흔, 「콜버그 『도덕발달의 철학』에서 정의의 문제」, 『동서사상』 제3집, 동서사상연구소, 2007, 125쪽.

34) 정소흔, 같은 논문, 157쪽.

는 단점이 있기 때문이다. 간단하게 말해, 인지능력은 강화될지 모르지만, 인성능력은 상대적으로 약화된다는 것이다. 이러한 점은 '배타적으로 정의 윤리에만 기초해서 이루어져 왔던 기존의 우리 도덕 교육이 그 한계를 잘 보여주고 있다.'[35] 따라서 '배려의 윤리'의 입장에서 보면 '이성과 인지를 도덕적 지식의 정당한 원천으로 보는 콜버그의 주장은 인간의 정서를 무시하거나 초월하려는 윤리학으로서 사람의 실제적인 삶에 광범위하게 적용할 수 없다는 비판을 쉽게 피해 갈 수 없을 것이다.'[36]

둘째는 학생들의 정서적 도덕성, 즉 '타인을 배려(care)하는 공감(共感)과 연민(憐愍) 그리고 친밀감 등을 길러주어야 한다는 주장이다.[37] 특히 나딩스(Nel Noddings)에 의하면 그러한 도덕성을 길러주려면 도덕의 원천이 되는 현실은 '관계성'(relatedness)에 두어야 하는데, 즉 현실적으로 개인의 존재는 타인과의 관계 속에서 고려될 수밖에 없기 때문이다.[38] 다시 말해 사람의 관계성은 공동체 생활의 근간을 이루고 있는데, 공동체 생활을 영위해 가면서 서로에 대한 배려의 관계를 유지해나가는 것이 바로 인간의 삶 자체라는

---

35) "우리나라의 경우에 콜버그의 인지적 도덕발달론이 소개되어 1973년에 시행된 제3차 교육과정에서 처음 적용된 이후에 인지 발달론 정의 윤리가 도덕교육의 중심이 되어왔고, 제6차 교육과정부터 이에 대한 비판이 이루어져, 2002학년도부터 적용된 제7차 교육과정에서는 상당 부분이 개선되었으나 여전히 많은 한계점을 드러내고 있다"(박병춘, 「초등 도덕과 교육의 목표설정을 위한 통합적 도덕성 연구」, 『도덕윤리과교육』 제10호, 한국 도덕윤리과 교육학회, 1999, 188~191쪽 참조).

36) 김완순, 「배려윤리의 이론적 배경」, 『윤리문화연구』 4호, 2008, 56쪽.

37) '배려의 윤리'를 처음 주장한 길리간(Carol Gilligan)은 '정의의 윤리'가 권리·공정성·초연함과 같은 남성적 특성만을 강조하기 때문에 '배려의 윤리'인 책임·인간관계·애착·동정심과 같은 여성적 특성을 반영해야 한다고 주장한다. '이 윤리를 더욱 명료화하여 도덕 방법론과 관련시킨 학자가 나딩스(Nel Noddings)이다'(박병기·추병완, 『윤리학과 도덕교육』, 서울: 인간사랑, 1996, 312쪽 참조).

38) N. Noddings, Caring: A Feminine Approach to Ethics and Moral Education, Berkeley: University of California Press, 1984, 51쪽.

것이다. 그래서 우리가 타인을 도덕적으로 만나는 관계인 '윤리적인 배려'(ethical caring)는 사랑과 자연적 이끌림으로부터 배려를 해주는 사람으로서 반응하는 관계, 즉 자연적 배려(nature caring)로부터 기인한다는 것이다. 이러한 배려를 향한 우리의 동경과 열망이 바로 우리에게 도덕적이게 하는 동기를 제공한다는 것이다.[39]

하지만 문제는 비록 학생들이 그러한 정서적 도덕성을 길렀다고 하더라고 그들은 아직 도덕 행위의 주체가 아니라는 것이다. 왜냐하면, '정서적 도덕성'을 강조하면 학생들의 타인에 대한 친밀성과 관계성은 강해진다는 장점이 있지만, 학생들이 도덕적 판단 능력을 발휘하여 자신들의 권리를 주장하고 확보하는 것은 약해진다는 단점이 있기 때문이다. 더 나아가 배려의 윤리는 배려받는 자의 감정을 거의 고려하지 않는 배려하는 자의 일방적인 관계성과 친밀성의 표현만을 부각시킬 수가 있기 때문이다. 따라서 코엔(D. Koehn)의 주장처럼, 배려하는 자들은 타인이 진정으로 원하고 필요로 하는 것이 무엇인가를 정확히 알 수 없는데도, 즉 자신들의 관점에서 타인의 욕구나 사고를 주관적으로 해석하여 타인의 욕구와 상반되는 배려를 하면서도 타인을 배려한다고 인식하는 위험한 자기 정당화를 쉽게 범한다고 할 수 있다.[40]

이처럼 인지적 도덕성을 강조하는 정의의 윤리가 도덕문제를 옳음과 개인의 의무 등에 존재하는 주장들 간의 갈등으로 파악하는 반면에, 정서적 도덕성을 강조하는 배려 윤리가 도덕 문제를 인간 관계들에서 일어나는 긴장과 불화로 간주한다는 점에서 보면, 이

---

39) N. Noddings, 같은 책, 5쪽.
40) 박병기·추병완, 같은 책, 159~161쪽.

둘 사이에는 분명히 서로 뛰어넘을 수 없는 경계선이 존재한다. 그럼에도 불구하고 학교교육은 기술이 뛰어난 기능인이 아니라 반드시 그 경계선을 허물고 자율성·독립성을 기르는 인지적 도덕성과 상호 관계성·친밀성을 기르는 정서적 도덕성을 함께 갖춘 통합적인 인간형을 길러내야 한다. 바로 인지적 발달이 강조되고 인성적 교육이 경시되는 우리의 교육현실에서 그러한 인간형을 배양하는 교육은 경쟁교육으로 야기되는 다양한 도덕적 갈등들을 충분히 완화시키고 정화시킬 수 있을 것이다.

결국, 그러한 인지적 도덕성과 정서적 도덕성을 함께 갖춘 학생들은 '도덕적 책임·도덕적 민감성·친밀한 인간관계의 유지 등을 중시하는 도덕성의 요소들을 충분히 습득하게 하는 동시에 도덕적 무관심·이기주의·타인에 대한 배려와 관심 부족·소외·인정의 상실·이웃 간의 단절 등 도덕적 문제들을 극복할 수 있을 것이다.'[41] 다시 말해 그들은 도덕 행위의 주체로서, 타인과의 대화를 시도하고 타인에 대한 관심과 인정을 드러내는 동시에 교육의 한 주체로서 인격을 쌓고 민주시민의 자질을 갖추어 사람다운 삶을 영위하고 민주 국가의 발달과 인류 공영의 이상을 실현하는 데에 이바지할 수 있을 것이다.

2) 도덕실천 교육을 위한 민주적·도덕적 학교공동체의 형성

앞서 보았듯이 학교교육은 "왜 인격을 쌓아야 하는가?", "왜 인간

---

41) 박병춘, 「보살핌 윤리의 도덕교육적 접근 연구」, 서울대학교 대학원 박사학위논문, 1999, 159~160쪽 참조.

다운 삶을 영위해야 하는가?", "왜 민주시민의 자질을 갖추어야 하는가?" 등에 대한 문제의식 속에서 자신의 행위를 스스로 결정하고 그 결정에 책임을 질 줄 아는 동시에 타인에 대한 관심과 인정을 베풀 줄 아는 학생들을 길러내야 한다. 왜냐하면, 학교에서 학생들은 반드시 통제와 복종의 대상이 아니라 자율성을 보장받는 권리의 주체여야 하기 때문이다. 하지만 여기서 중요한 사실은 그러한 학생들을 길러내려면 학생들 개개인의 도덕발달 단계의 변화뿐만 아니라 그들의 도덕성 발달에 영향을 미치는 학교의 모든 환경이 도덕적 분위기로 바뀌어야 한다는 것이다. 그렇다면 그 도덕적 분위기는 구체적으로 무엇을 말하는가? 그것은 "집단의 결속력과 이러한 일치감을 증대시키는 배려와 책임의 규범에 헌신하는 것에 가치를 부여하는 어떤 규범적인 개념"42)인 공동체를 가리킨다. 바로 이러한 '공동체'야말로 기본적으로 상호협동·상호존중·상호이해·공생공존의 관계에 바탕을 두고서 공동의 가치·공동헌신·공동사명에 의식적·인격적으로 참여하는 유기적 통일체로서의 사회이다. 이러한 공동체 개념을 학교에 접목시킨 것이 바로 '학교공동체'이다.

그럼 우리가 지향해야 할 학교공동체는 무엇인가? 과연 콜버그의 '정의공동체 접근'(Just Community Approach)은 학교공동체의 모델로 적합한가? 이 '접근'은 '학생 개인들의 권리를 보호하는 동시에 그들의 도덕적 성장(행위)을 증진시키면서 집단의 강한 호소력을 이끌기 위하여 정의와 공동체의 균형을 맞추어 나간다.'43) 그 균

---

42) power, 1988, *The Just Community Approach to Moral Eduction*』(Journal of Moral Eduction, Vol.17, No. 3, October.) 198쪽(김정금, 「도덕교육 원리로서의 학교민주주의의 성격」, 『교육학논총』 제10집, 1991, 76쪽 재인용).

43) 임현철, 「콜버그의 정의로운 공동체에 관한 연구」, 한국교원대학교 대학원 석사학위논문,

형의 핵심은 바로 학생들이 '그들 간의 이해와 요구를 수렴하고 타인의 견해를 듣고 이해하고자 노력하며, 공정하고도 협동적인 방법으로 도덕적 갈등들을 조정하는 도덕적 의사소통의 과정이다. 이러한 과정은 도덕적 분위기의 관건이며 학생들의 도덕 교육을 위한 필수적인 장치이다.'[44] 바로 이러한 소통의 과정을 거치면서 학생들은 자신들의 가치관을 전개하는 동시에 공동체의 행위 규범이나 규율을 만들어나갈 수 있는데, 즉 학생들은 도덕행위의 주체의식을 가짐으로써 도덕적 책임감을 기를 수 있고, 그들에게 주어진 동등한 권리를 행사함으로써 능동적인 의사결정자가 될 수 있는 것이다. 이렇게 본다면 '정의공동체 접근'은 학생들을 도덕적 문제 해결자로서 개인 능력의 발전을 넘어 학교 운영 과정에 좀 더 민주적 참여를 허용하는, 즉 '학교를 학생들에게 의사결정권을 공유하도록 해주는 참여 민주주의의 광장을 만드는 것이라고 할 수 있다.'[45]

하지만 여기서 중요한 사실은 콜버그가 주장하는 공동체가 '높은 수준의 혹은 더욱 적절한 도덕 추론 능력을 발달시키기 위한 하나의 수단으로서 여겨지고 있을 뿐이지 공동체 그 자체가 도덕 생활의 목적이나 이상이 되지는 못한다는 것이다.'[46] 다시 말해 공동체 속에서 이루어지는 도덕 교육에 대한 그의 주장은 공동체를 통해서 더 높은 도덕적 추론을 할 수 있다는 인지적 측면에 집중된다는 것이다. 그리하여 여기서는 더욱더 공동체 의식이 강조되는 학교공

1994, 4쪽.

44) 김정금, 「도덕교육에서 교사의 역할-kolhlberg 관점에서」, 『교육철학』 13집, 1995, 62쪽 참조 바람.

45) W. Damon, 조강모 옮김, 『학생 도덕발달과 열린교육』, 서울: 문음사, 1997, 259쪽.

46) 추병완, 『도덕교육의 이해』, 서울: 도서출판 백의, 1999, 136쪽.

동체가 필요하다. 왜냐하면, 학생들의 도덕적 추론 능력을 높일수록 그들의 책임의식은 높아질지는 모르지만, 타인과의 인간적(도덕적) 유대 관계가 소원해질 수 있기 때문이다. 바로 나딩스가 오늘날 배려의 위기에 직면해 있는 학교에서 교사는 배려자로서의 그의 사명을 잊어서는 안 되고, 학생은 교사를 배려하는 사람이 아닌 일종의 저항 상대로 간주해서는 안 된다고 주장한 이유도 여기에 있다. 따라서 교사는 그들이 가르치는 학생들에게 배려해주는 사람으로서 도덕적 생활의 모범(modeling)이 되어야 하고, 대화의 상대자인 학생들과 도덕적 대화(dialogue)를 계속해서 해야 하고, 인간관계에 의한 배려와 도움을 줄 수 있는 능력을 발달시키기 위해서 학생들에게 끊임없이 따뜻한 배려의 실천(practice) 기회를 부여해 주며, 인간관계를 토대로 상대방이 처한 현실과 그의 노력을 이해하고 격려하기 위해서 그들에게 가능한 한 최상의 동기로 귀인시켜 주는 확증(confirmation)을 해주어야 하는 것이다.47) 이러한 교육을 통해서 학생들에게 타인에 대한 공감(共感)과 연민(憐愍), 그리고 친밀감을 강조하는 것이 바로 따뜻한 배려공동체(Caring Community)이다.

이렇게 본다면 우리가 지향해야 하는 학교공동체는 자기 자신에게 엄격한 도덕적 기준을 부여하는 책임의식과 타인에게 관대한 도덕적 기준을 부여하는 배려의식에 기초하는 민주적·도덕적 학교공동체라고 할 수 있다. 이러한 공동체 안에서 학생들은 '친밀감, 신뢰, 참여, 그리고 사회에 대한 책임감의 규범과 타인의 복지에 대

---

47) 박병기·추병완, 같은 책, 317쪽 참조. N. Noddings, "Fidelity in Teaching Education, and Research for Teaching", Harvard Educational Review, Vol.4, No.4, 1986, 502쪽(김복용, 「배려윤리의 교육적 의의」, 전남대학교 교육대학원 석사 논문, 1997, 33쪽 재인용).

한 배려와 열린 관계, 책임감 있는 태도 등을 가질 수 있을 것이다.[48] 다시 말해 그들은 바로 '자기중심주의에서 탈피하여 협동과 상호 존중을 지향할 수 있고, 도덕적으로 생각하고 느끼고 행동할 수 있고, 학교와 교실에 공평함, 따뜻한 배려, 민주적 가치에 대한 존경심을 가질 수 있을 것이다.'[49] 이러한 학교공동체 안에서 강요된 교육경쟁으로 비롯되는 학교 내의 다양한 도덕 갈등들은 학생들의 민주적·도덕적 의사소통 과정을 통한 합의에 의해서 해결할 수 있고, 또한 학교 내의 다양한 이기적 행위들은 상대방이 처한 현실과 그의 노력을 이해하고 격려하는 관심과 인정에 의해서 해결할 수 있을 것이다.

다시 말해 학생들은 도덕적 판단 능력을 높여서 자신들의 행위에 대한 도덕적 책임의식을 드러내어 사회의 불합리한 문제의 해결에 적극적으로 참여하고, 공감과 연민 등의 도덕적 정서 능력을 높여서 타인에 대한 배려의식을 드러내어 복지에 대한 배려와 타인과의 열린 관계를 형성하며, 다양한 도덕적 경험을 체험함으로써 도덕적 실천 능력을 높여서 상호존중과 상호협동 그리고 공생공존이라는 공동체적 가치를 실현할 수 있다는 것이다. 따라서 학생들의 도덕적 지식·도덕적 정서·도덕적 행위를 통한 인격 형성을 위해서 학교 전체를 민주적·도덕적 공동체로 만들어가는 것은 위기에 처한 학교교육을 정상화하는 데에 아주 중요한 관건이라고 할 수 있다.

결국, 우리 사회는 개인 혼자만이 살아가는 곳이 아니고 개인과

---

48) 김정금, 「도덕교육 원리로서의 학교민주주의의 성격-Kohlberg 관점에서」, 『교육학논총』 제10집, 1991, 76쪽.

49) 권혁환, 「초등도덕교육의 인격교육접근법연구」, 서울대학교 대학원 박사학위논문, 1996, 30~31쪽.

개인이 더불어 살아가는 곳이기 때문에 학교교육은 학생들이 서로 무시·배척하지 않고 서로 인정·배려하는 공동체적 가치를 실현해나가야 한다. 이런 속에서 학생들은 도덕적 의사소통 능력과 창의적 능력을 발휘하여 '자기 결정적이고 자율적 의지로 행위하는 도덕행위의 주체'로서 자신들의 재능과 능력을 최대한 끌어내어 새로운 지식이나 기능을 습득하는 동시에 그것을 바탕으로 타인과 대화하고 타인을 인정하며 타인과 더불어 사는 공동체적 가치를 실현해 낼 수 있을 것이다.

5. 나가는 말

앞서 보았듯이, 『교육기본법』 제2조에 명시된 교육의 본래 목적을 실현하려면 학교에서는 모든 학생이 '공정한 교육의 기회'(균등)를 부여받고 '교육받을 권리'(학습권)를 보장받는 동시에 공정한 경쟁을 통한 자신들의 능력과 노력을 발휘할 수 있어야 한다. 하지만 현재 시장경쟁 논리를 도입하고 있는 우리의 학교교육은 출발선에서의 평등, '교육의 기회균등'(평등)의 원칙을 봉쇄하고 학생들의 성적(학업성취도)과 학력(교육수준) 성취를 기준 삼아서 선발과 탈락을 결정하는 등, 그 능력의 차별화·서열화를 계속해서 부추기고 있다. 더 나아가 그것은 '국제 경쟁력 강화'라는 교육목표를 내세우면서도 학생들에게 오직 경쟁에서의 승자만이 높은 사회경제적 지위를 점유한다는 획일화된 가치관을 주입하고 학생들의 결과적인 업적을 강조하여 기존의 불평등 구조를 더욱 고착화시키고 있다.

이러한 교육 안에서 학생들은 오로지 학교에 의해서 일방적으로 정해진 행위 규범이나 규율에 무조건 복종하는 획일적이고 타율적인 존재이자 개인적이고 사회적인 욕망에 함몰되어 사회경제적 지위만을 점유하는 '배타적이고 이기적인 존재'로 변해갈 뿐이다.

그래서 우리의 학교교육은 학생 간의 '경쟁교육'을 강요하여 '사람다움'이 상실된 기술적·물질주의적·몰가치적 기능인을 끊임없이 양산해내고 있다. 이러한 교육현실은 우리로 하여금 종종 사회의 구성원들이 사회 정의와 건전한 가치를 추구해야 하고, 또한 남보다 높은 사회경제적 지위를 성취한 사람이 건전하고 올바른 도덕성을 갖추어야 한다는 사실을 망각하게 하곤 한다. 때문에 학교에서는 공교육의 정상화를 위한 하나의 도덕적 기준과 지표를 확립하고, 이것에 근거하여 학생들의 학업 성취가 올바르게 평가받을 수 있도록 해야 한다. 그 기준과 지표의 확립은 바로 학생들에게 독창적인 사고 능력과 자율적인 창의 능력을 길러주고 사람답게 살아가는 데 필요한 가치를 가르쳐 주는 창의적 교육을 통해서 가능하다. 따라서 이러한 교육을 실행할 때에 우리의 학교교육은 승자독식의 이름으로 학생 간의 대립·경계·반목을 조장하는 경쟁교육이 아니라 협력(협동)의 이름으로 학생 간의 배려·인정·조화를 조성하는 '평등교육'으로 나아갈 수 있을 것이다. 그렇게만 된다면, 우리의 학교교육은 책임과 배려의 민주적·도덕적 학교공동체 안에서 학생들로 하여금 궁극적으로 '인격을 기르고 민주 시민의 자질을 갖추게 하여 인간다운 삶을 영위하게 하고 민주국가의 발달과 인류 공영의 이상을 실현하는 데에 이바지하게 할 수 있을 것이다.'

참고문헌

넬 나딩스, 추명완 외 옮김, 『배려교육론』, 우리, 2002.
_____, 이지헌 외 옮김, 『행복과 교육』, 학이당, 2008.
다몬, 조강모 옮김, 『학생 도덕발달과 열린교육』, 문음사, 1997.
로널드 드워킨, 염수균 옮김, 『자유주의적 평등』, 한길사, 2009.
롤스, 황경식 옮김, 『정의론』, 이학사, 2003.
박병기 · 추병완, 『윤리학과 도덕교육』, 인간사랑, 1996.
박병춘, 『배려윤리와 도덕교육』, 울력, 2002.
방하남 외, 『현대 한국사회의 불평등』, 한울 아카데미, 2004.
부르디 외, 최종철 옮김, 『구별짓기: 문화와 취향의 사회학』, 새물결, 2006.
오욱환, 『한국사회의 교육열: 기원과 심화』, 교육과학사, 2002.
이은미, 『한국의 근대와 교육』, 문음사, 2006.
이종각, 『교육열 올바로 보기』, 원미사, 2003.
카츠, 나딩스, 스트라이크 등, 윤현진 외 옮김, 『정의와 배려』, 인간사랑, 2007.
콜버그, 문용린 옮김, 『콜버그의 도덕성발달이론』, 아카넷, 2000.
추병환, 『열린도덕과 교육론』, 하우출판사, 2000.
홍성민, 『문화와 아비투스』, 나남, 2000.
강창동, 「한국 교육열의 편집증적 성격에 관한 사회학적 연구－들뢰즈와 가타리를 중심으로－」, 『교육학 연구』 38권 3호, 한국교육학회, 2000.
김경근, 「가족 내 사회적 자본과 아동의 학업성취」, 『교육사회학연구』 10권 제1호, 한국교육사회학회, 2000.
김완순, 「배려윤리의 이론적 배경」, 『윤리문화연구』 제4호, 윤리문화학회, 2008.
김정금, 「도덕교육에서 교사의 역할-kolhlberg 관점에서」, 『교육철학』 13집, 1995.
_____, 「도덕교육 원리로서의 학교민주주의의 성격-Kolhlberg 관점에서」, 『교육학논총』 제10집, 1991.
김철운, 「修身의 근대적 변용: 국가에 의해 유폐된 개인」, 『철학논총』 48권 2호, 새한철학회, 2007.

권혁환, 「초등 도덕교육의 인격교육 접근법 연구」, 서울대학교대학원 박사학위논문, 1996.

김항인, 「콜버그의 정의공동체에 관한 연구」, 서울대학교대학원 석사학위논문, 1993.

안우환・김경식, 「가족 내 사회적 자본을 통한 학부모의 교육열 연구」, 『중등교육연구』 53권 1호, 경북대학교 중등교육연구소, 2005.

이소영, 「부르디외의 문화이론과 재생산으로서의 교육에 대한 철학적 고찰」, 『교육철학연구』 33권 1호, 한국교육철학학회(구 교육철학회), 2011.

이종각・김기수, 「교육열 개념의 비교와 재정의」, 『교육학연구』 41권 3호, 한국교육학회, 2003.

채성주, 「근대적 교육관의 형성과 "경쟁" 담론」, 『한국교육학연구』(구 『안암교육연구』) 제13권 제2호, 안암교육학회, 2007.

정소흔, 「콜버그 『도덕발달의 철학』에서 정의의 문제」, 『동서사상』 제3집, 동서사상연구소, 2007.

한우희, 「보통학교에 대한 저항과 교육열」, 『교육이론』 제6권 제1호, 1991.

욕망과 폭력
– 국가 폭력을 정당화시키는 욕망의 담론 구조에 관하여 –

소병일

1. 들어가는 말

폭력은 삶을 그 뿌리부터 파괴한다는 점에서 현실적으로 가장 절박하게 해결해야 할 사회문제이다. 폭력의 문제를 20세기로 국한하더라도 천문학적인 숫자의 사람들이 제1, 2차 세계대전과 수많은 내전, 그 속에서 자행된 집단학살, 인종청소, 고문 등에 의해 죽거나 고통을 받았다. 그리고 지금 이 시각에도 유사한 폭력들이 지구상 어디에선가 반복되고 있다.[1] 표면상 평화로운 사회라고 하더라도 사정은 다르지 않다. 바로 이 순간에 누군가는 살인, 강간, 강도 등과 같은 다양한 사적 폭력들에 의해 죽임을 당하거나 고통받고 있기 때문이다.[2] 과거의 그 엄청난 폭력과 그것이 야기한 고통은

---

[1] 20세기에 제1, 2차 세계대전으로 죽은 희생자 수만 7천만 명이다. 여기에 중국, 러시아 등의 내전이나 나치의 집단학살에 의한 희생자를 합치면, 통계상 차이가 있지만, 20세기 초중반에만 1억 5천만 명 이상이 폭력에 의해 희생되었다. Steven Pinker, The Better Angels of Our Nature, New York: Penguin Group, 2011, 195쪽 표 참조. 9·11테러 이후 미국과 아프가니스탄, 이라크 전쟁, 그리고 아랍권의 무력 충돌, 우리 언론을 통해서는 잘 알려지지 않지만 아프리카에서 자행되는 인종학살, 미국의 아부그라이브 수용소와 관타나모 수용소의 고문과 학대 등 21세기에도 폭력은 유사한 방식으로 반복되고 있다.

[2] 2012년 검찰청의 통계에 따르면 2011년 국내에서 발생한 살인사건(미수, 예비, 음모 포함)은 1,221건으로 하루 평균폭력 3.3건이고, 폭력은 123,304건으로 하루 평균 337.8건에 달한다. 대검찰청, 『범죄분석』 통권 제145호, 2012 참조.

후대 세대에게 어떠한 교훈도 주지 못하는 것처럼 보인다. 평범해 보이는 내 주변의 이웃들도 특정한 조건과 환경이 조성된다면 극단적인 폭력을 행사할 수 있다는 점을 고려한다면 폭력으로부터의 자유는 불가능한 과제처럼 보인다.3)

20세기는 자본주의와 사회주의 국가 간의 대립, 민족, 인종, 종교적 대립이 역사의 유례가 없을 정도로 대규모 전쟁과 학살로 표출되었던 시기이다. 이를 반영하듯이 이 시기에 서구에서는 폭력이 철학의 중심적인 주제로 논의되기 시작하였다. 이 시기 폭력의 문제는 주로 정치철학적으로, 즉 권력과 폭력의 관계를 중심으로 논의되었고 정당한 폭력이 핵심적인 주제였다. 이에 관한 대표적인 몇 가지 입장만 예로 들자면, 한나 아렌트의 경우 권력과 폭력을 분리하고, 권력의 정당성을 회복할 때 폭력의 문제를 해결할 수 있다고 보았다.4) 다른 한편 마르크스주의의 영향을 받은 메를로 퐁티

---

3) 폭력과 관련된 심리학의 대표적인 실험 사례는 '스탠퍼드 교도소 실험'과 '밀그램의 실험'에서 찾을 수 있다. 우선 스탠퍼드 교도소 실험은 1971년 8월에 수감자와 교도관의 심리를 제대로 이해하고자 필립 짐바르도가 주도한 실험이다. 이 실험은 가상의 교도소를 만들고 자원자를 뽑아 수감자와 교도관의 역할을 나누어 각각의 심리변화를 관찰하려는 것이었다. 그런데 이 실험은 도중에 중단된다. 실험과정 속에서 교도관을 맡은 자원자들은 점점 폭력성이 증가하는 양상을 보였고, 수감자 역할을 맡은 자원자들은 그 폭력에 정신적 장애를 일으켰기 때문이다. 흥미로운 것은 그들은 이것이 실험이었고, 중간에 자발적으로 포기할 수 있었음에도 불구하고 그 폭력 구조를 자신의 일부로 받아들였다는 점이다. 이 실험의 배경과 과정, 그 결과에 관한 자세한 설명은 필립 짐바르도, 이충호·임지원 옮김, 『루시퍼 이펙트』, 웅진지식하우스, 2007, 51~315쪽 참조. '밀그램의 실험'은 밀그램이 1961년 기억과 학습에 관한 과학 연구를 한다는 명목으로 인간이 얼마나 권위에 복종하는가를 연구하기 위해 진행했던 실험이다. 밀그램은 교육자의 역할을 할 자원자를 모집한다. 교육자를 자원한 사람들은 피교육자가 제대로 답을 하지 못할 경우 전기충격을 계속 올리라는 요구를 받는다. 이때 피교육자들은 일종의 배우들로 교육자가 전기충격을 높일 때마다 고통스러워하며 교육자에게 그만둘 것을 간청하는 연기를 한다. 이 실험에서 전기충격은 1단계에서 가장 위험한 30단계까지 줄 수 있다. 그리고 물론 자원자는 그 실험을 자진해서 중단할 수 있는 권리를 가지고 있었다. 이 실험에 대해 많은 사람은 피교육자에게 끝까지 전기충격을 주는 사람의 거의 없을 것이고, 준다고 해도 그리 고통스럽지 않은 수준에서 끝날 것이라고 예상했다. 그런데 이 실험은 피실험자, 즉 교육자 역할을 맡은 자원자 중 65%가 최고 단계까지 전기충격을 가하는 충격적인 결과로 끝이 난다. Ibid., 12장 '권위, 동조, 복종에 관한 다양한 연구' 참조.
4) 한나 아렌트는 자신의 저작들 곳곳에서 권력과 폭력은 다르며, 권력이 목적 그 자체라면, 폭력

나 발터 벤야민과 같은 학자들은, 그들 사이의 이견이 존재하지만, 폭력의 원인은 자본주의적 정치·경제·문화적 질서이며 혁명과 같은 최종적인 폭력에 의해서만 극복될 수 있다고 주장하였다.[5] 이후 폭력에 관한 논의는 기존의 패러다임을 구체화시키거나 전복시키는 방식으로 계속 논의되고 있다.[6]

왜 폭력은 반복되는 것을 넘어 일상화되는가? 다양한 원인과 이에 따른 해결책을 제시할 수 있겠으나 이 글은 폭력의 원인을 욕망에서 찾고 국가가 이러한 폭력을 해결할 수 있는 주체이거나 유일한 수단이라고 바라보는 입장을 조명해보고자 한다. 이러한 입장에 주목하는 이유는 이 입장이 현실에서 상식처럼 통용되고 있지만,

---

은 수단이라고 주장한다. 그녀의 주장을 압축하면 권력과 폭력은 동일한 것이 아니라 대립물이다. 올바른 권력은 폭력을 축소시키며, 이는 인간의 정치적 행동능력의 고양을 통해 달성될 수 있다. 한나 아렌트, 김정한 옮김, 『폭력의 세기』, 이후, 2000 중 2장 '폭력과 권력'; 한나 아렌트, 심선욱 옮김, 『공화국의 위기』, 한길사, 2011 중 '폭력론' 참조.

5) 메를로 퐁티는 프롤레타리아의 혁명을 정당한 폭력이라고 옹호했다. 그는 '폭력을 행사하는 자들에 대해 폭력을 자제하는 것은 그들의 공모자가 되는 것'으로 보았으며, '모든 폭력을 비방하는 것은 정의와 불의의 영역 밖으로 자신을 밀어내는 사람'이라고 비판한다. 메를로 퐁티, 박현모·유영산·이병택 옮김, 『휴머니즘과 폭력』, 문학과 지성사, 2004, 146~147쪽 참조. 한편 발터 벤야민에 따르면 법을 기반으로 하는 국가는 폭력에서 벗어날 수 없다. '법정립적 폭력'은 개입하고 통제하려는 '신화적 폭력'이며, '법존립적 폭력'은 그 폭력에 봉사할 뿐이기에 배척되어야 한다고 주장한다. 그리고 그는 다소 신비스러운 '신적 폭력'의 출현이 폭력의 문제를 해결할 수 있다고 보았다. 이에 관해서는 발터 벤야민, 최성만 옮김, 「폭력 비판을 위하여」, 『발터 벤야민 선집 5』, 길, 2009 참조. 이 외에도 20세기에 폭력에 관한 논의에서 프란츠 파농과 같이 빼놓을 수 없는 사상가이나 폭력에 관한 국내외 논문을 지면상 모두 소개할 수는 없다. 주요 폭력론들의 핵심 주장에 관한 간략한 정리는 다음의 책을 참조하길 바란다. 사카이 다카시, 김은주 옮김, 『폭력의 철학』, 산눈, 2007 참조.

6) 20세기 말부터 폭력에 관한 역사적이고 실증적인 연구들이 많이 진행되고 있다. 예를 들어, 니얼 퍼거슨은 20세기 대규모 전쟁과 인종학살의 원인을 실증적으로 제시하고자 한다. 그의 주장을 따르면 그 폭력들은 압축적으로 말해 "동화와 통합에 대한 잠재적 불안, 어떤 사람들을 외국인으로 파악하려는 밈(meme)의 은밀한 확산, 많은 민족이 뒤섞인 국경 지대의 가연성, 20세기 중반의 만성적인 경제 변동, 제국 간의 분쟁, 서양지배의 몰락을 알린 격변" 등이 복합적으로 결합되어 나타났다고 주장한다. 니얼 퍼거슨, 이현주 옮김, 『증오의 세기』, 민음사, 2010, 68쪽 참조. 폭력의 원인을 도덕 심리학적으로 분석하려는 시도로 조나단 글로버는 20세기의 극단적인 폭력 이면에 도덕성을 무디게 하는 심리적 조건들이 있다고 말한다. 예를 들면, 전쟁 혹은 폭력이 행사되는 '물리적 거리'는 도덕적 상상력을 방해하여 사람들이 잔인한 폭력을 행사하게 한다. 조나단 글로버, 김선욱·이양수 옮김, 『휴머니티』, 문예출판사, 2008, 631쪽 참조.

실질적으로는 폭력을 제어하지 못할 뿐만 아니라 오히려 폭력을 재생산하는 담론의 역할을 수행할 수 있기 때문이다.

주지하다시피 국가는 근대 이후 폭력의 독점과 행사가 용인되는 유일한 폭력의 주체이며, 긍정적이건 부정적이건 국가의 폭력은 삶의 필수적인 조건으로 고려된다. 상식적으로 국가 폭력의 정당성은 자국민의 보호와 사회 질서 유지를 목적으로 할 때 확보될 수 있다. 그리고 여전히 대다수의 사람은 국가가 폭력의 문제를 해결할 수 있는 유일한 주체라고 생각한다. 그런데 우리는 그 정당성에 대해 의문을 가질 수밖에 없다. 이와 연관된 너무나 많은 폭력 사태들이 있었지만 하나의 구체적인 예로 지난 2009년 발생했던 '용산참사'를 들어보자. 용산참사는 도시 재개발과 관련하여 도시 빈민들과 공권력 사이에 발생하였던 극단적인 여러 폭력 사태 중 하나이다. 재개발을 위한 이주를 거부하는 철거민과 이들을 강제로 해산하려는 경찰 사이에 폭력적인 충돌이 발생하였고, 이 과정에서 경찰 1명과 5명의 민간인 사망자가 발생하였다.

용산참사는 철거민의 입장에서 보자면 자국민의 기초 생존권을 보호해야 할 국가가 폭력을 통해 생존권을 박탈한 것이고, 경찰, 즉 국가의 입장에서 보자면 법을 위반하는 불법 농성(폭력)을 진압함으로써 법질서를 회복한 것이다. 추상적인 차원에서 보자면 용산에서 발생한 폭력에 관한 핵심적인 쟁점은 생존권과 자본주의적 법질서의 유지 중 무엇이 선차적이냐는 문제라고 볼 수 있다. 그런데 이 폭력사태에 대한 일부 여론은 용산참사의 근원적 원인을 분석하고 그 방지책을 제시하는 것이 아니라 주로 구경거리처럼 사건의 경위와 어떻게 희생자가 발생하였는가를 재현하거나 희생자에 대한 책임소재를 거론하는 데에 지면을 할애했다.[7] 그 논조를 간단히 요약하면, 용산참사의 원인은 궁극적으로 개인 스스로 자신의 욕망을 조절하고 통제하지 못하여 불법적인 행위를 한 것에 있다. 국가는 거주생존권을 위한 방안들을 제시했음에도 불구하고, 농성자들이 더 많은 이익을 취하려는 욕망 때문에 불법적이고 폭력적인 농성을 한 것이다.[8] 농성자들이 적절한 수준에서 욕망을 조절했다면 공권력이 폭력적으로 진압할 이유가 없었고, 결국 과도한 욕망이 공권력이 폭력을 사용하게 된 원인인 셈이다. 그리고 이 논리는 국가의 폭력은 무조건적으로 정당하다는, 즉 국가의 폭력을 제외한 모든 폭력은 불법이며 결코 용납될 수 없다는 입장을 의심할 수 없는 전제로 사용한다. 용산참사를 도시재개발과 관련된 개인들의 헛된 욕망이라고 지적하는 기사들은 이러한 입장의 또 다른 전형을 보여준다.[9] 여기에 꼭 덧붙여야 할 것은 용산참사와 같은 폭력은 공권력의 폭력과 그 정당화 문제를 넘어 그러한 폭력을 방조하고 묵인하는 대중들의 태도에 의해 암묵적으로 승인되고 여전히

---

7) 상식이지만 계급적, 정치적 성향에 따라 각 언론의 기사 내용은 달라진다. 여기서 보수성향의 일간지들은 용산참사에서 나타난 폭력의 주된 책임을 공권력의 부주의에서 찾는다. 불법적인 토지 점유와 불법적인 농성에 대한 국가의 폭력은 그 자체로 정당하다. 단지 문제라면 법의 집행절차에서 나타난 비계획적이고 과도한 폭력일 뿐이다. 여기서 공권력 행사과정에 나타난 폭력성을 정당화시키는 유일한 기준은 시위가 발생하게 된 조건과 상황에 관한 것이 아니라 그 시위가 합법이냐 불법이냐는 것이었다. 철거민들이 불법적인 점유와 불법적인 농성을 했다면 국가는 언제나 그들에게 폭력을 행사할 수 있는 권리를 갖는 것이다. 용산참사에 관한 신문 기사 내용의 통계에 관해서는 임양준, 「용산사태에 대한 일간신문의 뉴스보도 비교연구」, 『한국언론학보』 54권 1호, 2010년, 346~348쪽 참조.

8) 한 신문의 사설에 따르면 높은 보상비를 받으려는 철거민들의 욕망이 불법적인 폭력 조직(전국철거민연합)과 결탁한 것에서 찾는 이 용산참사의 원인이다. "용산 참사 배후세력 '전철연'에 단호히 대응해야", 전자조선일보, 2009.01.21.(http://news.chosun.com/site/data/html_dir/2009/01/21/2009012102290.html).

9) 송홍근, "돈에 울고, 돈이 돌고, 돈에 웃다", 『신동아』 통권 605호, 2010.02.01.(http://shindonga.donga.com/ docs/magazine/shin/2010/01/29/201001290500012/201001290500012_1.html) 이 기사는 용산참사 1년 후 당시 농성자들의 폭력이나 희생자 5명의 장례식이 늦춰진 이유는 결국 35억이라는 보상금, 즉 돈을 더 벌려는 욕망이라고 에둘러서 말한다.

반복되고 있다는 점이다.

용산참사의 사례는 폭력의 원인이 개인의 욕망이며, 그러한 폭력을 제어하기 위해 국가의 폭력적 개입이 필요하다는 홉스식의 논리가 자본주의의 이윤확대 논리와 결합되는 방식을 잘 보여준다. 이 글의 문제의식은 욕망을 통해 폭력을 설명하려는 논리가 단순히 특정한 언론의 입장을 넘어 현실의 폭력을 은폐하거나 옹호하고 나아가 이러한 폭력들에 대한 대중의 묵인과 방조를 정당화시킬 수 있는 위험성, 즉 폭력이 재생산되는 구조를 가진다는 것에 있다. 이를 논하기 위해 이하 본문에서는 공권력의 폭력을 정당화시키기 위해 활용되는 홉스식의 욕망 개념은 그 규정상 한계를 가지며, 현대 사회에서 폭력의 본질을 은폐시키거나 폭력을 강화시키는 이데올로기로 작동할 수 있음을 보여 줄 것이다. 그리고 폭력성이 강화되는 한 축으로서 폭력을 묵인하거나 동조하는 대중들의 태도를 욕망의 문제로 설명해보고자 한다.

2. 욕망과 폭력의 연관성에 관한 홉스적인 논의 구도와 그 한계

욕망에서 폭력의 기원을 찾는 입장은 이미 고대 그리스에서 시작되었으며 이러한 입장은 심리학, 생물학, 유전학 등의 현대 자연과학적 연구 성과를 통해 계속 변주되고 있다. 이 입장에서 보자면 폭력의 원인이 욕망이기에 폭력을 제어하기 위해서는 욕망의 통제가 필수적이다. 그리고 욕망을 통제하기 위한 방법은 크게 '내적 강제'와 '외적 강제'라는 두 가지 차원으로 고려된다. 내적 강제의 방식은 교육이나 습관을 통해 개인 스스로 욕망을 제어할 수 있는 능력을 키우라고 권유한다. 이러한 입장은 '욕망이란 이성의 결여'라는 관점을 취한 스토아적인 전통에서 잘 나타난다. 반면 외적 강제의 방식은 인간의 욕망은 본성상 쉽게 제어될 수 없기 때문에 외적으로 더 강력한 폭력과 공포를 통해서만 억제시킬 수 있다는 입장이다. 욕망을 외적으로 강제할 수밖에 없다는 입장은 그 기원으로 보자면 역사가 길지만, 대표적으로 홉스주의적인 전통에서 찾을 수 있다. 홉스는 욕망이 다양한 폭력의 근본적인 원인[10]이라고 전제하고, 국가를 통해서만 그 폭력은 제어될 수 있다고 주장한다.

홉스는 욕망에 대한 인간학적인 전제로부터 공적 폭력, 국가의 폭력적 개입의 필요성과 정당성을 정식화시킨 최초의 철학자라고 말할 수 있다. 그는 욕망은 본성상 끊임없이 대립과 갈등과 같은 폭력적 상황을 낳을 수밖에 없고, 이러한 욕망은 바꿀 수 없기에 '죽음의 공포'를 부여할만한 더 강력한 폭력을 통해서만 통제될 수 있다고 보았다.[11] 홉스는 국가의 폭력이 극단적 상황을 막기 위한 것이고, 이는 개인들의 자발적 선택에 의해, 그 자신을 위해 그 폭력을 승인한 것으로 상정한다. 이를 통해 국가는 공익을 위해 자국

---

10) 홉스는 권력, 부, 지식, 명예 등에 대한 욕망이 있지만 모든 욕망은 '권력에 대한 욕망'으로 귀착될 수 있다고 주장한다. 그리고 이러한 욕망은 힘에 대한 경쟁이기에 논쟁이나 반목, 전쟁을 낳을 수밖에 없다. 홉스, 진석용 옮김, 『리바이어던 1』, 나남, 2008, 108, 138~139쪽 참조. 물론 욕망이 모든 폭력의 원인은 아니다. 홉스는 인간 사이의 분쟁이 발생하는 원인을 '경쟁', '불신', '공명심'에서도 찾는다. Ibid., 171쪽 참조.

11) 홉스는 계약 준수에 있어 기댈 수 있는 정념은 '공포심' 하나뿐이라고 단언한다. "인간의 모든 정념 중에서 위법행위를 가장 적게 하게 하는 것이 공포이다. 아니, 본성이 고매한 일부 사람을 제외하면 공포는 (법을 위반하면 이익과 쾌락이 있어 보이는 경우) 사람들로 하여금 법을 지키도록 만드는 유일한 것이다." Ibid., 191~192쪽, 387쪽 참조.

민에게 죽음의 공포를 선사할 수 있는 유일한 주체로 상정된다. 이러한 홉스의 입장은 크게 두 가지 믿음을 전제한다. 첫째는 인간의 욕망은 그 본성상 개인의 차원에서 조절될 수 없다는 믿음이고, 둘째는 국가의 폭력 독점이 대내외적으로 극단적인 폭력적 상황을 효율적으로 대체할 수 있는 유일한 방법이라는 믿음이다.

그러나 현대 사회에 만연한 폭력성은 국가가 폭력을 집행할 때 그 권력의 기원이라고 상정된 개인의 자발적 권력 양도가 실질적으로 고려되지 않는다는 것을 보여준다. 욕망과 폭력의 고전적인 논의구도, 즉 폭력의 기원은 인간의 욕망이라는 도식은 욕망의 충돌로서 폭력을 개개인은 절대 제어할 수 없다는 전제를 깔고 있다. 달리 말하면 이 도식은 누구나 자신의 욕망을 충족시킬 수 있는 동등한 권리와 조건을 가지며, 그 욕망이 투명하게 관찰되고 인식될 수 있다는 가정에서 시작한다. 그런데 이러한 전제나 가정과 달리 만약 개인들 모두가 자신의 욕망을 충족시키려는 능동적 주체일 수 없다면, 그리고 국가가 중립성을 유지할 수 없는 기관이라면 홉스식의 논의는 국가 폭력의 정당성을 옹호하는 데 있어 근본적인 한계를 가질 수밖에 없다. 단순하게 말해 홉스적인 주장은 특정한 계급이 국가의 권력, 즉 폭력을 독점하는 경우, 단지 그들의 이익을 대변하기 위해 국가 폭력을 활용하면서 그들의 행위를 마치 투명하고 공정한 과정인 것처럼 정당화시킬 수 있는 위험성을 가진다. 물론 극단적인 범죄자를 제압하거나 처벌하기 위한 공권력의 폭력은 피해자의 보호와 사회 안전의 유지라는 측면에서 정당화될 수 있다. 여기서 핵심적인 문제는 국가가 폭력을 행사하는 기준이 특정한 권력 주체 혹은 이익 집단의 논리에서 자유로울 수 있느냐에 있다. 불행히도 현실의 국가는 모든 국민의 이익을 보장할 수 있는 보편적이고 일반적인 법의 제정과 집행이 원천적으로 불가능한 기획이었음을 보여준다.[12] 달리 말하면 국가의 폭력은 항상 그 누군가에게 부당한 폭력일 수밖에 없다.[13] 용산참사를 다시 예를 들자면, 국가의 폭력적 개입을 통해 이익을 보는 세력들은 용산 토지 개발에 참여하는 기업들과 투자자들이다. 합법이라는 이름 아래 행해진 국가의 폭력에 의해 누군가는 이익을 보고 누군가는 생존의 위기에 처하게 되는 것이다.

여기서 오해해서는 안 될 것은 근대적 국가형태가 완전히 성숙하지 않았을 경우에만 국가는 소수나 집단의 이익을 실현하는 도구로 전락하는 것이 아니라는 점이다. 법과 제도의 발전과 폭력성은 반비례 관계가 아니라, 폭력의 실현방식에 있어 상대적 차이점만을 드러낸다고 볼 수 있다. 그리고 법과 제도의 안정성과 고착화는 직접적인 물리적 폭력이 아니라, 간접적인 폭력을 양산할 수 있다는 점에서 그 폭력은 양태가 달라질 뿐이지 폭력의 정당성 또는 공정성의 조건을 충족시키는 것은 아니다. 국가라는 더 큰 폭력을 통해 사적이고 개별적인 폭력 제어의 필요성을 인정할 수 있다고 해도, 국가

---

12) 욕망을 중심개념으로 삼지 않지만 아감벤은 국가 폭력의 법적 정당성의 한계와 현대 사회의 폭력성을 설명할 수 있는 독특한 관점을 제시한다. 복잡한 추상적인 논의구도를 배경으로 하지만 아감벤은 주권권력, 즉 국가의 핵심은 그 보편적 이념이 아니라 결국 '생사여탈권'에 있다고 단언한다. 조르조 아감벤, 김상운·양창렬 옮김, 『목적 없는 수단』, 난장, 2009, 15쪽 참조. 국가와 법은 그 보편적 이념과 달리 폭력에 직접적으로 노출되어 생명의 위험을 받는 '벌거벗은 생명'과 폭력이 법을 넘어서는 '예외 상태'를 통해 유지된다. 예를 들어, 나치의 유대인 학살과 같은 인종학살이나 수용소는 비정상적이고 일회적인 사건이 아니라 국가권력의 본성에 그 기원을 두고 있다. 조르조 아감벤, 박진우 옮김, 『호모 사케르』, 새물결, 2008. '벌거벗은 생명'의 의미는 45~48쪽, '예외 상태' 개념의 의미는 61쪽 참조.

13) 특히 쿠데타와 같은 폭력에 의해 권력을 획득한 제3세계 국가의 경우 삼권분립이나 법체계는 불안정할 수밖에 없고, 이러한 상황은 개인 혹은 집단이나 계급이 공권력을 동원해 폭력적으로 자신의 이익을 쉽게 실현할 수 있는 조건으로 활용된다.

의 폭력행사에 있어 객관적 혹은 공정한 기준이 마련될 수 있느냐
는 문제는 계속 남게 된다. 이러한 문제점은 공권력의 폭력이 현실
에서 반복되는 다양한 폭력을 제어 혹은 중재하는 데 한계를 가진
다는 것을 넘어 폭력을 강화하고 일상화하는 데 일조할 수 있다는
것에서 더욱 확장된다.[14] 군대와 경찰은 사회적 질서 유지를 위해
폭력을 사용하지만, 범죄와 같은 폭력에 대해 사후적으로 대처하는
미봉책일 경우가 많으며, 용산참사에서 나타나는 것처럼 과도한 폭
력을 자행함으로써 반대급부의 폭력적 상황을 강화시키기도 한다.
법의 적용과 집행과정이 정당성을 담보할 수 없는 상황에서 사용되
는 공권력의 폭력이 그에 대한 분노와 반발을 불러일으키고 그에
저항하는 더 강력한 폭력을 발생시키는 경우도 그러하다. 이러한 폭
력의 확대재생산은 법의 적용과 집행을 담당하는 공무원들의 부패
와 비리가 그 법의 공정성을 담보하지 못하는 경우에만 야기되는
것이 아니다. 이러한 상황은 욕망과 폭력의 제어 기구로서 국가의
역할에 대해 근본적으로 의문을 제기하기에 충분해 보인다.

　현대 사회의 폭력성은 고전적인 욕망과 국가의 패러다임을 통해
해결되기 어려우며, 그 폭력성 자체만을 설명하기 위해서라도 기존
의 관점을 전환하는 것이 필요하다. 이제 현대 사회의 폭력성을 욕
망 개념을 중심으로 해명하려고 하는 몇 가지 입장들을 검토해보자.

---

14) 일반적으로 국가의 폭력 독점은 폭력의 정당성을 국가만이 판단할 수 있다는 점에서도 폭력
　의 원인이 될 수 있다. 이에 관해서는 공진성, 『폭력』, 책세상, 2009, 57~60쪽 참조.

3. 욕망과 현대 사회의 폭력성

1) 욕망의 폭력성과 폭력의 재생산 구조로서 국가

현대 사회의 폭력성을 욕망의 문제를 통해 설명하려는 시도들은 욕망은 '자기보존'을 위한 근본적 충동이라는 홉스식의 고전적 정의를 변용하거나 거부할 때 현대 사회의 폭력성을 설명할 수 있다고 본다.

예를 들어, 지그문트 바우만(Zygmunt Bauman)은 자기보존의 욕망을 현대 사회의 폭력성을 설명하기 위한 논거로 삼지만, 이러한 자기보존의 욕망이 역설적으로 죽음의 공포를 양산함으로써 실현된다고 주장한다. 바우만은 '죽음의 공포'에서 벗어나려는 욕망, 즉 영혼의 불멸성 추구가 인간의 가장 근원적인 욕망이라고 본다. 그는 고대로부터 인간의 의식과 삶을 강력하게 규정하는 것도 '죽음의 공포'라고 주장한다.[15] 현대 사회의 특징은 과거에 비해 죽음의 공포가 더욱 만연하게 확장되었다는 것에 있다. 그가 말하는 현대 사회에 만연한 죽음의 공포는 일상화된 테러나 핵무기와 같은 대량학살 무기를 통해 언제 죽을지 모른다는 불안에만 있는 것이 아니다. 현대 사회에서 나타나는 가장 무서운 공포는 '현재의 불안과 미래의 불확실성'에 있다. 현대의 자본주의 경제 논리와 정치 질서는 개인에게 어떠한 미래도 제시할 수 없기 때문이다. 따라서 현대인들에게 주어진 선택지는 현 정치·경제 시스템에 순종하거나 폭력적인 방식으로 저항하는 것 이외에는 없다. 이때 개인들은 더 이상 그 자

---

15) 예를 들어, 현대 사회에서 강조하는 세계화란 "근본적으로 달아날 곳이 아무 데도 없다"는 공포를 의미한다. 지그문트 바우만, 함규진 옮김, 『유동하는 공포』, 산책자, 2009, 163쪽 참조.

신이나 사회에 대한 통제력을 갖고 있지 않고 폭력에 전면적으로 노출된 무기력한, 즉 죽음의 공포에 노출된 존재들일 뿐이다.[16]

바우만과 유사하게 욕망이라는 인간 본성으로부터 현대 사회의 폭력성을 설명하려는 시도는 볼프강 조프스키(Wolfgang Sofsky)에서 나타난다. 그의 입장은 홉스의 인간학적 전제와 프로이트의 후기 '타나토스', 즉 죽음의 충동 개념을 연상시키는 인간의 욕망을 자기 논의의 출발점으로 삼는다. 조프스키는 폭력 자체가 인간에게 있어 순수한 목적, 즉 원천적 욕망이며 자기 확장의 메커니즘을 가진다고 주장한다.[17] 그에 따르면 인간이 사회를 구성하며 살아갈 수밖에 없는 이유나 사회를 유지하는 과정에서 폭력의 역할은 절대적이다. 한 사회는 폭력에 대한 불안감에서 탄생한 것이며, 그 불안감의 기원은 궁극적으로 신체상의 고통이다. 그런데 사회는 지배의 구조를 가지며, 모든 지배는 '자의와 죽음의 공포'를 바탕에 두기에 폭력은 인간 삶의 기초를 이룬다.[18]

이들의 입장에서 국가를 통해 폭력을 통제할 수 있다는 홉스식의 주장은 근본적으로 부적절한 것이 된다. 바우만은 현실의 국가 체제는 개인이 처한 폭력적 상황의 구원책이 될 수 없다고 단언한다. 국가는 개인에게 '몰개성적인 죽음'을 강요하는 기관일 뿐이다.[19] 국가가 폭력으로부터 개인을 보호하는 것이 아니라면, 국가

---

16) Ibid., 209쪽.

17) 이와 유사하게 폭력을 진화심리학이나 생물학적으로 인간의 본성이라고 주장하는 입장들도 있는데, 이에 따르면 인간의 폭력성은 진화의 필수적인 요소인 '경쟁'이나 토스테스테론과 같은 '호르몬'에서 그 원인을 찾을 수 있다. 말콤 포츠·토마스 헤이든, 박경선 옮김, 『전쟁 유전자』, 개마고원, 2011 참조.

18) 볼프강 조프스키, 이한우 옮김, 『폭력사회-폭력은 인간과 사회를 어떻게 움직이는가?』, 푸른숲, 2010. 20쪽 참조.

19) 바우만은 이러한 현상을 모스의 표현을 빌려 '죽음의 국유화'라고 표현하기도 한다. 지그문트

는 어떻게 유지되는 것인가? 여기에서 그는 독특한 논리를 전개한다. 국가는 죽음의 공포에서 벗어나려는 인간의 근원적 욕망을 실현시키는 역할을 한다.[20] 그런데 그 역할은 폭력으로부터의 보호가 아닌 역설적으로 개인들의 죽음을 조장하고 일상화시키는 과정과 맞물려 있다. 이러한 역설적인 관계가 어떻게 가능한가? 바우만은 인간의 사회와 문화는 죽음이 가지는 종말성을 회피하기 위해 죽음을 해체시키거나, 죽음을 평범화시키는 전략을 사용해왔다고 주장한다. 여기서 '죽음의 해체'란 죽음의 공포에서 벗어나기 위해 죽음을 필연적인 것이 아니라 '우연적인 것'으로 치부하는 태도이다. 그리고 죽음의 해체 방식으로서의 '죽음의 평범화'란 인생을 끊임없는 죽음의 예행연습으로 바꿈으로써 죽음에 친숙해지는 과정 혹은 죽음에 대한 감각을 무디게 하는 과정을 의미한다.[21] 이에 따르면 국가는 죽음을 일상화시킴으로써 개인들이 죽음의 공포에서 벗어나게 하는 역할, 더 정확히 말하면 죽음에 무감각하게 만드는 역할을 수행할 뿐이다. 결국, 현대 사회의 폭력성은 죽음의 공포를 벗어나려는 인간의 근원적 욕망이 끊임없이 국가를 통해 죽음을 양산하고 이에 익숙해지는 과정을 더 확장된 형태로 반복하는 것이 된다. 이때 소위 근대적 이성은 이러한 죽음의 공포가 만들어내는 역설적 관계를 촉진, 나아가 강화시키는 역할을 한다. 바우만의 논의에 따르면 근대적 이성은 공포를 제어하고 통제할 수 있는 능력

바우만, Op.cit., 68쪽.

20) 죽음의 공포는 역사적으로 인간이 영혼의 불멸성을 추구하게 된 이유이다. 근대 국가의 형성기에 발생하였던 수많은 폭력과 죽음은 대리적인 차원에서 영혼의 불멸성을 추구하는 과정이다. Ibid., 67~68쪽 참조.

21) Ibid., 70~77쪽 참조.

이 아니라 오히려 공포 확대의 주범이다. 왜냐하면, 이성은 표면상
으로 보편성을 추구하지만, 특권에 대한 봉사가 그 본질이기 때문
이다. 즉 근대적 이성은 우위를 차지하려는 욕망 그리고 차지한 우
위를 지키려는 욕망에 복무하였을 뿐이다.[22] 그리고 이성은 국가를
통해 살 가치가 있는 사람과 살 가치가 없는 사람을 구분하는 또
다른 폭력을 통해 오직 공포를 배분하는 역할을 수행한다.[23] 이를
통해 특권을 만들어내고 지키려는 근대적 이성은 죽음의 공포에서
벗어나려는 원초적 욕망마저도 불평등한 구조로 몰아넣는다. 근대
적 이성의 상징인 관료제, 기술지상주의, 소비시장 등 현대 사회의
원리는 외면적으로 자유와 평등, 안전을 모토로 삼지만, 그 본질은
불평등과 폭력, 그리고 공포인 것이다.[24] 조프스키 또한 국가의 폭
력은 사적 폭력을 제어하는 것이 아니라 오히려 폭력성을 강화한
다고 본다. 그에 따르면 정상과 비정상을 획일적으로 구분한 후 비
정상적인 것을 정상으로 돌리는 방식으로 사회질서는 유지되고, 이
것은 폭력의 무한한 자기실현의 과정에 다름 아니다. 그리고 그 폭
력이 지향하는 육체적 고통은 현대 사회에서도 지배질서를 유지하
는 가장 효율적이고 효과적인 방법이라는 것은 고문과 같은 공권
력의 폭력에서 그 증거를 찾을 수 있다. 이성적이고 도덕적인 판단
은 폭력을 제어할 수 없으며, 항상 부차적인 방식으로 폭력이 잠시

---

22) Ibid., 112쪽 참조.

23) 바우만은 '쓰나미'와 '카트리나'와 같은 불가항력적 자연재해는 자연을 지배할 수 있는 근대
적 믿음의 허구성을 전형적으로 보여준다고 말한다. 그리고 이에 대한 현대 국가의 역할은 죽
음의 공포를 극복하는 것이 아니라 단지 배분하는 것에 있다는 것을 알려준다. Ibid., 137~
138쪽 참조.

24) 바우만은 신자유주의 역시 그 무엇도 확실할 수 없는 현대 사회에서 개인은 그저 강해 보이
는 자에게 의존하려는 경향성이라고 이해한다. Ibid., 229~230쪽 참조.

멈춘 시공간을 채울 뿐이다.25) 따라서 인간은 그 본성이나 사회구
성의 원리에 있어 폭력과 고통에서 벗어날 방법이 없다.

한편 아벨라(Idelber Avelar)와 같은 학자는 근원적인 욕망으로부
터 폭력성을 해명하려는 볼프강과 조프스키의 주장을 인식과 학문
의 영역 일반으로 확대한다. 그에 따르면 인간의 삶에서 폭력의 근
원성은 모든 신화, 언어에서 나타나는 지배와 피지배의 구조에서 이
미 나타난다.26) 그는 고대 그리스에서 진리의 기준은 고대 그리스
철학자들의 이성능력에 대한 강조와 무관하게 고문과 고통이었다고
주장한다.27) 그리고 그에 따르면 고문과 고통은 현대 사회에서도 진
리의 기준으로 반복되고 있다. 신식민주의, 지적 노동의 국제적 분
화와 국가들과 지역들 간의 비대칭적이고 위계질서적인 인지적 위
치들은 현 사회가 고문과 고통의 구조 속에서 유지되고 있음을 보
여준다.28) 여기서 윤리학도 그 사정이 크게 다르지 않다. 언어의 질
서 속에서 보편성을 확보하려는 윤리학은 결국 또 다른 폭력의 구
조를 재생산할 뿐이다. 예를 들어, 타자에 대해 인도주의적 배려처
럼 보이는 관용도 윤리적 인간성의 회복이 아니라, 그 본질은 타자
에 대한 우월감과 배척의 논리가 숨어 있다고 볼 수 있다.29) 사유,

---

25) 이와 유사한 입장은 폭력의 외연을 지나치게 확장하는 경향은 있지만, 탄생부터 교육까지 인
   간의 모든 삶의 과정을 폭력으로 설명하는 로제 다뚠의 주장에서도 찾을 수 있다. 로제 다뚠,
   최윤주 옮김, 『폭력』, 동문선, 2006, 49~57쪽.

26) Idelber Avelar, *The Letter of Violence*, New York: Palgrave, 2004, 76쪽.

27) 아벨라는 철학의 주요 목적인 진리 추구가 그 기원이 고문이라는 뒤브아(Page Dubois)의 주장
   을 주요 논거로 활용한다. 예를 들어, "고대 그리스의 민주주의에서는 노예의 증언이 고문을
   통해 나올 때만 그리고 그러할 때만 진리와 동일시되었다." Ibid., 34쪽 참조.

28) Ibid., 75쪽 참조.

29) 관용에 숨은 지배의 논리 혹은 정상과 비정상이라는 구획을 통한 배척에 관한 좀 더 구체적
   인 논의는 웬디 브라운, 이승철 옮김, 『관용』, 갈무리, 2010 참조.

경제, 문화, (국제)정치 모든 삶의 영역이 비대칭적인 폭력과 고통의 산물이자 그것을 통해 유지된다. 이에 따라 아벨라는 현대 사회에서 "휴머니티, 진보, 민주주의는 그 어느 때보다 순수하게 오용되고 있다"고 진단한다.[30) 현대 사회에서 개인은 과거의 고문이 그러한 역할을 해왔던 것처럼 정치, 경제, 문화적 폭력을 알 수도, 말할 수도 없는 진리라고 말하고 믿으며 살아가는 존재일 뿐이다.

정리하자면, 앞서 살펴본 현대의 폭력이론들은 홉스가 개인의 욕망으로부터 불가피하게 국가 폭력의 필요성을 인정할 수밖에 없었던 지점에서 진정한 폭력의 기원을 찾는다. 국가는 폭력 제어의 최종 수단이 아니라 폭력을 사회 전반에 일상화시키는 매체이며, 이성은 폭력과 공포의 재분배를 담당할 뿐이기 때문이다. 홉스의 생각과 달리 국가의 폭력이 사적 폭력을 제어하는 데 효율적일 수 없으며, 나아가 폭력을 재생산하는 역할을 한다면, 자기보존의 욕망은 끊임없이 좌절될 수밖에 없다. 달리 말해 욕망의 본성과 공권력이 행사하는 폭력의 정당성에 대해 의문을 품지 않는 주장들은, 그것이 특정한 개인 혹은 권력의 정치·경제적 이익을 옹호하기 위한 이데올로기로 사용되건, 보편타당한 법질서의 회복을 통한 국가 권력의 정당성 확보 요청을 전제로 하건, 자기보존이라는 기본적인 욕망마저도 희생시킬 수 있는 위험성을 가지게 된다.

물론 위의 폭력이론들은 현대 사회의 폭력성을 이해하는 데 도움을 주나 이론적인 차원에서 몇 가지 문제를 안고 있다. 첫째로 모든 폭력을 욕망의 문제로 환원할 수 있느냐는 의문을 남긴다. 욕

---

30) Idelber Avelar, Op.cit., 76쪽.

망을 더 이상 소급할 수 없는 인간학적 전제로 활용할 경우, 위의 입장들은 폭력을 어쩔 수 없는 숙명처럼 받아들이게 한다. 이 경우 이러한 입장들은 그 의도와 무관하게 폭력을 일상화시키는 과정에 포섭되거나, 폭력의 가해자와 피해자의 구분이나 폭력의 정당성에 대한 가치판단을 모호하게 만들 수 있는 문제점을 가질 수 있다. 이들의 입장에서 보자면 현대인들은 욕망과 폭력의 논리에 철저하게 종속된 것처럼 보이며, 이 문제를 해결할 어떠한 능력도 없는 존재들로 보인다. 여기서 두 번째 문제가 제기된다. 위의 입장들은 이성 능력을 지배와 폭력의 논리에 종속시킴으로써 도덕적 가치판단을 통해 폭력의 정당성을 묻는 사유 행위의 영역을 지나치게 축소시킨다는 인상을 지울 수 없다. 달리 말하면 현대 사회의 개인들이 부당한 폭력에 대해 묵인하거나 동조하는 이유를 지나치게 단순화시킨다. 또한, 그들이 전제하는 욕망 개념으로는 구조적으로 은폐되거나 가시화되지 않는 폭력이나 공권력의 폭력을 방조하는 일반 대중의 태도를 섬세하게 설명하기 어렵다. 공권력의 폭력은 인과관계가 투명하게 드러나지 않는 방식으로 재생산되는 경우가 많다. 공권력은 일정한 정치·경제적 조건 속에서 직접적 폭력이 아닌 방식으로 폭력을 행사할 수 있으며, 실질적으로 공권력의 폭력을 집행하는 사람마저 자신의 행위가 폭력이 될 수 있다는 사실을 자각하지 못하는 경우도 있다. 다음에 살펴볼 지젝의 입장은 홉스식의 욕망관에서 벗어나 은폐되고 묵인되는 폭력의 구조를 욕망을 중심으로 논의할 수 있는 기회를 제공한다.

2) 욕망의 오인 구조 그리고 관계와 맥락으로서 존재하는 폭력

슬라보예 지젝(Slavoj Žižek)은 욕망의 오인 구조를 통해 현대 자본주의 사회에서 개인이 처한 폭력의 은폐된 구조와 작동 메커니즘을 폭로한다는 점에서 앞선 논의들과 차별성을 지닌다. 앞서 언급한 논자들의 욕망관은 욕망과 폭력이 직접적 연관이 있다고 전제한다. 이와 대비하여 지젝은 폭력의 근본적인 이유를 욕망에서 찾지만, 라캉의 입장을 끌어들여 그 욕망은 나와 타자 사이에 놓인 인식론적이고 존재론적인 심연 속에서 작동한다고 주장한다.[31] 지젝의 입장을 간단하게 정리하면 다음과 같다. 우리는 타자를 진정으로 이해할 수 있는 길은 원천적으로 이미 차단된 존재들이다. 타자는 삶이라는 거대한 관계 속에서 나와 함께 살아가고, 분명 고유한 정체성을 갖는다고 상정할 수 있지만, 타자에 대한 실질적인 배려는 불가능하다. 따라서 타자에 대해 개입하려는 모든 행위는 결국 폭력으로 돌변할 수 있다. 이러한 의미에서 보편적 이성을 강조하는 근대성은 그 자체로 폭력의 구조다.[32]

지젝은 폭력이 어떤 행위의 직접적인 속성을 넘어서 존재한다고 주장한다.[33] 달리 말해 폭력은 단순히 눈에 드러나는 가시적인 현상을 넘어선 것이기에 그 폭력의 본질은 간과되거나 은폐될 수 있

---

31) 지젝은 폭력을 크게 '주관적 폭력'과 '객관적 폭력'으로 나눈다. 그리고 객관적 폭력은 다시 '상징적 폭력'과 '구조적 폭력'으로 구분된다. 슬라보예 지젝, 이현우 외 옮김, 『폭력이란 무엇인가』, 난장이, 2011, 23~24쪽 참조.

32) 지젝이 보기에 "합리성에 관한 이론은 타자를 우리처럼 만들려고 노력한 나머지 그를 우스꽝스럽고 이상한 존재로 만들고 만다." Ibid., 127쪽.

33) 지젝에 따르면 "폭력은 행위와 그 행위가 이루어진 맥락 사이에, 그리고 … 활동적인 것과 비활동적인 것 사이에도 퍼져 있다." Ibid., 293쪽.

다. 특히 지젝이 주목하는 것은 가시화되지도 않고 일상적으로 자각되지도 않지만, 개인의 삶을 지배한다는 점에서 더 위험한 '자본주의의 구조적 폭력'이다.

> 삶이라는 실재가 이루는 발전과 파국을 이해하는 열쇠는 자기 증식하는 자본의 형이상학적 춤사위에 있다. 바로 거기에 자본주의의 근본적인 구조적 폭력이 존재하며, 이 폭력은 자본주의 이전시대의 어떠한 직접적인 사회—이데올로기적 폭력보다 훨씬 더섬뜩하다. 이 폭력은 더 이상 구체적인 개인들과 그들의 악한 의도의 탓으로 돌릴 수 없으며, 순수하게 객관적이고, 체계적이며, 익명성을 띠기 때문이다.[34]

그래서 그는 은폐된 폭력을 이해하기 위해서는 '관계성'에 주목해야 한다고 말한다. 그 관계성의 핵심은 바로 '자본의 논리'이다. 자본주의적인 삶의 실재는 살아 숨 쉬는 개인들의 삶의 모습이 아니라, 자본의 논리인 것이다. 자본의 이윤 증식의 논리는 이윤 증식에 반하는 일체의 것들을 폭력적으로 제거함으로써 달성된다. 이러한 폭력적 과정을 통해 자본은 국적도 인종도 성도 초월하는 보편성을 가지게 된다. 여기서 개인의 고유한 삶 혹은 정체성은 고려의 대상일 수 없다. 이러한 이윤 증식의 논리를 자신의 삶의 논리로 치환하는 것, 이것이 지젝이 지적하는 자본주의 속에서 개인이 처한 오인의 구조이다.

일상적으로 사람들은 자본의 논리란 개인의 구체적인 삶을 설명하기에는 추상적이라고 생각한다. 실지로 자본의 논리 혹은 자유민

---

34) Ibid., 39~40쪽.

주주의 같은 법의 이념은 추상적 보편성을 본질로 한다. 그런데 지젝에 따르면 그 추상적인 논리가 한 개인의 삶을 지배한다.[35] 그리고 그 지배는 폭력을 통해 실현된다. 왜냐하면, 보편성을 구체화시킨다는 것은 그것을 구체화시키려는 특정한 집단 혹은 주체의 입장에 따라 보편성을 해석하고 그것이 마치 보편적인 것인 양 타인에게 강제하는 과정이 될 수밖에 없기 때문이다. 자본의 논리나 이성 중심의 철학이 강조했던 이성적 혹은 합리적 보편성이란 그 보편성을 강조하는 순간 이미 억압의 구조를 본성으로 가진다. 달리 말해 현대 사회에서 개인은 보편적인 것으로 간주되는 그 무엇을 쉽게 자신의 것으로 받아들이고 타인에게 보편이라는 이름으로 무엇인가를 강요하는 존재다.

여기서 현대 사회의 폭력은 순수하고 객관적이고 체계적인 것처럼 보이는 자본주의 논리에 그 기원을 둔다는 지젝의 주장을 좀 더 살펴볼 필요가 있다. 그의 입장은 경제라는 물질적 토대가 바로 의식을 규정한다는 일차원적이고 기계론적인 마르크스주의와 거리를 둔다. 물론 그가 자본주의 구조의 폭력성이 일차적으로 빈부의 대립이나 사회적 재화의 독점이나 낭비와 같은 경제적인 상황에서 비롯된다는 사실을 부정하는 것은 아니다. 그가 주목하는 것은 그 폭력성이 또한 아주 쉽게 혹은 자연스럽게 은폐되면서 일상화되고 정당화된다는 특성이다.

지젝에 따르면 현대 자본주의 사회에서 개인은 '사회적-상징적 폭력'을 자각하지 못한 채, 즉 무의식적으로 그 폭력을 행사하는 존

---

35) 자본의 형이상학적 구조가 실재처럼 작동한다는 것은 그것의 이데올로기가 개인들에게 무의식으로 내재화되어 어떠한 저항도 없이 작동된다는 것을 의미한다. Ibid., 69쪽 참조.

재로서 살아간다. 이러한 상황은 현대인들은 고문이나 성폭력처럼 직접적으로 가해자와 피해자가 드러나는 개별적인 폭력에 대해서는 예민하게 반응하지만, 더 많은 사상자와 고통을 낳는 대량학살이나 구조적인 폭력에는 둔감하다는 것으로 설명될 수 있다. 달리 말해 현대 사회 개인들은 사소한 폭력에는 과민하게 반응하지만, 오히려 극단적이고 잔인한 폭력은 방조하는 이중적인 삶을 살아간다. 이러한 이중적인 태도를 어떻게 설명할 수 있을까? 이 질문에 대해 앞서 살펴보았던 바우만과 조프스키는 만족할 만한 대답을 제시하기 어려워 보인다. 지젝은 크게 두 가지 맥락에서 그 원인을 설명한다. 첫 번째는 추상적 능력과 정서적·윤리적 대응 능력 간의 발전 차이다.[36] 현대인은 보편적 자연과학의 원리나 보편적 윤리를 추구할 수 있을 정도로 추상화 능력은 발전시켰지만, 타인의 고통에 대해서는 그 장면을 직접 목격할 때만 동정을 느끼는 존재이다. 이러한 능력의 발전 차이에 의해 현대인은 구조적 폭력을 방관하거나 묵인하게 되는 것이다. 두 번째 이유는 앞선 논자들도 폭력의 논거로 활용했던 '죽음의 공포'이다. 자본주의적 경제 질서에 무사히 편입되지 못할 경우 자신의 삶을 꾸려나갈 수 없는 개인들은 항상 죽음의 공포를 느낄 수밖에 없다. 이러한 죽음의 공포를 통해 개인들은 폭력과 타자의 고통을 어쩔 수 없이 외면하게 되는 것이다. 지젝은 이러한 개인의 상태를 이중의식에 놓여 있다고 말한다. 그 이중의식이란, 자본주의의 폭력적 구조에서 발생하는 타자들의 고통에 대해 "나는 안다. 하지만 내가 안다는 것을 알고 싶

---

36) Ibid., 79쪽 참조.

지 않다. 따라서 나는 알지 못한다"[37]는 태도를 취하는 것이다. 이러한 방식으로 자본주의의 구조적 폭력은 망각되고, 암묵적으로 정당화된다.

지젝은는 이러한 입장을 삶과 복지를 강조하는 현대 국가들의 정책, 즉 '탈정치적 생명정치'까지 확장시킨다. 여기서 "탈정치란 낡은 이데올로기적 투쟁을 벗어나, 대신 전문적인 운영과 관리에 초점을 맞춘다고 주장하는 정치이다. 그리고 생명정치란 인간 생활의 안전과 복지를 제도화하는 것을 최우선의 목표로 삼는 정치를 가리킨다."[38] 표면상 탈정치적 생명정치란 기존의 정치와 달리 실질적인 효율과 복지를 추구한다. 그러나 지젝이 보기에 이러한 정치는 결국 공포정치에서 벗어나지 않는다. 좌·우익의 정치적 이데올로기에서 벗어나 경제성장과 복지를 외치는 현대의 정치는 발전된 의식과 생활수준을 반영하는 것이 아니라, 자본의 무자비한 논리 속에서 언제 내가 희생자가 될지도 모른다는 공포를 기반으로 하기 때문이다. 달리 말하면 개인은 자본과 정치의 논리가 폭력이 될 수 있다는 사실을 알면서도 믿는 것이고, 믿는 순간부터 그 논리들이 내세우는 보편성을 자신의 삶의 일부로 받아들이는 것이다. 자본의 논리는 결국 공포이지만 개인들은 합리적 사고와 선택을 통해 자신의 삶을 유지한다고 자신을 기만하고, 이 과정에서 나타나는 폭력의 희생자들을 외면하는 방식으로 자신을 정당화시키는 것이다.

그래서 현대 사회에서는 "때론 아무것도 하지 않는 것이 가장 폭력적으로 무엇인가를 하는 것"이 된다.[39] 현대 사회의 개인은 자본

---

37) Ibid., 89쪽.
38) Ibid., 73쪽.

의 논리가 그 자신의 고유한 삶의 논리가 될 수 없지만, 그것을 삶 자체로 오인하고, 그 자본의 논리 속에 포섭되지 않는 타인을 강제로 포섭하려고 하기 때문에 폭력이 발생한다. 그리고 그 사실을 알 았다고 하더라도 개인은 죽음의 공포 때문에 폭력에 의한 타인의 고통을 외면하게 된다. 결국, 현대 사회에서 한 개인은 오인과 공포를 통해서 스스로 분열된 삶을 살고 있고, 이 속에서 폭력은 끊임없이 확장된다.

정리하자면, 지젝은 현대 사회의 폭력성은 욕망의 이기적이고 자기중심적인 속성에 의한 것이라기보다 그 속에 내재된 결핍의 구조에서 나타난다고 생각한다. 이론적인 차원에서 보자면 지젝의 입장은 인간의 고유한 욕망을 단순한 자기보존을 넘어선 것이라고 보았던 입장들, 예를 들면 도덕성의 실마리로 삼을 수 있는 기존의 '좋은 삶에 대한 욕망', '보편자에 대한 욕망', '타자의 인정에 대한 욕망' 등을 포괄하면서도, 폭력의 일상성을 설명할 수 있는 장점을 가진다. 어떤 형태의 욕망도 그 대상에 완전히 도달하거나 충족될 수 없기에 인간은 항상 폭력으로 고통받거나 무의식적으로 타자에게 폭력을 행사할 수 있는 존재가 될 수 있다.

---

39) Idelber Avelar, Op.cit., 297쪽.

4. 결론을 대신하여: 욕망과 폭력의 관계에 관한 새로운 담론의 필요성

　이 글은 우리 사회에서 나타나는 폭력이 암묵적으로 홉스식의 국가관을 통해 정당화되고 있으며, 이는 홉스가 전제했던 문제의식과 무관하게 폭력성을 강화시키거나 묵인하는 논조로 활용될 수 있다고 지적했다. 바우만과 조프스키와 같은 입장에 따르면 인간의 욕망은 홉스가 생각한 것처럼 단순히 자기보존을 그 목적으로 하지 않으며, 그와 대비되는 죽음이나 폭력과 밀접한 연관이 있다. 한편 지젝에 따르면 욕망은 항상 결핍의 구조 속에서 왜곡되거나 오인될 수 있으며, 폭력 자체를 목적으로 하지 않더라도 폭력적인 방식으로만 충족된다. 이러한 입장에 따르면 최소한의 자기보존을 위해서라도 국가가 필요하다는 논리는 설득력을 갖지 못한다. 그리고 홉스식의 논리로 현대 국가의 폭력을 정당화할 수 없는 또 한 가지 중요한 이유는 현대 자본주의 사회에서 개인들의 욕망과 그 충족은 홉스가 생각한 것처럼 평등하게 실현될 수 없기 때문이다. 그럼에도 불구하고 홉스의 논조를 국가 폭력을 정당화하기 위한 논거로 삼는 것은 자본의 논리와 국가 폭력을 신성화하거나 폭력의 문제를 개인의 욕망 문제로 환원함으로써 폭력의 본질을 흐리는 효과를 가질 뿐이다.

　물론 앞선 논의들은 비폭력주의자들처럼 그 실천적 지향점이 명확하지 않다. 폭력 자체가 근원적인 욕망과 분리될 수 없는 것이라면 위의 입장들은 욕망의 근원적 제거, 즉 욕망의 주체인 인간 그 자신이 사라질 경우에만 폭력은 사라질 수 있다는 결론에 도달하는 것처럼 보인다. 왜냐하면, 폭력을 인간의 인간학적인 혹은 실존적인 전제로 파악하는 경우, 폭력은 인간이 피할 수 없는 운명과 같은 것이 되기 때문이다. 그렇다고 해서 위의 주장들이 가지는 현실적 의미를 폄하할 수는 없을 것이다. 우리가 여기서 관심을 두어야 할 지점은 홉스식의 인간학적 전제와 그로부터 국가의 폭력을 정당화시키려는 주장은, 나아가 자유, 평등, 민주주의와 같은 근대의 이념들이 국가 폭력의 정당성에 관한 어떠한 물음마저도 폭력적으로 억압하는 이데올로기로 쉽게 활용될 수 있다는 사실이다.

우리가 앞선 논의로부터 얻을 수 있는 메시지는 명확해 보인다. 그 현재적 가치는 욕망과 폭력과 관련된 기존의 패러다임에 대한 전면적인 재고를 요청하는 데서 찾아야 할 것이다. 달리 말해 이들의 입장은 현대 사회에서 폭력이 예외적이고 일탈적인 상황이 아니며, 기존의 패러다임을 통해 확대 재생산될 수 있다는 사실을 직시할 것을 요구한다. 이에 국가 폭력의 정당성에 관한 의문과 문제 제기는 현대 사회의 폭력성을 제어하기 위한 필수적인 과정이 될 수밖에 없다. 나아가 현대의 논의들은 의식적이건 무의식적이건 현대 사회의 개인은 누구나 폭력의 희생자인 동시에 가해자나 방조자가 될 수 있다는 사실을 환기시킨다. 이는 기존의 폭력에 관한 담론들이 전면적으로 부각시키지 못했던 개인, 즉 살아 숨 쉬고 고통을 느끼는 구체적인 개인의 삶을 고려할 수 있는 새로운 감수성과 패러다임의 필요성을 다시 한 번 확인시키는 것이기도 하다.

지금도 용산참사는 단순한 과거의 비극적인 일로 멈추지 않고 유사한 방식으로 계속 반복되고 있다. 이러한 폭력은 최소한 현대 사회에서 통용되는 욕망의 담론에 국한해서라도 던져야 할 물음,

즉 현대 사회에서 개인들의 욕망이 동일한 속성과 구조 속에서 실현될 수 있는지, 그리고 국가 폭력은 합법과 불법이라는 추상적 기준 외에 자신의 중립성과 정당성을 확보할 수 있는지에 관한 물음을 던지고 그 해법을 찾으려는 노력을 하지 않는 한 멈추지 않을 것이다.

참고문헌

논문

임양준, 「용산사태에 대한 일간신문의 뉴스보도 비교연구」, 『한국언론학보』
    54권 1호, 2010.

기사

"용산 참사 배후세력 '전철연'에 단호히 대응해야", 전자조선일보, 2009.01.21.
    (http://news.chosun.com/site/data/html_dir/2009/01/21/
    2009012102290.html).
송홍근, "돈에 울고, 돈이 돌고, 돈에 웃다", 『신동아』 통권 605호, 2010. 02.
    01.(http://shindonga.donga.com/docs/magazine/shin/2010/01/29/2010012
    90500012/201001290500012_1.html)

단행본

니얼 퍼거슨, 이현주 옮김, 『증오의 세기』, 민음사, 2010.
대검찰청, 『범죄분석』 통권 제145호, 2012.
말콤 포츠・토마스 헤이든, 박경선 옮김, 『전쟁 유전자』, 개마고원, 2011.
메를로 퐁티, 박현모・유영산・이병택 옮김, 『휴머니즘과 폭력』, 문학과 지
    성사, 2004.
발터 벤야민, 최성만 옮김, 「폭력 비판을 위하여」, 『발터 벤야민 선집 5』,

길, 2009.

볼프강 조프스키, 이한우 옮김, 『폭력사회 — 폭력은 인간과 사회를 어떻게 움직이는가?』, 푸른숲, 2010.

사카이 다카시, 김은주 옮김, 『폭력의 철학』, 산눈, 2007.

슬라보예 지젝, 이현우 외 옮김, 『폭력이란 무엇인가』, 난장이, 2011.

요한 갈퉁, 강종일 옮김, 『평화적 수단에 의한 평화』, 들녘, 2000.

조나단 글로버, 김선욱·이양수 옮김, 『휴머니티』, 문예출판사, 2008.

지그문트 바우만, 함규진 옮김, 『유동하는 공포』, 산책자, 2009.

웬디 브라운, 이승철 옮김, 『관용』, 갈무리, 2010.

조르조 아감벤, 박진우 옮김, 『호모 사케르』, 새물결, 2008.

_____, 김상운·양창렬 옮김, 『목적 없는 수단』, 난장, 2009.

짐바르도, 이충호·임지원 옮김, 『루시퍼 이펙트』, 웅진지식하우스, 2007.

로제 다둔, 최윤주 옮김, 『폭력』, 동문선, 2006.

한나 아렌트, 김정한 옮김, 『폭력의 세기』, 이후, 2000.

_____, 심선욱 옮김, 『공화국의 위기』, 한길사, 2011.

Idelber Avelar, *The Letter of Violence*, New York: Palgrave, 2004.

Steven Pinker, *The Better Angels of Our Nature*, New York: Penguin Group, 2011.

토지 불로소득과 분배정의

이승환

1. 너무도 일상적이고 친숙한 부조리: 부동산

하늘을 나는 새들도 귀소(歸巢) 본능을 가지지만, 산속을 헤매는 늑대나 물속에서 헤엄치는 고래 역시 자기만의 영역을 고수하려는 '영역 확보'의 본능을 가지고 있다. 인간 역시 수백만 년 전부터 수렵과 채취를 위해 자기만의 영역을 확보해야 했으며, 영역의 미확보는 곧 굶주림을 의미하고 굶주림은 곧바로 죽음으로 연결될 수밖에 없다는 숙명적인 경험을 지속적으로 축적해왔다. 수렵사회를 이은 농경사회에서도 토지는 생존을 위한 필수불가결의 수단으로 간주되었으며, 인간의 토지에 대한 소유욕은 다양한 제도적 장치를 통하여 승인 또는 제한되어왔다. 산업사회에 들어서도 토지는 생산활동 및 재화증식의 수단으로서 의미를 가지지만, 특히 주거의 입지 공간으로서 토지는 인간의 신체적 안전뿐 아니라 심리적 안정을 위해서도 없어서는 안 되는 필수재(necessary good)의 의미를 지닌다.[1]

주택은 물이나 공기처럼 우리에게 너무도 일상적이고 친숙한 단

---

1) 홍성열, 「본능으로서의 토지 소유욕구」, 『부동산학 연구』 Vol.1, No.1, 1995, 193~195쪽 참조.

어지만, 물과 공기 없이 생존 자체가 불가능하듯 우리는 주택 없이 하루도 정상적인 삶을 영위하기 어렵다(뒤에서 살펴보겠지만, 우리가 흔히 부동산이라 부르는 주택 문제는 결국 토지 문제로 귀결된다). 주택은 인간다운 삶을 위한 필수불가결의 조건이지만, 국내에서 주택문제를 둘러싸고 벌어지는 모순과 부조리에 대한 철학적 성찰은 찾아보기 어렵다.[2] 1960년대 중반부터 한국에서 경제개발이 시작된 후 반세기에 걸쳐 지속적으로 증폭되어온 주택 관련 부조리는 연기처럼 서서히, 그러나 너무도 만연하게 유포되어 철학자들은 자신도 알아채지 못하는 사이에 이러한 부조리에 무감각해지고 만 것은 아닐까? 가장 일상적이고 친숙한 곳에서 자라나는 부조리, 그것도 인간다운 삶을 위한 필수조건과 관련된 부조리에 대해 입을 닫고 침묵하는 일은 철학자들마저 도덕불감증을 앓고 있거나 아니면 이러한 부조리의 암묵적 방관자이기 때문일지도 모른다. 이 글에서는 인간다운 삶을 위해 필수불가결의 조건인 부동산과 관련된 모순과 부조리를 분배정의의 관점에서 고찰하고자 한다.

2. 한국 국민경제의 뇌관: 하우스 푸어(house poor)

2014년 현재 우리나라 국민의 가계부채는 약 1천조가량으로 집

---

2) 한국교육학술정보원에서 제공하는 학술정보 서비스 <RISS>에서 '아파트'를 검색해보면 각종 학위논문과 학술논문을 포함하여 모두 2만여 건의 자료가 검색되고, '주택'은 5만 9천여 건, '토지'는 5만 5천여 건, '부동산'은 3만 8천여 건의 자료가 검색된다. 사회학·행정학·경제학·법학 등의 학문 분야에서는 주택문제와 관련하여 오래전부터 진지한 관심을 가지고 연구를 진행해오고 있는 비해, 철학분야에서는 이와 관련된 논문을 찾아보기 어렵다.

계되고 있다. 국가예산의 세 배 정도에 해당하는 금액이다. 가계부채의 상당 부분은 주택 마련을 위한 무리한 대출 때문인 것으로 파악되고 있다. 주택을 마련하기는 했지만, 대출금 상환 때문에 실질소득이 줄어 빈곤한 삶을 사는 사람을 하우스 푸어라고 부른다. 이들 대부분은 부동산 가격상승에 대한 기대감을 가지고 무리하게 대출을 받아 주택을 구입한 사람들이다. 이들은 일단 주택 마련에 성공하기는 했지만 매월 막대한 이자 및 원리금 상환부담으로, 외형상으로는 중산층이지만 실질적으로는 빈곤층의 삶을 살고 있다. 현재 한국에 '하우스 푸어'가 몇 가구인지 공식적인 통계는 없지만, 한 일간지의 보도에 의하면 전국적으로 약 4백만 가구 정도가 하우스 푸어로서, 매달 대출 상환금을 갚느라 '집의 노예'로 살고 있는 것으로 나타났다.[3)]

하우스 푸어는 왜 발생하는 것일까? 개인의 탐욕 때문일까, 무능력 때문일까, 아니면 운이 나쁜 탓일까? 근면하게 일하며 중산층에 해당하는 소득을 벌어들이면서도 만성적으로 부채에 시달리는 하우스 푸어의 문제를 과연 개인의 '탐욕'이나 '무능력' 또는 '운수소관'으로 돌려버려도 되는 것일까? 어떤 사람은 일정한 직업도 없이 수 채 내지 수십 채의 주택에 투기해서 부동산 가격상승으로 엄청난 차익을 실현하기도 한다. 이러한 일은 그저 시장에서 벌어지는 일상적인 경제행위일 뿐 분배정의 또는 윤리문제와 아무런 상관도 없는 일이라고 여겨도 되는 것일까? 어떤 사람은 평생을 성실하게 노력하며 살다가 겨우 집 한 채 마련하고서 만성부채에 시달리는

---

3) 경향신문 2011년 7월 14일 자.

데 비해, 왜 어떤 사람은 별다른 직업도 없이 복덕방에나 드나들다
가 별안간 근면한 중산층이 평생 저축해도 모을 수 없는 엄청난 소
득을 얻게 되는 것일까? 얼마 전 은퇴한 지인 한 분은 부인이 부동
산에 투기해서 번 돈이 자기가 평생 교수 생활을 하며 모은 돈보다
몇 배나 된다고 자랑인지 한탄인지 모를 소리를 털어놓은 적이 있
다. 평생 피땀 흘려 얻은 '노력소득'보다 투기를 통해 얻은 '불로소
득'이 몇 배나 큰 이런 경제현실은 과연 정의로운 것일까?

    정부는 피땀 흘려 번 근로소득에 대해서는 수십 퍼센트에 이르
는 고율의 세금을 부과하면서 정작 부동산 투기를 통해 발생한 불
로소득에 대해서는 미미한 정도의 세금만 부과하고, 심지어 상속세
까지 줄여주면서 부동산 투기자들의 불로소득과 대물림을 용인해
주고 있다. 과연 '노력소득'에 대한 과세율이 '불로소득'에 대한 과
세율보다 현격하게 높은 이러한 조세정책은 정의로운 것일까? 정
부는 최근 들어 부동산 거래를 활성화한다는 명목으로 양도세와
취득세를 감면해주고 이로 인해 발생하는 지방세의 부족분을 국세
로 보전해준다는 계획을 발표하였다. 왜 주택 매입자와 매도자가
부담해야 하는 양도세와 취득세를 그들과는 아무런 관련도 없는
다른 주민들이 낸 세금(심지어 무주택자가 낸 세금)으로 갚아주어
야 한단 말인가? 과연 이러한 조세정책은 공정한 것인가?

3. 부동산 투기의 본질: 불로소득

    한국의 국민경제(여기서는 국민경제를 서민경제와 같은 의미로

사용)에서 분배정의와 관련된 심각한 문제가 여럿 있지만, 그중에서도 핵심은 역시 주택문제라고 할 수 있다. 서민들에게 자기 집 재산목록 제1호를 꼽으라면 당연히 주택을 들기 마련이다. 주택문제는 사실 따지고 보면 토지문제로 귀결된다. 건물은 인간 노력의 산물인 반면, 토지는 자연이 준 선물이다. 건물은 지을수록 늘어나는 데 비해 토지는 부증성(不增性)을 특징으로 하며, 건물가치는 시간이 지날수록 감가(減價)하는 데 비해 토지는 그렇지 않다. 예를 들어, 준공한 지 30년이 넘는 강남의 재건축 대상 아파트를 보라. 건물가치는 0원에 가깝지만, 거래가격은 지방의 새 아파트 서너 채를 구입하고도 남을 금액이다. 바로 토지가치 때문이다. 동일한 재료와 기술로 만들어진 같은 면적의 건물이라 할지라도 지방과 서울에 따라 극심한 가격 차이를 보인다. 원인은 토지가격의 차이에 있다.[4)]

부동산 문제의 근본원인은 부동산의 소유 및 처분 시에 발생하는 불로소득이다. 수많은 사람이 부동산 투기에 열을 올리고, 수많은 기업이 기술개발이나 정상적인 생산활동보다 부동산 투기에 열을 올리는 것도 바로 불로소득 때문이다. 부동산에서 발생하는 불로소득은 실질소득 분배를 악화시키고, 성실한 근로자들의 근로의욕을 저하시킨다. 토지 불로소득이 용인되는 한 불로소득을 노리는 투기는 지속적으로 일어날 수밖에 없고, 이 과정에서 주택소유의 양극화와 실질소득의 격차는 심화될 수밖에 없다. 수많은 무주택자는 근면하게 일하여 얻은 노력소득을 다주택 소유자에게 임대료로

---

4) 이태경, 「좌절된 보유세 혁명: 종부세」, 『위기의 부동산: 시장만능주의를 넘어』, 후마니타스, 2009, 182쪽 참조.

갖다 바치고, 다주택 소유자는 아무런 일도 하지 않으면서 전세금 이자와 부동산 가격상승으로 불로소득을 취한다.[5] 이는 봉건시대에 소작농이 힘들여 노동한 결과물의 대부분을 대토지 소유자인 지주에게 갖다 바치던 일과 다를 바가 무엇인가? 한 보고에 의하면 지난 6년간 3,600조 이상의 자본이득(capital gain)이 부동산에서 발생한 것으로 추산된다. 이는 연평균 600조 원에 달하는 엄청난 액수이다. 부동산 시장을 통해 연평균 600조 원 정도의 금액이 '없는 자'에게서 '가진 자'(부동산 과다 보유자)에게로 전이되는 '역 재분배'(regressive redistribution)의 현상이 발생하고 있는 것이다. 이런 이유에서 어떤 경제학자는 대한민국의 경제가 '자본주의'에 의해 작동하고 있다기보다 '지본주의'에 의해 작동하고 있다고 진단하기도 한다.[6]

농지나 임야처럼 건물이 들어서지 않은 토지의 경우에도 소유의 양극화는 상상을 초월할 정도로 벌어져 있다. 2005년 말 기준 우리나라 국민의 상위 1%가 전체 사유지의 57%를 소유하고, 상위 10%가 전체 사유지의 98.3%를 소유하고 있는 것으로 나타났다.[7] 수많은 고위공직 후보자들이 국회 청문회에서 가장 곤욕을 치르는 부분도 바로 부동산 투기, 위장전입, 절대농지 불법보유 등의 토지문제이다. 토지개발에 관한 고급정보와 넉넉한 초기자본을 가진 소위 '사회의 지도급 인사'들이 토지 불로소득의 한 축을 차지하고 있는 것이

---

5) 주택가격이 급상승하던 2천년대 중반, 국세청이 2000~2005년 사이에 매매된 강남구 대치동 은마 아파트(34평형)를 조사한 결과, 동기간에 거래된 2,351채 중 60%인 1,425채의 소유주가 주택을 3채 이상씩 보유한 것으로 파악되었다.

6) 김태동·김현동, 『문제는 부동산이야, 이 바보들아』, 궁리, 2007, 121쪽과 127쪽 참조.

7) 이태경, 「좌절된 보유세 혁명: 종부세」, 『위기의 부동산: 시장만능주의를 넘어』, 후마니타스, 2009, 203쪽 참조.

다. 주택과 토지에 대한 과도한 욕망의 원인은 바로 불로소득 때문이다. 과연 토지가격 상승으로 얻게 되는 불로소득은 정당한 것일까?

4. 토지 불로소득은 정당한가?

토지 사유제 아래서 토지 소유자는 두 가지 소득을 얻게 된다. 하나는 토지를 임대하여 얻게 되는 '임대소득'(즉 지대)이고, 다른 하나는 지가 상승으로 얻게 되는 '지가 차액'이다. 고전학파 경제학자들은 토지에서 발생하는 '지대'는 물론이고 '지가 차액'까지도 모두 불로소득으로 간주했다. 지주는 생산과정에서 아무 노력도 하지 않은 채 기생충처럼 지대를 수취한다고 보았기 때문이다.[8] 진보적 자유주의(advanced liberalism)를 지향했던 공리주의자 밀(John Stuart Mill)은 사유재산제도의 신성함을 강조하기는 했지만, 토지에 대해서만은 예외로 간주했다. 토지는 자연의 산물이고 어느 누구의 창조물도 아니기에 어느 누구도 토지에 대한 절대적인 소유권을 가질 수 없다고 보았기 때문이다. 그는 노력에 의해 얻은 생산물이 아닌 자연이 준 선물을 개인이 독차지하게 하는 제도는 부정의의 극치라고 보았다.

> 사유재산제도의 기본원리는 모든 사람에게 자신이 노동을 통해 생산한 것과 절제에 의해 축적한 것을 보장하는 것인데, 이러한 원리는 노동의 생산물이 아닌 지구의 천연 물자에 대해서는 적용될 수 없다. 만일 토지의 생산력이 사람의 노력과는 무관하게 순

---

8) 전강수, 「조세의 공공성을 묻다」, 『위기의 부동산: 시장만능주의를 넘어』, 후마니타스, 2009, 76쪽 참조.

전히 자연으로부터 나온 것이고, 또 이 두 가지를 구분할 수 있는
방법이 있다면, 자연의 선물을 개인이 독점하도록 하는 제도는 부
정의의 극치가 된다.[9]

밀은 개인의 노력이나 희생 없이도 지속적으로 증가하는 종류의
소득(즉 불로소득)에 대해 정부가 과세하는 일은 당연하며, 이의 연
장선 상에서 '지대'에 대해 과세하는 일은 사회정의의 원리에 어긋
나지 않으며 사유재산제도의 원칙에도 위배되지 않는다고 보았
다.[10] 그는 토지의 잉여가치(surplus value)는 사회의 창조물이기에
개인의 소유로 간주되어서는 안되며, 토지에 대한 배타적 소유권을
주장하며 타인을 그것의 향유에서 배제하는 일은 '빈자에 대한 수
탈'(robbery of the poor)이라고 천명하기도 했다.[11]

밀 이후에 들어 토지의 공공적 성격을 강하게 재천명한 사람은
헨리 조지(Henry George: 1839~1897)이다. 그는 19세기 미국에서
'지공주의'(地公主義: geoism)[12]를 제창한 정치경제학자로서, 인간
노동의 결과물인 건물은 사유의 대상으로 삼을 수 있지만, 인간노
동의 결과가 아닌 토지는 공유재로 간주하는 것이 정의롭다는 사
실을 다음과 같이 설파한 적이 있다.

주택과 대지는 다 같이 소유의 대상으로서 '재산'이고, 법적으로
는 다 같은 '부동산'에 속한다. 그러나 이 둘은 성격이나 상호관계
에 있어서 대단히 다르다. '주택'은 인간의 노동에 의해 생산되며

---

9) J. S. Mill, *Principles of Political Economy, Collected Works of John Stuart Mill,* Toronto: University of
Toronto Press, Vol.2, 1963~1990, 227쪽.

10) J. S. Mill, 위의 책, 819~820쪽 참조.

11) J. S. Mill, 위의 책, 1926쪽 참조.

12) 그의 이름을 따서 Georgism이라고 부르기도 한다.

정치경제학상 '부'의 범주에 속하지만, '대지'는 자연의 일부이며 정치경제학상 '토지'의 범주에 속한다.

'부'의 본질적 속성은 '노동'의 결과라는 점, 인간의 '노력'에 의해 생긴다는 점, 그리고 그 존재와 비존재 및 증가와 감소는 인간에 의존한다는 점이다. '토지'의 본질적 성격은 '노동'의 결과가 아니라는 점, 그리고 인간의 노력과는 물론 '인간 자체'와도 무관하게 존재한다는 점이다.

'토지'는 인간이 존재하는 터전이자 환경이고, 필요한 물자를 공급받는 창고이며, 노동에 필수불가결한 원료이자 힘이다. 이러한 구분이 이해된다면 다음도 따라서 이해될 수 있다. 자연적 정의는 '부'의 사유를 인정하지만 '토지'의 사유는 인정하지 않는다.[13)]

토지의 배타적 사유화는 자연적 정의에 어긋난다고 보는 이러한 관점과 달리, 한국에서 자유지상주의자를 자처하는 일군의 학자들은 토지의 배타적 사유화에 대해 강한 옹호의 태도를 보인다. 국내에서 자유지상주의자를 자처하는 여러 학자 가운데 김정호 박사가 토지문제와 관련하여 가장 활발하게 의견을 개진하고 있으므로 아래에서는 그의 주장을 집중적으로 검토해보기로 한다. 먼저 토지의 배타적 소유가 비소유자의 안전과 인격실현을 억압한다는 기존의 윤리적 관점에 대한 김정호의 반론을 살펴보기로 하자. 그는 이렇게 말한다.

법학자 중에는 소시민의 토지보유는 정당하지만, 도가 넘는 토지보유는 정당하지 못한 것이라고 주장하는 사람들이 있다. 소규모로 보유되는 토지는 인격과 자유의 실현에 필수적 기반이 되지만, 도를 지나치면 본인의 인격이나 생존, 자유의 실현에는 별로 도움

---

13) 헨리 조지, 김윤상 옮김, 『진보와 빈곤』, 비봉출판사, 1997, 323~324쪽.

을 주지 못하면서 오히려 타인의 자유의 실현을 방해한다는 논리를 편다. **필자는 대토지의 소유가 … 타인의 자유와 인격실현을 억압한다는 논리에 수긍하기 어렵다. 아무리 부자라 하더라도 자신이 주거 목적으로 수천수만 평을 사용하는 사람은 거의 없을 것이다.** 대토지의 보유자들은 자기 주거용 이외의 토지를 임대용 건물의 부지로 이용하거나 생산, 유통, 업무 시설로 이용하고 있을 것이다. 물론 사익을 위해 당해 토지가 이용되겠지만, 그 **토지를 통해 만들어지는 재화나 용역이 자발적 거래를 통해서 소비자들에게 전달되는 한 당해 토지는 소비자들의 인격이나 자유의 실현에 도움을 준다.**[14]

1988년 토지공개념 연구위원회의 연구로부터 출발한 **토지소유 집중도라는 개념은 허상에 불과하다.** 중요한 것은 토지의 서비스를 제대로 공급받고 있는지의 문제이다. 그리고 모든 국민이 토지의 서비스를 공급받고 있다. 석탄광산의 소유 집중도야 어찌 되었든 간에 모든 국민이 연탄을 사 썼듯이, 토지소유 집중도가 어찌 되었든 간에 모든 소비자가 토지의 서비스를 누리면서 살아가고 있다.[15]

위의 글에서 김정호는 토지의 소유 집중이 비소유자의 자유와 인격실현을 방해하지 않을 뿐 아니라, 오히려 반대로 비소유자의 자유와 인격실현에 도움이 된다고 역설적인 주장을 펴고 있다. 그의 주장은 다음과 같은 세 가지 작은 주장으로 이루어져 있다. (1) 대토지 소유자라도 주거목적으로 수천수만 평을 사용하지는 않는다. (2) 토지를 이용하여 각종 재화와 용역이 창출된다. (3) 소비자는 자발적 거래를 통해 이러한 재화와 용역으로부터 자유와 인격을 실현한다.

김정호의 이러한 주장을 하나씩 검토해보기로 하자. 먼저 첫 번

---

14) 김정호, 「한국 법학자들의 토지재산권 개념 비판」, 2005, 18쪽. 이 논문은 <자유기업원> 홈페이지에서 검색할 수 있다.

15) 김정호, 위의 논문, 24쪽.

째 주장인 "대토지 소유자라도 주거목적으로 수천수만 평을 사용하지는 않는다"는 명제에 이의를 제기할 사람은 아무도 없을 것이다. 한 가구의 주거목적으로는 아무리 커다란 집을 지어도 백여 평을 넘지 않을 것이기 때문이다. 문제는 "대토지 소유자가 주거목적으로 수천수만 평을 사용하지 않는다"는 점에 있는 것이 아니라, 대토지 소유자가 거대한 토지를 배타적으로 소유함으로써 비소유자의 토지 접근권이 심각하게 제약된다는 점에 있다. 이 점에서 그는 토지 소유권을 '법적 권리'로서가 아니라 단순히 '물건'으로 간주하는 오류를 범하고 있다. 그는 또 토지가 인간다운 삶에 필수불가결한 필수재이면서 동시에 공급이 고정된 유한재라는 특성을 간과하고 있다. 만약 다이아몬드처럼 필수재가 아닌 재화라면 특정한 소수에게 소유가 집중되어도 비소유자의 자유와 인격실현에 아무런 방해가 되지 않는다. 하지만 토지는 다이아몬드와 달리 인간의 안전과 인간다운 삶을 위해 없어서는 안 되는 필수재이면서 동시에 공급이 고정된 유한재이기 때문에 일부 소수에게 그 소유가 집중되어서는 안 되는 것이다.

김정호의 주장은 유한재이며 필수재인 토지를 다른 일반 상품과 구분치 않고 동일한 범주로 다룬다는 점에서 문제가 있다. 그는 "석탄광산의 소유 집중도야 어찌 되었든 간에 모든 국민이 연탄을 사 썼듯이, 토지소유 집중도가 어찌 되었든 간에 모든 소비자가 토지의 서비스를 누리면서 살아가고 있다"라고 주장하면서 토지를 연탄과 동일한 성격의 재화로 취급하고 있다. 하지만 토지는 연탄과 재화의 성격이 다르다. 연탄은 수요가 늘어나면 더 찍어서 공급량을 늘릴 수 있지만, 토지는 그렇지 않다. 토지는 연탄과 달리 부증성(不增性)을 특징으로 하기 때문이다. 또 연탄은 가격이 비정상적으로 급등하더라도 다른 연료(예를 들어, 석유, 전기, 나무 등)로 대체가 가능하지만, 토지는 가격이 비정상적으로 급등한다고 해서 다른 대체공간을 마련하기란 불가능하다. 사람은 생물학적으로 땅에 발을 붙이고 살도록 설계되어 있어서, 하늘을 나는 새나 물속을 헤엄치는 물고기처럼 하늘이나 물속에 집을 짓고 살 수는 없기 때문이다. 이처럼 토지는 인간 자신의 노력에 의해 증가하지 않는 유한성과 고정성을 특징으로 한다(물론 개간이나 간척을 통해 소규모의 증가가 가능하기는 하겠지만, 수요의 광대함에 비한다면 그 증가량은 유의미하다고 보기 어렵다). 이에 비해 인간의 노동과 노력에 의해 산출되는 일반 재화는 공급에 있어 유한하지도 고정적이지도 않다. 유한재이며 필수재인 토지를 다른 일반상품(예를 들어, '연탄')과 동일한 범주로 뒤섞어 말한다는 것은 일단 논의의 시작부터 잘못되었음을 보여준다.

김정호는 이러한 반론에 대하여 다음 주장으로 응답할 것이다. 즉 (2) "토지를 이용하여 각종 재화와 용역이 창출되며", (3) "소비자는 자발적 거래를 통해 이러한 재화와 용역으로부터 인격과 자유를 실현한다." 그의 두 번째 주장인 "토지를 이용하여 각종 재화와 용역이 창출된다"라는 명제에 이의를 제기할 사람은 아무도 없을 것이다. 하지만 문제는 "토지를 이용하여 각종 재화와 용역이 창출된다"는 사실을 부정하려는 데 있는 것이 아니라, 이처럼 '독과점'의 형태로 제공되는 재화와 용역, 그것도 인간다운 삶에 필수불가결한 재화와 용역이라면 터무니없이 높은 가격으로 제공될 가능성이 상존하며, 소비자는 울며 겨자 먹기로 이를 소비할 수밖에 없다는 점이다. 김정호의 주장은 마치 고갯길을 지나가는 할머니에게 "팔 하나 주면 안 잡아먹지" 하고 달려드는 호랑이와 비슷한 논법이다. 할머니는 생존을 위해 울며 겨자 먹기로 자기 몸의 일부를 떼어주지 않을 수 없으며, 하나의 팔에 그치지 않고 자신의 생명이 다할 때까지 몸뚱이를 호랑이에게 떼어 바쳐야 할 것이다. 소수에 의한 토지의 소유 집중은, 호랑이 앞에 선 할머니의 운명과 마찬가지로, 비소유자로 하여금 지속적으로 소작농과 비슷한 예종(隸從)의 길을 강요한다. "소수에 의한 토지 소유의 집중은 비소유자의 자유와 인격실현에 도움을 준다"라는 김정호의 주장은 경제상식에도 어긋나거니와 인간이 겪어온 토지제도사의 역사적 경험에도 어긋나는 것이어서 다분히 해괴한 주장이라고 여겨진다.

"토지의 소유 집중이 비소유자의 자유와 인격실현에 도움이 된다"라는 김정호의 주장과 정반대로, 토지 투기 및 독과점으로 인한 지가상승은 선량한 개인이 열심히 일해서 번 노력소득을 침해한다. 토지를 소유하지 못한 사람은 소유자에게 임대료 또는 매매대금을 지급해야 하는데, 투기나 독과점으로 토지가격이 상승하면 이런 일이 발생치 않았을 때보다 더 많은 임대료와 매매대금을 지급할 수밖에 없다. 이는 노동을 통하여 벌어들인 노력소득을 정당한 노력 없이 불로소득을 즐기는 유한계급에게 갖다 바치는 일이 된다. 이는 명백하게 노력소득에 대한 침해이며, 자유주의의 제1원리인 '불침해의 원칙'에 위배되는 일이다.[16] 단지 토지를 많이 소유했다는 명목 하나로 근면하게 일하는 사람의 노력소득을 수취하는 일은

---

16) 남기업, 「시장친화적 토지공개념의 이론과 쟁점」, 『위기의 부동산: 시장만능주의를 넘어』, 후마니타스, 2009, 247쪽 참조.

토지 소유자의 '노력'이나 '기여'에 의한 것이 아니라 밀(J. S. Mill)의 표현처럼 수탈(robbery)에 불과하며, 이는 토지 소유자의 자유를 위하여 비소유자의 자유와 인격실현을 방해하는 일이다. 이러한 부조리는 자유지상주의가 정의의 원칙 중 하나로 채택하고 있는 '부정의의 시정'의 원칙[17]에 회부되어야 마땅하다.

자유지상주의자들은 부의 불평등과 부의 편재(偏在)는 '노력'한 자와 게으른 자, '능력' 있는 자와 무능력한 자가 제각기 맞이하게 되는 필연적 결과라고 말한다. 시장에서 벌어지는 양극화의 현상은 그저 '시장의 원리' 또는 '자발적 교환의 원리'에 의한 결과로서, 정의/부정의 또는 공정/불공정의 잣대로 바라보아서는 안 된다고 주장한다. 이들에 의하면 시장에서의 '독과점'은 경쟁의 필연적 산물이고 시장경제의 자연스러운 귀결일 따름이다. 시장에서의 자유로운 경쟁은 필연코 승자와 패자를 가르고 부의 편재(disparities)와 불평등(inequality)을 낳을 수밖에 없으며, 패자는 자신의 게으름과 무능을 탓해야지 시기심이나 질투심과 같은 원시본능에 호소해서는 안 된다고 말한다.[18] 분배정의나 공정 등의 주장은 시기심과 질투라는 비합리적 원시본능에 호소하여 시장경제를 해치는 적이라는 것이다.[19]

부의 불평등과 편재는 개인의 '노력'과 '능력'에 따른 자연스러운 결과라고 주장하는 자유지상주의자들의 주장과 달리, 토지가치의 상승은 개인의 '노력'이나 '능력'에 의해 발생하는 것이 아니라 공동

---

17) '부정의의 시정'(the rectification of injustice in holdings)은 노직의 말이다. Robert Nozick, *Anarch, State and Utopia*, Oxford: Blackwell, 1975.

18) 공병호, 『시장경제와 그 적들』, 자유기업센터, 1996, 266쪽 참조.

19) 공병호, 위의 책, 57쪽 참조. 공병호의 자유지상주의에 대한 비판으로는 이승환, 「한국에서 자유주의-공동체주의 논의는 적실한가?」, 『철학연구』 Vol.45, No.1, 1999 참조.

체의 협업적 노력에 의해 발생한다. 예를 들어, 토지가치의 상승은 항만·공항·도로·전철·기차역·관공서·공원·상하수도·전기 등과 같은 공공시설 및 공공 서비스의 공급 여부에 따라 발생하며, 이러한 공공시설 및 기본 서비스가 공급되지 않는다면 토지가치의 상승은 기대할 수 없는 것이다.[20] 이로 볼 때 토지가치의 상승은 공공시설 및 서비스와 같은 공동체의 정책적 조치로 인해 발생하며, 이러한 공공시설 및 서비스의 공급비용은 국민의 세금으로 충당된다는 것은 당연한 상식이다. 따라서 공동체의 정책적 조치로 인해 발생하는 토지가치 상승분은 공동체 전체의 몫이라고 할 수는 있을지언정 개인의 몫(desert)이라고 할 수는 없다. 이러한 이유 때문에 토지가치의 상승으로 얻어지는 소득 앞에는 '불로'(不勞: unearned)라는 관형어를 붙이는 것이다. 공동체의 조치에 따른 토지가치 상승분은 개인의 '능력'이나 '노력'의 결과물이 아니므로 개인은 이를 전유(專有)할 수 있는 '도덕적 자격'을 결하고 있을 뿐 아니라, 토지라는 유한재-겸-필수재를 독과점함으로써 얻게 되는 불로소득은 여기에서 배제된 사람의 노력소득을 침해한다. 토지 불로소득은 '불침해의 원칙'이라는 자유주의의 원리 그 자체에 의하여 정의롭지 못한 것이다.

스스로 자유지상주의자라고 자처하는 김정호가 토지 불로소득을 옹호하는 입장은 다른 자유지상주의자들과 달리 독특한 면모를 보인다. 대부분의 자유지상주의자들이 소유권 옹호(또는 재분배 반대)의 근거로 개인의 '노력' 또는 '기여'를 내세우는 데 비해,[21] 김정

---

20) 이정전, 『토지경제학』, 박영사, 2006, 122~124쪽 참조.

21) 예를 들어, 민경국의 주장이 그러하다. 민경국, 「복지국가 이념, 지속가능한 사회발전 원리인

호는 이와는 정반대로 "세상의 모든 소득이 불로소득의 성격을 띠고 있으므로 토지 불로소득을 환수해서는 안 된다"고 말한다. 그에 의하면 토지가치뿐 아니라 모든 재화가치는 수요-공급의 상호작용으로 생겨나는 것일 뿐, 개인의 '노력'과는 별 관련이 없다고 본다. 예를 들어, 경제발전 과정에서 발생하는 임금의 상승은 근로자 개개인의 '노력'과는 무관하게 이루어지며, 연변동포에 비해 서너 배 높은 남한 노동자들의 임금도 개인의 '노력'과는 무관한 것이라고 그는 주장한다. 따라서 남한 노동자의 높은 임금은 불로소득에 해당하며, 토지가치 상승분을 불로소득이라는 이유로 환수해야 한다면 남한 노동자들의 임금 상승분도 환수해야 마땅하다는 것이다.

> **소유자의 '노력'과는 무관하게 토지 가격이 오르는 것과 마찬가지로, 임금 수준도 근로자 개개인의 '노력'과는 무관하게 올라간다.** 현재 우리의 임금 수준이 과거보다 높은 이유를 근로자들이 더 근면해졌다든가, 또는 더 머리가 좋아졌기 때문이라고 보기 어렵다. 가장 중요한 이유는 노동의 자본장비율[22]이 높아진 결과 노동생산성이 높아졌기 때문이다. 그리고 자본장비율이 높아진 것은 노동자의 '노력' 때문이 아니다. 과거보다 상대적으로 자본이 풍부해졌고 그 결과 노동의 가격이 올라간 것이다. 임금을 순전히 땀을 흘린 대가라고 보기 어렵다. **땀은 과거의 근로자들도 흘렸지만 같은 땀에 대해서 지금의 근로자들이 훨씬 더 많은 임금을 받는 것이다. 그 차이를 불로소득이 아니라고 부인할 수는 없을 것이다. 토지가격 상승분을 환수해야 한다면 임금 상승분도 환수하는 것이 같은 것을 같이 취급해야 한다는 원리에 맞다.**[23]

가?」, 자유기업원 홈페이지 CFE-Report(2010.06.17) 29쪽 참조.

22) 자본장비율(capital equipment ratio)은 정확하게 말하면 노동의 자본장비율이다. 노동장비율이라고도 한다. 노동 사용량 L에 대한 자본사용량 C의 비율 C/L라고도 하고 있으나 보다 구체적으로 말하면 상용근로자 1인당 자본설비액(유형고정자산)이다.

토지 불로소득뿐 아니라 세상의 모든 소득은 불로소득의 성격을 띠고 있다는 김정호의 주장은 경제학에 입문하지 않은 일반인이라도 상식적으로 납득하기 어려운 것이다. 토지가치의 상승분은 개인의 노력이 아니라 공동체의 정책적 조치로 인하여 발생하므로 분명히 불로소득임이 확실하다. 하지만 이와 달리, 남한 노동자의 임금이 연변동포에 비해 서너 배나 높다고 하여 그 임금차액을 불로소득이라 간주하기는 어렵다. 남한 노동자의 임금이 연변동포에 비해 서너 배나 높은 이유는 한편으로는 교육·기술의 수준에 따라 노동의 질에 차이가 있기 때문이며, 다른 한편으로 더 중요하게는 남한 노동자가 연변이 아닌 남한에 살기 때문에 더 많이 지출해야 하는 기초생계비(예를 들어, 집세·식대·의료비·교통비 등)에서 현격한 차이가 있기 때문이다. 만약 물가수준에 따른 기초생계비의 차이를 고려치 않은 채 단순히 임금차액만 가지고 불로소득이라고 단정한다면 이는 경제상식과 어긋나는 우격다짐에 불과하다.

백 보 양보하여, 김정호의 주장처럼 세상의 모든 소득에 우연적 요소(즉 불로소득의 요소)가 있다고 치더라도, 모든 불로소득이 똑같은 방식으로 취급되어서는 곤란하다. 불로소득도 그 악성/양성의 정도에 따라 차이가 있을 수 있기 때문이다. 불로소득을 악성/양성으로 판정하는 기준으로는 다음 세 가지 정도의 기준을 생각해볼 수 있을 것이다.

첫째는 기회균등의 원칙이다. 불로소득을 얻을 수 있는 기회가

---

23) 김정호, 『토지세의 경제학: 미신과 현실』, 한국경제연구원, 1997, 105~106쪽; 『왜 우리는 비싼 땅에서 비좁게 살까: 시장경제로 풀어보는 토지문제』, 서울: 삼성경제연구소, 2005, 80~81쪽 참조.

모든 사람에게 균등하게 열려있는가? 만약 불로소득을 얻을 수 있는 기회가 모든 사람에게 균등하게 열려있다면 그 불로소득의 악성도는 낮다고 할 수 있겠지만, 만약 반대로 불로소득을 얻을 수 있는 기회가 사회의 특정한 구성원들에게만 제한적으로 열려 있다면 그 불로소득의 악성도는 높다고 해야 할 것이다. 토지 관련 불로소득의 경우, 만약 개발에 관한 정보가 일부 관료집단 및 그들과 관련이 있는 친인척들에 의해 독점적(또는 선점적)으로 공유된다면 이는 기회균등의 원칙에 위배되는 일이다. 또 설령 개발에 관한 정보를 사회의 모든 사람이 균등하게 공유하고 있다고 하더라도, 토지매입에 필요한 초기자본을 충분히 가진 사람은 그렇지 못한 사람에 비해 출발선 상에서 유리한 위치를 점하고 있는 것으로, 이 또한 모든 사람이 균등한 기회를 가졌다고 보기 어렵다.

둘째는 불침해의 원칙이다. 한 사람이 취하는 불로소득으로 인하여 타인에게 무책손실(irresponsible loss: 자신의 잘못 없이 입게 되는 손실)이 발생하지는 않는가? 한 사람이 불로소득을 취함으로 인하여 다른 사람에게 아무런 손실도 발생하지 않는다면 그 불로소득의 악성도는 낮다고 할 수 있겠지만, 만약 한 사람이 취하는 불로소득으로 '인하여' 다른 사람에게 심각한 무책손실이 발생한다면 그 불로소득은 악성도가 높다고 할 수 있다.

셋째는 불로소득이 사회에 미치는 기여 또는 폐단의 정도에 관한 문제이다. 만약 한 불로소득이 사회에 기여보다 해악을 끼치는 정도가 높다면 그 불로소득은 악성도가 높다고 할 수 있을 것이다.[24]

---

24) 불로소득의 악성/양성 판정기준에 대해서는 김윤상, 「지공주의를 옹호한다: 자유주의자의 비판에 대한 반비판」, 『역사비평』 제72호, 2005, 155쪽 참조.

이상의 세 기준에 비추어 본다면, 상품 수요가 갑자기 증가해서 생기는 상품 불로소득, 시장의 변동으로 인해 발생하는 주식 불로소득, 각종 재화의 독점으로 인하여 발생하는 독점 불로소득, 토지 가치의 상승으로 인하여 발생하는 토지 불로소득 등 다양한 불로소득 가운데 토지 불로소득이 가장 악성도가 높다고 할 수 있다. 첫째로 기회균등의 원칙에 비추어 볼 때, 모든 사람이 토지불로소득을 얻을 수 있는 기회는 매우 불균등하다. 법적으로는 누구나 토지소유의 권리를 가진다고 하지만, 현실적으로 토지를 소유하기 위해서는 개발 관련 고급정보와 막대한 자본을 필요로 하며, 이러한 정보와 자본은 누구에게나 보장된 것이 아니다. 따라서 토지 불로소득은 기회균등의 원칙에 어긋나는 '반칙 소득'인 것이다.

둘째로 토지 불로소득은 불침해의 원칙에 위배된다. 토지가격 상승으로 인한 불로소득은 비소유자로부터 토지소유자에게 이전되는 '역 재분배'(regressive redistribution)형 소득으로서, 비소유자는 토지가격 상승으로 인한 무책손실과 부당한 피해를 회피할 방법이 없다. 예를 들어, 2년 전에는 3억 원 하던 집값이 어느 날 갑자기 투기로 인하여 5억 원으로 뛰었다면, 주택을 구입하기 위해 수십 년간 꾸준히 저축해왔던 사람은 어떻게 되겠는가? 다시 수년 동안 저축하여 2억 원을 더 장만했더니, 이번에는 주택가격이 7억으로 상승했다면? 이런 식으로 집값 상승이 계속된다면 무주택자가 정상적인 방법으로 주택을 마련할 기회는 영원히 찾아오지 않을 것이다. 여기서 분명한 사실은 무주택자(또는 토지 비소유자)는 아무런 잘못도 저지르지 않았으면서도 토지가격 상승으로 인한 피해를 고스란히 뒤집어 써야 한다는 점이다. 이로 볼 때 토지의 투기와 독과점으로 인한 불로소득은 비소유자의 자유와 인격실현을 심각하게 방해한다.

셋째로 토지 불로소득이 사회에 어떠한 기여를 하는가? 토지 불로소득이 사회에 미치는 폐단은 크지만 기여하는 바는 별로 없다고 보인다. 토지의 독과점은 토지사용의 효율성을 저하시키며, 높은 지대는 건전한 생산활동을 위축시키고 수많은 무주택자의 인간다운 삶을 방해한다.

이상의 분석에 의하면 토지 불로소득은 자유주의의 원리('기회균등의 원칙' 및 '불침해의 원칙')에도 어긋나지만, 공리주의의 원리(효율성의 원칙)에도 위배되며, 이는 어찌 보면 봉건시대로부터 이어져 내려온 지주제도의 유산에 불과한 것이다. 자유주의 사회에서 사유재산 제도가 노동의 결과물인 '노력소득'을 보호해주는 제도라면, 사유재산 제도는 '토지 불로소득'과 양립하기 어렵다. 한 개인이 얻게 되는 불로소득은 타인의 노력소득을 수취함으로써 얻어지기 때문이다. 이런 이유에서 *"토지 불로소득의 사유화는 노력소득을 보장하는 사유재산제와 공존할 수 없다."*[25]

5. 불로소득의 환수, 어떻게 할 것인가?

토지를 무한정한 사유화의 대상이 아니라 공유재로 간주하는 관점은 오늘날 대부분의 자본주의 사회에서도 광범위하게 설득력이 있는 것으로 인정받고 있다. 현대 자본주의 국가들은 토지 사유제를

---

25) 이는 헨리 조지(Henry George)의 말이다. 남기업, 「시장친화적 토지공개념의 이론과 쟁점」, 『위기의 부동산: 시장만능주의를 넘어』, 후마니타스, 2009, 247쪽에서 재인용.

인정하기는 하지만, 토지에 대해서 일반상품이나 재산에 대해 인정하는 것처럼 절대적·배타적 권리를 인정하는 경우란 극히 드물다. 이는 토지가 가진 일반상품과는 구별되는 독특한 성격 때문이다. 즉 토지는 천부성, 공급의 고정성과 유한성, 영속성, 비이동성, 연접성, 용도의 다양성과 같은 특징을 가지기 때문에 시장에서 교환되는 여타의 상품과는 그 성격이 현저하게 구별된다. 토지에 대해 어느 정도의 공공성을 부여하는지 또는 소유권의 범위와 한계를 어떻게 규정하는지는 국가별로 조금씩 다르기는 하지만, 대부분의 국가가 토지의 공공적 성격에 기초하여 소유권의 내용(처분권, 사용권, 수익권)에 일정한 제한을 가하고 있다는 점은 공통적이다.

대한민국에서 토지 소유권의 내용에 일정한 제한을 가할 수 있는 법적 근거는 헌법 제23조에 명시되어 있다. 헌법 제①항에서는 "모든 국민의 재산권은 보장된다. 그 내용과 한계는 법률로 정한다"라고 하여 사유재산권을 보장하면서도, 같은 조 제②항에서는 "재산권의 행사는 공공복리에 적합하도록 하여야 한다"라고 명시함으로써 (토지소유권을 포함한) 재산권이 공공복리에 적합하도록 행사되어야 한다는 사실을 적시하고 있다. 헌법재판소는 국토이용관리법상의 토지거래허가제에 대한 합헌결정(1989년)에서 '토지 공개념'이 우리나라 현행 헌법의 기본정신에 부합함을 다음과 같이 명확하게 밝힌 바 있다.

모든 사람에게 인간으로서의 생존권을 보장해주기 위하여서는 토지소유권은 이제 더 이상 절대적인 것일 수가 없었고 공공의 이익 내지 공공복리의 증진을 위하여 의무를 부담하거나 제약을 수반하는 것으로 변화되었으며 토지소유권은 신성불가침의 것이 아니고 실정법상의 여러 의무와 제약을 감내하지 않으면 안 되는 것으로 되었으니 이것이 이른바 토지공개념 이론인 것이다. 그리하여 대부분의 현대국가에서는 재산권의 내용과 한계를 법률로 정할 수 있도록 하고 있고 의무를 수반하는 상대적 권리로 규정하고 있는 것이다. 토지의 수요가 늘어난다고 해서 공급을 늘릴 수 없기 때문에 시장경제의 원리를 그대로 적용할 수 없고 고정성, 인접성, 본원적 생산성, 환경성, 상린성, 사회성, 공공성, 영토성 등 여러 가지 특징을 지닌 것으로서 자손만대로 향유하고 함께 살아가야 할 생활 터전이기 때문에 그 이용을 자유로운 힘에 맡겨서도 아니 되며 개인의 자의에 맡기는 것도 적당하지 않은 것이다. 올바른 법과 조화 있는 공동체 질서를 추구하는 사회는 토지에 대하여 다른 재산권의 경우보다 더욱 강하게 사회 공동체 전체의 이익을 관철할 것을 요구하는 것이다. 토지재산권에 대하여서는 입법부가 다른 재산권보다 더 엄격하게 규제를 할 필요가 있다고 하겠는데 이에 관한 입법부의 입법 재량의 여지는 다른 정신적 기본권에 비하여 넓다고 봐야 하는 것이다.[26]

위 판결문에서 헌법재판소는 '토지 공개념'이라는 용어를 직접 사용하면서 토지 소유권이 절대적·배타적 권리가 아니라 '공공복리'를 위하여 여러 의무와 제약을 감내하지 않으면 안 되는 '상대적 권리'임을 밝히고 있으며, 고정성·사회성·공공성 등의 공공재적 성격을 판결의 근거로 제시했다는 사실이 주목된다. 이러한 판결문은 존 스튜어트 밀이나 헨리 조지 등의 토지 관련 정의관과 일맥상통한 것으로 보편적인 설득력을 갖고 있다. 그 후 헌법재판소는 '토지초과이득세법'과 '택지소유상한제법' 그리고 '종합부동산세법' 등 일련의

---

26) [88헌가13] 「국토이용관리법 제31조의2 제1호 및 제21조의3의 위헌심판제청」(1989.12.22). 이 결정문은 헌법재판소 홈페이지 http://www.court.go.kr에서 판례검색 기능을 활용하여 검색할 수 있다.

토지 관련 법률에 대한 위헌심판 결정에서 (과세기술 등의 세부 규정에 대해 위헌결정을 내림으로써 토지공개념 제도의 시행에 제동을 걸기는 했지만) 헌법상 토지소유권의 기본 정신은 '공공성'이라는 원론적 사실에 대해서는 일관되게 지지 의사를 표명해왔다.[27]

토지는 무한정한 사유화의 대상이 아니라 공유자산으로 간주되어야 한다는 사실이 정의의 원칙에 부합하고 헌법정신에도 부합하는 것이라면, 이제 남은 일은 어떻게 하면 토지 불로소득을 환수(또는 차단)함으로써 토지의 공공적 성격을 현실화할 수 있는가 하는 문제일 것이다. 토지 불로소득의 환수를 위해서 먼저 토지 소유권을 구성하는 세 권능에 대해 살펴볼 필요가 있다. 토지소유권은 사용권·처분권·수익권의 세 권능으로 이루어진 복합적 권리로서, 각 권능이 '공'(국가)과 '사'(민간)의 어느 쪽에 귀속되는지에 따라 토지제도의 유형은 다음과 같이 분류될 수 있을 것이다.[28]

토지 소유권의 제 권능	토지 사유제	토지 가치공유제	토지 공공임대제	토지 공유제
사용권	사	사	사	공
처분권	사	사	공	공
수익권	사	공	공	공

위 표에서 볼 수 있듯이, '토지 사유제'는 자유지상주의자들이 선호하는 토지제도이고, '토지공유제'는 사회주의 계열에서 선호할만

---

27) 전강수, 「공공성의 관점에서 본 한국 토지보유세의 역사와 의미」, 『역사비평』 제94집, 2011, 68~70쪽 참조.
28) 김윤상, 「버블비극과 지공주의」, 『위기의 부동산: 시장만능주의를 넘어』, 후마니타스, 2009, 115~119쪽 참조.

한 토지제도이다. 사회주의와 자유지상주의는 토지소유권을 구성하는 제 권능(사용권·처분권·수익권)을 통째로 국유화 아니면 사유화할 것을 주장한다는 점에서 양 극단을 달린다. 소유권의 모든 내용을 국유화한다면 개인의 자유가 심각하게 제한될 것이고, 반대로 소유권의 모든 내용을 사유화한다면 토지의 공공적 성격은 심각하게 훼손될 수밖에 없다. 따라서 자본주의 현실에서 택할 수 있는 합리적인 선택지는 '토지 가치공유제' 또는 '토지 공공임대제'로 귀결될 수밖에 없다. '토지 공공임대제'란 토지의 명목적 소유권은 국가가 보유하되 개인에게 토지를 임대하여 사용권을 갖도록 하는 제도이고, '토지 가치공유제'는 토지의 사용권과 처분권은 개인에게 맡기되, 토지가치 즉 지대만을 정부가 징수하는 제도이다.[29] 이 두 가지 선택지 가운데, 개인의 사유재산권을 최대한 존중하면서 토지의 공공적 성격을 실현할 수 있는 제도는 '토지 가치공유제'라고 보인다. 즉 토지 소유권을 구성하는 제 권능 중 '사용권'과 '처분권'은 개인에게 맡기되, '수익권' 즉 지대를 정부가 조세로 환수하는 방안이다.[30] 토지 보유세를 도입하면 토지에서 산출되는 불로소득이 사라지기 때문에 투기로 인한 사회적 병폐가 치료되고 무주택자의 고통도 사라질 수 있게 된다. 그리고 지가가 일정하게 유지되기 때문에 사회적 충격도 없고, 토지 소유자와 비소유자 사이에 공정한

---

29) 김윤상, 위의 책, 116~118쪽 참조.

30) 이를 구체적 현실에 적용하면 부동산 보유세를 강화하는 조세정책으로 귀결되는데, 건물의 경우 토지분 보유세를 강화하고 건물분 보유세를 감면하여 세금징수의 대상을 건물에서 토지로 이전한다는 방안이다. 다시 말해서, 토지 보유세란 토지를 보유하는 동안 지대에서 이자를 뺀 차액[지대−이자=보유세]을 세금으로 징수하고, 거래 시에 매매차익을 징수하는 조세정책이다. 지대에서 이자를 뺀 차액을 징수하는 이러한 조세를 김윤상 교수는 '지대이자 차액세'라고 부른다. 김윤상, 위의 책, 115쪽 참조.

거래관계가 정착되게 될 것이다.

6. 토지의 공공성과 건강한 자유주의를 위하여

이상에서 살펴보았듯이, 토지는 무한정한 사유화의 대상이 아니라 공유재로 간주하는 일이 정의의 원칙에 부합함에도 불구하고, 과거 봉건시대에도 그랬듯이 불로소득의 수혜를 누리는 대토지 (및 다주택) 소유자들의 반발은 만만치 않다. 토지 불로소득에 대한 과세 수단인 종합부동산세가 무력화되어버린 작금의 현실은 이들의 반발이 얼마나 강고한지 잘 보여준다. 자유지상주의를 표방하며 이들의 입장을 대변하는 일군의 경제학자들은 토지에 대한 배타적 소유권을 주장하고 토지의 독과점을 옹호할 뿐 아니라 나아가서는 토지 불로소득의 환수에 대해서도 강력하게 반대의 뜻을 표명한다 (이들은 심지어 시장의 지배와 경제력의 남용을 방지하기 위해 마련된 헌법 제119조에서 제127조에 이르는 경제민주화와 관련된 조항들을 폐지해버릴 것을 주장하기도 하고, 나아가서는 노동3권과 사회보장을 위해 마련된 헌법 제32조에서 제35조에 이르는 조항들 역시 삭제해야 한다고 주장하기도 한다).[31]

스스로 자유지상주의자라고 자처하는 이들의 입장은 과연 얼마나 자유주의의 원리에 부합하며, 나아가서는 지유지상주의의 원조

[31) 예를 들어, 민경국 교수는 이러한 헌법조항들이 국가의 시장에 대한 간섭을 정당화하는 반시장적 악법으로서 사회주의 헌법에 가깝다고 비판한다. 민경국, 「경제헌법의 문제와 개헌과제」, 『한국제도학회 2009년 추계학술심포지엄 발표논문집』, 22~23쪽(2009.11.04 국회입법조사처). 이 글은 자유기업원 홈페이지에서 검색할 수 있다.

라고 불리는 노직(Robert Nozick)의 소유권 이론에 얼마나 부합하는 지조차 의문스럽다. 자유지상주의의 원조라고 불리는 노직, 그리고 노직이 자기 소유권 이론의 원천으로 삼는 로크(John Lock)는 과연 토지의 배타적 소유로 인해 야기되는 노력소득의 침해에 대해 어떻게 생각할 것인가? 이와 관련하여 예상되는 로크의 답변을 한번 살펴보기로 하자. 그의 소유권 이론은 세 부분으로 구성되어 있다. (1) 개인은 자기의 신체를 소유한다. (2) 하나님은 이 세상을 공유물로 주셨다. (3) 공유물인 자연에 노동을 투여하면 그것은 곧 자신의 소유가 된다.[32] 로크는 이처럼 공유물인 자연에 노동을 투여하면 곧 사유재산이 될 수 있지만, 다른 재화와 달리 토지를 사유하기 위해서는 만족시켜야 하는 '단서'(Locke's proviso)가 있다고 말한다. "공유물인 자연(즉 토지)이 다른 사람을 위해 충분히 그리고 양질의 상태로 남아있어야 한다"라는 충분단서(sufficiency proviso)가 그것이다.[33] 그가 토지소유권의 취득과정에 이런 단서를 둔 이유는 공유물인 토지의 사유화가 타인에 대한 침해나 손실을 야기해서는 안 된다고 여겼기 때문이다. 하지만 그는 논의의 전개과정에서, 만약 토지의 효율적 이용을 통해 더 많은 물자가 산출된다면 충분단서는 충족된 것으로 여길 수 있다고 슬며시 입장을 선회한다. 사유재산제의 옹호론자로서 로크는 사유화를 통하여 토지는 효율적으로 이용될 수 있으며, 만약 토지가 공유물로 방치된다면 이용의 효율성이 반감된다고 여겼기 때문이다.

하지만 로크와 정반대의 논변도 가능하다. 즉 사유화된 토지는

---

32) 존 로크, 이극찬 옮김, 『통치론』, 삼성출판사, 1990, 49쪽 참조.
33) 위의 책, 53쪽 참조.

방치되어 이용의 효율성이 감소될 수 있으며, 오히려 토지를 공유화함으로써 이를 필요로 하는 수많은 수요자에게 효과적으로 이용될 수 있는 기회가 제공될 수 있다. 로크는 이 점을 전혀 고려치 않았다. 더욱이 로크의 이론에서 치명적인 난점은 토지가 모두 사유화되고 난 후 비소유자들의 처지에 어떤 결과가 파생될지에 대한 고려가 전혀 없다는 점이다. 본론에서도 이미 살펴보았지만, 토지의 배타적 사유화가 야기하는 결정적인 문제점은 비소유자의 노력소득을 지속적으로 침해한다는 점이다. 토지 비소유자가 자기 노동의 결과인 노력소득을 불로소득의 수혜자인 대토지 소유자에게 지속적으로 갖다 바쳐야 한다면, 이는 로크의 소유권 이론을 구성하는 세 번째 명제인 "공유물인 자연에 노동을 투여하면 그것은 자신의 소유가 된다"라는 명제와 정면으로 충돌한다. 토지 독과점으로 인해 야기되는 노력소득에 대한 침해는 로크의 노동소유권 이론과 정면으로 배치되는 것이다. 만약 로크의 노동소유권 이론이 맞다면, 토지 불로소득을 옹호하는 관점은 이 이론과 양립할 수 없는 것이다.

'토지 가치공유제'에 입각한 불로소득의 환수는 로크가 직면한 난점을 해결해줄 수가 있다. 로크는 토지 비소유자가 자기 노동의 결과물인 노력소득을 토지 소유자에게 지속적으로 갖다 바쳐야 한다는 사실이 공정치 못하다는 견해에 동의할 것이다. 타인의 노력소득을 수취함으로써 얻어지는 불로소득을 '자기 몫'이라고 주장할 '도덕적 자격'은 없기 때문이다. 노동의 결과물인 노력소득을 보장해주고, 공동체의 협업에 의해 발생하는 토지 불로소득은 공동체에 되돌려주는 '토지 가치공유제'야말로 로크의 노동소유권 이론과 정합적이라고 보인다.[34]

노직은 로크의 충분단서를 "타인의 처지가 악화되지 않는 한"으로 해석한다. 만약 재화의 취득과정에서 타인의 처지가 악화되는 방식으로 취득한다면 이는 '불침해의 원칙'에 위배되기 때문이다. 그렇다면 과연 토지의 독과점으로 인한 지대의 상승은 "타인(토지 비소유자)의 처지가 악화되는 일"과 아무런 상관도 없는 것일까? 위에서 살펴보았듯이, 지가의 투기적 상승은 비소유자의 노력소득을 침해하고 인간다운 삶을 방해하며, 공동체의 정책적 조치에 의한 지가 상승분을 개인이 사유화하는 일은 공동체 구성원들의 노력을 가로채는 일이다. 노직은 노력소득에 대한 과세에 반대하며, "노력소득에 대한 과세는 강제노동과 동등하다. … n 시간 분의 노력소득을 수취하는 일은 그 사람으로부터 n 시간을 빼앗는 것과 같다. 이는 그 사람으로 하여금 다른 사람을 위해 n 시간 분의 노동을 하게 하는 것과 마찬가지다"[35]라고 말한 바 있다. 개인이 열심히 일해서 번 노력소득을 세금으로 수취하는 일이 강제노동과 같다면, 대토지(또는 다주택) 소유자가 비소유자의 노력소득을 지대로 수취하는 일이야말로 정확하게 강제노동에 해당하는 것이다.

결론적으로, 토지의 배타적 사유화(및 독과점)는 자유주의의 제1원리인 '불침해의 원칙'에 위배되며, 로크나 노직의 노동소유권 이론과도 부합하지 않는다. 차라리 토지를 자연이 준 공공자산으로 간주하고, 개인의 노력이나 기여에 의해 얻어지지 않은 토지 불로소득은 공동체의 몫으로 되돌리는 일이 오히려 로크나 노직의 노

---

34) 남기업, 「시장친화적 토지공개념의 이론과 쟁점」, 『위기의 부동산: 시장만능주의를 넘어』, 후마니타스, 2009, 245쪽 참조.

35) Nozick, Robert, *Anarchy, State and Utopia*, Oxford: Blackwell, 1975, 169쪽.

동소유권 이론에 더 정합적이라고 여겨진다.36) 자유지상주의가 그
토록 중시하는 '자유'가 타인의 노력소득에 대한 '침해의 자유'까지
포함하는 것이라면 그것은 야만스런 정글의 법칙이지 문명사회의
법칙이라고 할 수는 없을 것이다. 이런 점에서 한국의 자유지상주
의자들은 좀 더 인간적인 얼굴을 가진 문명사회의 법칙으로 궤도
를 수정할 필요가 있다.

---

36) 이런 점에서, 로크와 노직의 소유권 이론은 비록 그들이 의도하지는 않았지만, 다분히 공동체
   주의적 요소가 있다고 하는 지적은 음미해볼 만하다. Matthew Kramer, *John Locke and the*
   Origins of Private Property: Philosophical Explorations of Individualism, Community, and Equality, NY:
   Cambridge University Press, 1997, 93쪽 참조.

참고문헌

공병호, 『시장경제와 그 적들』, 자유기업센터, 1996.

김윤상, 「토지소유제도와 사회정의철학」, 『한국행정과 정책연구』, 제1권, 2003 창간호.

_____, 「버블비극과 지공주의」, 『위기의 부동산: 시장만능주의를 넘어』, 후마니타스, 2009.

_____, 「지공주의를 옹호한다: 자유주의자의 비판에 대한 반비판」, 『역사비평』, 제72호, 2005.

김정호, 『토지세의 경제학: 미신과 현실』, 한국경제연구원, 1997.

_____, 『왜 우리는 비싼 땅에서 비좁게 살까: 시장경제로 풀어보는 토지문제』, 삼성경제연구소, 2005.

_____, 「한국 법학자들의 토지재산권 개념 비판」, 자유기업원 홈페이지, 2005.

김태동·김현동, 『문제는 부동산이야, 이 바보들아』, 도서출판 궁리, 2007.

남기업, 『지공주의: 새로운 대안경제체제』, 한국학술정보, 2007.

_____, 「시장친화적 토지공개념의 이론과 쟁점」, 『위기의 부동산: 시장만능주의를 넘어』, 후마니타스, 2009.

_____, 『공정국가』, 개마고원, 2010.

민경국, 「경제헌법의 문제와 개헌과제」, 『한국제도학회 2009년 추계학술심포지엄 발표논문집』, (2009.11.4. 국회입법조사처), 자유기업원 홈페이지.

_____, 「복지국가 이념, 지속가능한 사회발전 원리인가?」, 자유기업원 홈페이지, 2010.

이승환, 「한국에서 자유주의-공동체주의 논의는 적실한가?」, 『철학연구』 Vol.45, No.1, 1999.

이정전, 『토지경제학』, 박영사, 2006.

이정전 외, 『위기의 부동산: 시장만능주의를 넘어』, 후마니타스, 2009.

이태경, 「좌절된 보유세 혁명: 종부세」, 『위기의 부동산: 시장만능주의를 넘어』, 후마니타스, 2009.

전강수, 「조세의 공공성을 묻다」, 『위기의 부동산: 시장만능주의를 넘어』, 후마니타스, 2009.

_____, 「공공성의 관점에서 본 한국 토지보유세의 역사와 의미」, 『역사비평』 제94집, 2011.

존 로크, 이극찬 옮김, 『통치론』, 삼성출판사, 1990.

헨지 조지, 김윤상 옮김, 『진보와 빈곤』, 비봉출판사, 1997.

홍성열, 「본능으로서의 토지 소유욕구」, 『부동산학 연구』 Vol.1, No.1, 1995.

Kramer, Matthew, *John Locke and the Origins of Private Property: Philosophical Explorations of Individualism, Community, and Equality*, NY: Cambridge University Press, 1997.

Mill, J. S., *Principles of Political Economy, Collected Works of John Stuart Mill*, Toronto: University of Toronto Press, 1963~1990.

Nozick, Robert, *Anarchy, State and Utopia*, Oxford: Blackwell, 1975.

왜곡된 욕망과 정신건강:
- 치료제로서의 심리상담과 철학상담 -

이진남

1. 머리말

현대사회에서 극심한 경쟁을 조장하는 자본주의의 발달은 물질
적 풍요와 동시에 각종 정신적 장애 혹은 질환을 안겨다 주었다.
물론 미국정신의학협회(American Psychiatric Association)가 만들어
내는 DSM(정신장애 진단 및 통계 편람)이 정신질환의 생산공장이
라는 지적도 설득력이 있지만,[1] 현대인들이 과거에는 보이지 않던
정신적 증상을 보인다는 점도 인정해야 할 것이다. 시장경제의 경
쟁구도는 경제공황과 경기침체로 주춤할 때도 있었지만, 다시 경제
회복을 한 연후에는 늘 강화되어왔다. 특히 동구권의 몰락과 더불
어 맹위를 떨친 신자유주의는 서브 프라임 모기지 사태를 초래했
음에도 FTA와 같은 형태로 여전히 자신의 논리를 관철하고 있다.
세계화의 물결 속에서 가속되어온 극심한 경쟁 체제는 현대인들의
일상적 삶을 더욱더 바쁘고 여유 없는 모습으로 바꿔가고 있다. 이
러한 상황에서 현대인들은 어떠한 것을 어떠한 방식으로 욕망할까?

---

1) 이광래 · 김선희 · 이기원, 『마음, 철학으로 치료한다: 철학치료학 시론』, 지와 사랑, 2011, 37~41쪽.

또한, 어떻게 그 욕망을 성취하여 행복을 느끼고 혹은 어떻게 채워지지 않은 욕망에 실망하고 좌절할까? 왜곡된 욕망을 치유하고 정신건강을 회복시키는 일을 할 수 있는 것은 무엇인가?

이 글에서는 현대인들이 가지는 욕망의 특징을 살피고 그에 대한 치유로서의 심리상담과 철학상담의 가능성을 짚어본다. 이를 위해 제2절에서는 현대인의 욕망을 부정성과 타자성으로 규정한다. 제3절에서는 심리상담이 이러한 현대인들의 왜곡된 욕망을 치유하기에는 한계가 있다는 점을 각각 행동주의, 긍정심리학, 인본주의 심리학의 측면에서 밝힌다. 제4절에서는 철학상담이 왜곡된 욕망을 치유하는 데 기여할 수 있다는 점을 주제에 있어서의 규범성과 방법에 있어서의 비판성을 통해 보이고자 한다.

2. 현대인의 욕망의 특징

현대인들은 그 욕망에 있어 두 가지의 특징을 가진다. 첫 번째 특징은 그 근원과 양상에 있어 부정적인[2] 측면이 두드러진다는 점이다. 현대인들에 있어 사치와 허영은 자신의 존재감을 적극적으로 드러내 보이려고 했던 과거와는 달리 왕따당해서는 안 된다는 필사의 몸부림으로 전락했다. 품질로 뒷받침되던 과거의 명품과는 달리 현재의 브랜드라는 상징은 이름뿐이다. 과거의 명품은 훌륭한 신분을 과시했지만, 지금의 명품은 가난과 조야한 미적 감각을 감

---

2) 여기서 말하는 욕망의 부정성은 소극성의 의미를 같이 가지는 negativity를 의미한다.

추는 역할을 한다.

널리 알려진 바와 같이 서양의 중세는 가톨릭이라는 종교적 영향 아래서 부의 축적에 대해 긍정적이지 않았고 특히 고리대금업을 죄악시하는 전통을 가지고 있었다.[3] 이에 반해 개신교의 전통은 그 추종세력의 계급적 이익과 관련하여 부의 축적을 긍정적으로 평가하였다. 이와 관련하여 막스 베버(Max Weber)는 개신교의 금욕주의와 신의 소명(vocation)으로서의 직업의식이 자본주의를 만들어내었다고 주장했다. 즉 신의 명령에 의해 자신의 직업을 배정받은 신실한 사람들은 생산 활동을 통해 그 사명을 충실하게 이행하는 반면, 검소한 소비를 통해 부를 축적한다는 것이다. 그리고 자본가 자신뿐 아니라 노동자들의 성실과 검소를 강조하는 개신교 윤리는 착취를 정당화하게 되었고, 이렇게 축적된 부는 정당화되며 다시 재투자를 통해 지속적으로 그 몸을 불려 나가게 되었다고 한다.

그러나 이와는 달리 좀바르트(Werner Sombart)는 자본주의 성공의 동력은 사치와 허영이라고 주장한다. 그는 생산보다는 소비의 측면에 주목하면서 타자로부터 자신을 구별하고 싶은 욕망이 허영을 낳고 그 허영은 필요 이상의 소비를 부추긴다고 주장한다. 그는 사치는 특정 시대에 국한되는 현상이 아니라 인간과 사회에 있어 본성과 같은 것이라고 말한다. 그러나 그는 산업자본주의에 있어 사치와 허영이 그 이전의 경향과 다른 측면들을 보지 못한 것으로 보인다.[4]

---

3) 예를 들어, 토마스 아퀴나스는 고리대금업은 존재하지도 않는 것을 파는 것이고 불평등으로 이끄는 것이기 때문에 정의롭지 않고 따라서 죄라고 주장한다.
   Thomas Aquinas, *Summa Theologiae*, Ⅱ-Ⅱ, q.78, a.1, co.

4) 베르너 좀바르트, 이상률 옮김, 『사치와 자본주의』, 문예출판사, 1997, 109~115쪽.

현대인들은 소비에 있어 서로 양립할 수 없는 것같이 보이는 두 가지 극단적인 경향들을 보인다. 다른 사람과 구별되는 사람이라는 점을 보이기 위해 비싼 물건을 사고 싶어 하는 반면, 그 비싼 물건을 싸게 사는 데서 일종의 쾌감을 느낀다. 싼 것은 혐오하지만 싸게 사는 것에는 열광한다.5) 근검의 미덕으로 포장되는 이러한 이중성은 실제로는 과소비를 미화할 뿐이다. 백화점의 세일 기간과 홈쇼핑의 '매진', 그리고 인터넷 가격비교 사이트에 열광하는 사람들은 허영심과 가격 흥정이라는 '전투'에서의 승리감이라는 욕구의 노예가 된 자들이다. 다른 사람은 받지 못한 할인이 나에게만 주어졌다는 선민의식의 만족감을 얻기 위해 우리는 더 많이 소비하게 되고 결국 필요 이상의 소비를 하게 된다.

시장의 자율성을 과신하는 신자유주의 경제학은 무한경쟁을 최고의 덕으로 여긴다. 생존을 위해 경쟁을 하거나 자신의 탁월성을 뽐내기 위해서 스포츠와 같은 경쟁을 하던 과거와는 달리 현대인들에게 있어 경쟁은 그 자체로 욕망의 반열에 오른 것으로 보인다. 그래서 <나는 가수다>와 같은 일종의 서바이벌 게임을 만들어 즐기기도 하고 경쟁력 강화라는 미명하에 대학에서도 전대미문의 상대평가를 실시한다. 그러나 이러한 경쟁심은 긍정적이고 적극적인

---

5) 엘렌 러펠, 정준희 옮김, 우석훈 해제, 『완벽한 가격: 뇌를 충동질하는 최저가격의 불편한 진실』, 랜덤하우스, 2010, 122쪽.
"검약하는 사람이라면 양말을 3달러 싸게 사려고 차를 몰고 몇 마일씩 달려가지 않을 것이다. 그런 사람은 싸구려를 좋아하는 사람이다. '싸구려 스릴'은 진정한 스릴이 아니고, '싸구려 대화'는 들을 가치도 없다는 것은 어린아이도 아는 사실이다. 책이나 영화 속에서도 구두쇠는 나쁜 사람이거나 희화적인 인물이다. 그러나 우리는 모두 '싼 것'에 끌린다. 싼 것은 참을 수 없는 욕망을 충족시키고, 불가능한 꿈을 실현시킨다. 미국인들이 싼 것에 중독되었다고 말하는 것은 지나친 표현일 수 있지만, 미국인 모두가 싼 것에 빠져 있으며 싼 것을 우선시한다는 것은 틀림없는 사실이다. 우리는 싼 것을 요구하고 기대하며 몹시 그리워한다. 특히 가스 가격 인상이나 식품 가격 인상처럼 가격 상승 움직임이 있을 때는 더욱 그렇다. 하지만 그런 욕망의 뒤편에는 '싸구려'에 대한 뿌리 깊은 증오와 멸시가 도사리고 있다."

자기완성으로 이어질 수 있는 성격을 가지지 못한다. 대신 위협받는 존재의 확인을 위한 불필요한 무제한 경쟁일 뿐이다. 아마추어 가수의 등용문인 <슈퍼스타 K>의 성공은 이미 성공한 가수들의 경쟁 프로그램인 <나는 가수다>를 만들어냈다. 1등은 의미가 없지만, 꼴등은 치명적인 잔혹한 서바이벌 게임 방식의 진행은 축하가 아니라 안도의 형태로 긴장과 위기를 해소한다. 거의 모든 과목에서 동료들을 의식할 수밖에 없는 상대평가는 학점 인플레이에 대한 대책으로 시행된 것이지만 높은 학점에 걸맞은 인재를 길러내는 데는 기여하지 못한다. 대신 학점을 적당히 배분하고 경쟁을 가속시키는 역할을 할 뿐이다.

과거 귀족사회에서 사치는 자신의 신분을 과시하기 위한 수단 즉 차별적으로 보이기 위한 수단이었다. 그때는 장인들의 고집스러운 전통적 방식과 탁월한 품질에 기초한 내용 있는 명품을 고집했다. 그러나 20세기 후반 이후 명품숭배는 돈만 있으면 누구나 살 수 있다는 브랜드의 대중화와 노골적 혹은 은밀한 주문자상표부착생산방식(OEM)의 대량생산으로 인해 차별받지 않으려는 수단으로 전락한다. 강남을 제외한 지역의 중고등학교에서 이제는 제2의 교복이 된 '노스 페이스 바람막이'가 그 대표적인 예이다. 강남 등 몇몇 지역에서는 이를 명품으로 과시할 필요가 없을 정도로 모두가 부유하다. 그러나 그 외의 지역에서는 자신도 명품 소비자의 대열에서 낙오되지 않는다는 점을 과시할 필요가 있다. 여기서는 품질이 아니라 브랜드라는 이름이 중요해진다. 제품이 아니라 제품이 상징하는 바가 중요해지는 것이다.[6]

사치와 허영의 이러한 모습은 보드리야르가 말하는 기호와 관련된다. 생산도 소비도 모두 기호에 의해 보호받으며 존재하고 있다.[7] 아무나 살 수 있는 것이 아니라는 점은 신분 차원의 차별성을 보여준다. 그러나 사실 오늘날의 명품은 돈만 있으면 아무나 살 수 있는 것에 불과하다. 유용함을 나타내는 사용가치나 거래될 수 있다는 교환가치보다는 주로 남들에게 보이기 위한 기호가치에 집착한다. 이렇게 현대인들은 개인들의 차이의 체계와 기호의 코드에 편입된다.[8] 그러나 그 차별성은 적극적이라기보다 오히려 소극적이고 부정적이다. 유행을 따르는 데서 귀결되는 몰개성이 이와 관련된다. 패션, 트렌드, 대세를 추종하는 욕구는 남들에게 뒤처지지 않으려는 필사적인 생존의 몸부림이다. 훌륭한 삶에 대한 기준도 변했다. 과거에는 단란한 가정과 최소한의 생계가 중요했지만, 지금은 아파트 평수, 자동차 모델, 골프 타수가 그 자리를 채운다.[9] 그런데 이러한 기준들까지도 부정적이다. 사람들은 이러한 기준들을 성취한 것을 자랑하는 것이 아니라 낙오되지 않은 것에 안도할 뿐이다. 이점은 현대인들의 욕망의 두 번째 특징인 욕망의 타자성

---

6) 데이나 토머스, 이순주 옮김, 『럭셔리: 그 유혹과 사치의 비밀』, 문학수첩, 2008, 55쪽.
"아르노를 비롯한 명품 재벌들은 그 제품이 무엇이냐가 아니라 그 제품이 무엇을 상징하느냐에 초점을 맞춘다. 이를 위해 그들은 기업의 전통을 요란하게 선전함으로써 아르노가 즐겨 말하듯 '영원성을 강조하고', 현대적인 젊은 디자이너를 고용해 섹시하고 모던한 분위기를 가미하고, 브랜드 명칭을 단순화하고(크리스찬 디오르는 간단히 디오르가 되었고 버버리는 's를 없앴다), 핸드백에서 비키니에 이르기까지 온갖 것에 로고를 뿌림으로써 상품을 강화하고, 대중에게 새로운 복음을 전파하기 위해 전 제품을 무지막지하게 광고했다."

7) 장 보드리야르, 이상률 옮김, 『소비의 사회』, 문예출판사, 19914, 24쪽.

8) 같은 책, 127쪽.

9) 같은 책, 290쪽.
"사회적 우선순위도 달라졌다. 쇼르는 1975년 로퍼 센터가 실시한 연구에 의하면 많은 미국인이 '훌륭한 삶'이란 행복한 결혼 생활, 한두 명의 자녀, 좋은 직장과 가정을 의미하는 것으로 생각했다고 보고했다. 그러나 1991년 이후, '훌륭한 삶'에 대한 시각은 좀 더 물질적인 것으로 변해 '많은 돈', '제2의 자동차', '제2의 컬러텔레비전', '별장', '수영장', 그리고 '정말 근사한 옷'을 의미하게 되었다."

과 관련된다.

그런데 부정적인 욕망이 가지는 심각성은 그 왜곡된 욕망이 채워지지 않을 때 더욱 심각한 결과를 초래한다는 점에 있다. 긍정적인 욕망은 채워지지 않으면 실망을 가져다줄 뿐이다. 과거에는 대학을 가지 못하거나 많은 돈을 벌지 못해도 실망 이상의 상처를 받지는 않았다. 그렇게 과거의 사람들은 건강한 욕망에 의한 면역력이 있었다. 그러나 부정적 욕망은 채워지지 않을 때 자존감의 상실과 총체적 좌절로 이어질 수 있다. 무엇이든 남들과 비교하고 평균적 그룹에서 뒤처지는 것에 심한 좌절을 느낀다. 최근 카이스트 학생들의 잇따른 자살은 낮은 성적에 따른 경제적 압박이라기보다는 대열에서 이탈되고 있다는 점에서 오는 좌절감에서 기인한 것이라고 보는 것이 더 설득력 있을 것이다.

둘째 특징은 욕망의 주체가 자신이 아니고 타자라는 점이다. 많은 사람이 현대로 올수록 개인의 자유와 개성이 강화되어왔다고 믿는다. 그러나 그것은 형식적인 정치적 자유에 불과하다고 볼 수 있다. 날이 갈수록 자신의 개성을 표현하는 패션에 대한 관심과 수요가 많아진다. 그러나 그 패션을 선도하는 주체는 소수의 그룹에 불과하다. 그들이 일이 년 후의 패션을 "전망"한다고 하지만, 실제로는 트렌드를 결정하는 일을 한다. 각 욕망의 주체들은 내가 좋아서 긴 생머리를 하고 '닉쿤가방'을 들고 다닌다고 생각하지만, 실제에 있어서 나의 그러한 욕망은 수없이 많은 대중매체에 의해 세뇌되고 왜곡된 것이다. 성형수술을 한 사람을 쉽게 구분할 수 있는 것은 성형 수술한 모습이 대중의 인기를 얻고 있는 스타들의 트렌드를 반영하기 때문이다. 자신이 생각하는 준거집단의 평균에 걸맞은 아파트 평수와 자동차 모델, 그리고 골프 타수는 내가 정하는 것이 아니라 다른 사람들이 정해주는 것이다.

이러한 욕망의 타자성은 자본주의 사회에서 화폐가 가지는 물신성과도 관련된다. 오사와 마사치가 지적한 바와 같이 화폐를 화폐이게 하는 것은 그 화폐에 대한 타자의 욕망이다. 내가 화폐를 욕망하는 것은 타자가 화폐를 욕망하기 때문이다. 즉 다른 사람들이 화폐를 욕망한다는 믿음 때문에 나도 화폐를 욕망하게 된다는 것이다.10) 경제학자들은 화폐의 무한한 교환가능성이 화폐에 대한 가치를 만들었다고 주장할 것이다. 그러나 화폐의 불환화(不換化) 조치뿐 아니라 카드와 같은 신용화폐의 출현과 분식회계에 의한 화폐의 무한한 자기증식에 따른 경기침체는 그 교환가능성이 무한하지 않다는 점을 보여주고 있다. 모든 것이 화폐와 그 액수에 의해 측정되고 지급될 수 있다는 믿음은 그 화폐에 대한 타자의 욕망과 더불어 주체로 하여금 화폐를 욕망하도록 추동한다.

욕망은 주체가 특정 대상에 의해 이끌리는 것이 아니라 어떤 원인에 의해 떠밀리는 것이다. 욕망은 만족을 추구하지도 않는다. 부모와 같은 타자의 욕망은 주체 자신의 욕망의 근원이 되고 주체는 타자가 자신을 욕망하기를 욕망한다. 타자의 욕망이 주체의 욕망을 일깨우고 자극한다. 이렇게 주체가 타자의 욕망에 자신을 동화시키는 것이 욕망을 형성하는 데 필연적인 과정이다. 청소년기에 접어들어 주체는 타자의 욕망을 타자의 것이라고 알아차리게 되고 이 과정에서 타자의 욕망은 '요구'로 변질된다. 그런데 신경증 환자들

---

10) 강신주, 『상처받지 않을 권리: 욕망에 흔들리는 삶을 위한 인문학적 보고서』, 프로네시스, 2009, 54~61쪽. 아사와 마사치, 송태욱 옮김, 『연애의 불가능성에 대하여』, 그린비, 2005, 97~123쪽.

은 어른이 된 후에도 주체를 형성하지 못하고 타자의 욕망에 집착하게 된다.11)

현대 신자유주의 체제하에 있는 사회의 극심한 경쟁구조는 동일한 목표를 향해 줄 세우기를 함으로써 주체로 하여금 자신 안에 있는 타자의 욕망을 발견할 여유를 허용하지 않는다. 이러한 의미에서 욕망의 타자성을 깨닫지 못하는 현대인들은 신경증 환자이다. 내가 부모뿐 아니라 사회의 많은 타자가 욕망하는 것들을 욕망하고 있다는 사실을 깨닫지 못하고 있다. 각각의 주체들은 자신의 욕망은 스스로에 의해 통제되고 관리될 수 있다고 믿는다. 그러나 타자의 욕망이 내게 일방적으로 부여될 뿐이다. 내가 선택하거나 조정할 수 있는 것은 타자들이 제시한 메뉴 중에서 선택하거나 그 세부항목들만을 변경할 뿐이다. 혹자는 맛집을 찾아다니거나 독특한 취미활동을 하거나 특별한 동호회에 가입하는 것이 자신만의 욕망을 보여주는 예라고 생각한다. 그러나 이것들 역시 개성의 가면을 쓴 타자의 욕망일 뿐이다.

이러한 욕망의 두 특성, 즉 부정성과 타자성은 현대인들의 욕망구조와 작용에 있어 긴밀하게 연결되어 있다. 현대인들의 욕망이 부정적이라는 사실은 그 욕망의 성취와 좌절, 그리고 그 상처와 치유에 있어 탄력성(resilience)이 현저하게 떨어진다는 점을 내포한다. 그리하여 사소한 실패가 치명적인 결과를 낳기도 한다. 성적을 비관해서 자살하는 청소년들은 단지 삶의 의지가 없고 마음이 허약해서 자살한다기보다는 그 욕망이 건강하지 못하고 부정적이기 때

---

11) 브루스 핑크, 맹정현 옮김, 『라캉과 정신의학: 라캉 이론과 임상 분석』, 민음사, 2002, 94~130쪽.

문일 것이다.[12] 또한, 타인의 욕망에서 벗어나지 못하고 있다는 점은 현대인들에 있어 철학의 부재와 관련된다. 감각적이고 정서적인 측면이 극도로 발달한 현대인들은 텔레비전, 게임과 같은 자극적인 미디어에 너무 쉽게 자극받고 조종된다. 좋은 것을 "대박"이라는 흥행기준으로 부르는 마음은 좋고 나쁜 것을 스스로 판단하지 않고 대중이라는 타인의 판단에 맡기는 것이 습관화되어있는 사람들에게만 존재하는 정서이다.

이렇게 현대인들의 욕망은 부정성과 타자성으로 신음하고 있다. 마치 내 안에 눈을 가린 괴물이 존재하는 것처럼. 이 괴물은 충족되지 않으면 즉시 날뛰기는 하지만 대화도 불가능하고 때로는 사소한 상처나 세균의 감염에도 자신을 지켜낼 능력이 없다. 그런데 이렇게 왜곡된 욕망은 어디에서 어떻게 치료받을 수 있을 것인가?

3. 왜곡된 욕망의 치료제로서의 심리학과 심리상담의 한계

심리학은 그 짧은 역사에도 불구하고 인간 심리의 거의 모든 현상에 대해 연구하고 심리상담은 사백여 가지가 넘는 다양한 방법론들을 가지고 수많은 정신질환과 정신장애들을 치료해왔다. 그런데 심리학과 심리상담은 부정성과 타자성으로 신음하는 현대인들

---

12) 이 글에서는 왜곡되지 않은 건전하고 바람직한 욕망이 무엇이고 그 건전성이 어떻게 정당화되느냐는 욕망의 내용에 대해서는 다루지 않는다. 왜냐하면, 이 부분에 대한 논의는 상당히 복잡하고 장황할 뿐 아니라 합의된 결론을 도출하기가 쉽지 않기 때문이다. 여기서는 욕망의 왜곡된 모습 중에서도 부정성과 타자성, 그리고 그 치유책으로서의 심리상담과 철학상담에만 초점을 맞추기로 한다.

의 왜곡된 욕망을 치료할 수 있을까? 본 절에서는 심리학과 심리상담의 주요 접근법들을 중심으로 이점을 검토해보기로 한다.[13]

1879년 빌헬름 분트의 심리실험실 개설을 그 기점으로 삼고 있는 심리학은 인간의 심리현상에 대한 "과학적" 연구를 모토로 철학으로부터 독립하였고 지금까지 다양한 시도와 상당한 성과를 내어 왔다. 특히 1913년 왓슨(Watson)이 주로 의식 내용을 분석해왔던 심리학에서 벗어나 관찰가능한 자극과 반응만을 통해 행동을 연구하는 행동주의를 주창한 이래 심리학은 정신분석과 철학의 잔재를 털어내고 과학으로서의 자리를 확립했다. 이후 심리학은 주로 학습과 상담 분야에 초점을 맞추면서 연구와 임상을 진행해왔다. 학습과 사고의 경우 주로 정보처리론에 입각해서 인간의 지능과 이해, 비판적 사고, 창의적 사고, 문제해결 과정과 같은 주제들을 연구하면서 교육학과 같이 상보적인 발전을 이룩했다.[14] 임상의 경우 제2차 대전 이후 퇴역군인들의 정신질환을 다루기 시작하면서 점차 심리상담, 심리치료의 영역을 개척하였고 정신의학계와의 공조하에 각종 정신장애들(mental disorders)을 규정하고 분류하여 새로운 직업들을 만들어내었다.

그러나 이러한 심리학의 발전은 과학으로서의 정체성에 집착한 나머지 존재 이유(raison de'tre)를 상실했다는 비판을 받게 되었다. 1954년 매슬로(Abraham Maslow)가 제창한 인본주의 심리학(humanistic

---

13) 모든 심리학 이론과 임상 기법들을 다룰 수는 없으므로 대표적 이론과 기법 세 가지에 국한한다. 여기서 실존주의 상담, 현상학적 상담, 로고테라피와 같은 기법들은 제외하는데, 이는 이 기법들이 이미 철학적 사유에 의존하는 바가 크므로 전통적 심리상담으로 보기 힘들기 때문이다. 심리상담의 한계와 그 극복책으로서의 철학에의 의존에 대해서는 다음을 참조하라.
   이진남, 「철학상담의 어제와 오늘, 그리고 미래」, 『철학실천과 상담』 제1집, 2010, 121~148쪽.
14) 김영채, 『사고력: 이론, 개발과 수업』, 교육과학사, 1998.

psychology)은 인간행동을 양화시키는 과학적 심리학과 초기 경험을 결정적 요인으로 여기는 정신분석학의 입장에 반대하여 욕구위계설에 근거한 전향적인 심리이론을 전개하였다. 이러한 움직임은 60, 70년대 심리상담에 큰 반향을 일으켰고 칼 로저스(Carl Rogers)의 사람 중심 상담으로 이어졌다. 또한, 1998년 미국심리학회 회장 셀리그만(Martin Seligman)은 정신질환(mental illness) 치료, 더욱 완벽한 삶의 실현, 고급 재능의 규정과 발전이라는 심리학의 세 가지 사명 중에서 정신질환 치료만 큰 진전을 이루었고 나머지 두 분야에서는 이렇다 할 성과를 내지 못했다고 비판했다. 그는 정신 장애의 치료에만 몰두한 나머지 심리학과 심리치료에서 용기, 낙관주의, 대인관계기술, 직업윤리, 희망, 정직, 인내심과 같은 강점들을 발견하고 키우는 것이 더 중요하다고 주장하면서 긍정심리학(positive psychology)을 제안하였다.[15]

그런데 이러한 심리학의 여러 접근법이 현대인들의 왜곡된 욕망과 그로 인한 상처들을 효과적으로 치료할 수 있을까? 이와 관련하여 위에서 말한 세 가지 접근을 각각 검토해보기로 한다. 첫째, 정신분석과 행동주의의 영향하에 있는 이론과 상담기법들은 욕망이 왜곡되고 있다는 사실 자체를 인식하지 못하거나 혹은 중요한 것으로 간주하지 않는 것으로 보인다. 이러한 접근법에서 중요한 것은 정신장애를 발견하고 정상의 상태로 돌려놓는 방법을 찾는 것이다. 그런데 1960년대까지 정신장애로 분류되던 동성애와 1980년대에 들어서야 정신장애로 인정된 주의력결핍과잉행동장애(ADHD)에서

---

15) Martin Seligman, "Building Human Strength: Psychology's Forgotten Mission", *APA Monitor*, (Jan. 1998), p.2.

보이듯이 정상과 비정상이라는 범주는 그 시대의 상식적 평가에 따른 평균적 상태와 전문가 집단의 합의에 의해 결정된다. 여기서는 유년기의 성적 욕망과 긴장이 지나치게 축적되고 해소되지 않을 때 심한 불쾌와 병리적 방어기제가 생기고 자아 에너지의 고갈과 정신구조가 기형화되어 신경증이 발생한다고 설명한다.[16] 혹은 학습이론에 근거하여 문제들을 확인하고 문제들을 유지시키는 환경적 강화인들(reinforcers)을 제거함으로써 해결책을 찾고자 한다.[17] 여기서는 극심한 경쟁과 이로 인한 욕망의 부정성과 타자성은 확인되지도 해결되지도 않는다.

행동주의적 접근 중에서 철학적 사유방식을 채용한 경우에 있어서도 그 한계는 여전한 것으로 보인다. 앨버트 앨리스의 합리정서행동치료(REBT)의 경우에는 행동주의적 전통 아래 있으면서도 철학적 사유를 적극적으로 채용한 경우이다. 고대부터 현대까지의 철학자들도 자신과 비슷한 접근법을 사용했다는 점을 앨리스 자신도 인정하고 있지만, 50년대 당시의 철학계에서 철학을 실천적으로 적용할 사람이 없었기 때문에 심리치료가 되었다고 한다.[18] 그러나 합리정서행동치료는 심리치료의 한계를 극복하지 못하고 있기 때문에 현대의 왜곡된 욕망에 근본적으로 접근할 수 없다. 정신의 차원에서 접근하는 철학과는 달리 정서적 문제의 해결 혹은 해소에 초점을 맞추고 있기 때문이다.[19]

---

16) 이창재, 『정신분석과 철학』, 학지사, 2005, 89~90쪽.
17) 제럴드 코리, 현명호 외 옮김, 『통합적 상담: 사례 중심의 접근』, 시그마프레스, 2006, 205쪽.
18) 피터 라베, 김수배 옮김, 『철학상담의 이론과 실제』, 시그마프레스, 2010, 145쪽.
19) 이점에 대해서는 다음을 참고하라.
　　이광래 · 김선희 · 이기원, 『마음, 철학으로 치료한다: 철학치료학 시론』, 지와 사랑, 2011, 165쪽.
　　물론 합리정서행동치료 전체를 무력하다고 주장하는 것은 아니다. 최소한 주창자인 앨리스나

둘째, 긍정심리학의 경우에 욕망과 행복에 관한 주관적 관찰에 의한 해명과 그에 근거한 통계적 방법으로는 현대인에 있어 왜곡된 욕망을 이해하지도 치유하지도 못할 것으로 보인다. 긍정심리학은 인간이 나타낼 수 있는 최선의 기능 상태에 대한 과학적 연구를 표방한다. 그리고 정신장애라는 부정적 측면보다는 행복과 긍정적 성품에 주목한다. 행복을 어떻게 바라보느냐에 대해 쾌락주의적인 욕구충족이론(desire fulfillment theory)과 자기실현을 중시하는 목표이론(goal theory), 기준과의 긍정적 차이에 주목하는 비교이론(혹은 괴리이론), 그리고 쾌락의 감소에 적극적으로 대처한다는 적응과 대처이론의 네 입장이 있다.[20] 그리고 욕망이 행복에 긍정적인가 부정적인가 하는 문제에 대한 두 가지 상반된 입장이 있다.[21] 그런데 행복의 방해물인 욕망의 제어를 통해 행복으로 다가가는지 아니면 행복의 촉진제인 욕망을 잘 이용해서 행복을 성취하는지에 대한 통합적 이해에 따르면 욕망과 행복의 메커니즘은 '평정상태 → 결핍감 → 대상 지향 → 행동 → 결핍 해소 → 긍정 정서 → 평정상태'의 과정을 거친다고 한다.[22] 여기서 욕망은 평정상태의 균열로 인해 생겨나는 결핍감에 대한 유기체의 반응이자 평정상태를 회복하려는 노력의 시발점이고, 행복은 욕망의 충족을 통해 결핍감을 해

이를 더 철학적으로 만든 코헨(Elliot D. Cohen)의 경우에는 철학상담과의 경계선에서 혹은 철학상담의 영역 안에서 활동했다고 보는 것이 타당할 것으로 본다. 문제는 철학적 사유의 훈련을 전혀 받지 않은 채로 합리정서행동치료를 심리상담의 한 기법으로 이해하고 있는 심리상담계의 풍토에 있다. 이와 관련하여 앨리스와 코헨의 관계에 대한 본격적인 연구는 다음 기회로 미룬다.

20) 권석만, 『긍정심리학: 행복의 과학적 탐구』, 학지사, 2008, 131~162쪽.
21) 권석만, 「심리학의 관점에서 본 욕망과 행복의 관계」, 『철학사상』 제36집, 2010, 135~137쪽.
22) 권석만은 이러한 과정을 다음의 그림으로 설명하고 있다.

소하고 평정상태로 회귀하는 과정에서 체험하는 긍정적인 심리상태라고 한다.[23] 그런데 이러한 분석은 욕망, 행복, 정서와 행동 간의 과정을 단계별로 분석한 것일 뿐 큰 틀에서 욕망과 행복에 대한 에피쿠로스의 설명과 다르지 않다. 문제는 이러한 분석이 위에서 제기한 현대인의 왜곡된 욕망을 설명하거나 치유할 것 같지 않다는 데 있다. 왜냐하면, 행복을 주관적 현상으로 보는 이러한 관점에서는[24] 타인과의 경쟁에서 비롯된 욕망의 부정성과 타자성을 설명할 여지가 보이지 않기 때문이다.

또한, 긍정심리학에서 사용하는 "과학적 방법"의 신뢰성에도 문제가 있다. 긍정심리학에서는 실증적인 연구를 위해 행복을 추상적인 개념으로 정의하지 않고 구체적인 방식으로 정의한다고 하면서 주관적 안녕(subjective well-being)을 측정하고 이를 높이는 데 기여하는 성품, 취미, 직업 등 여러 요소를 연구한다.[25] 그런데 이들이

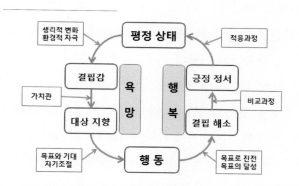

물론 이러한 과정에 대해 철학자 혹은 철학상담사들은 왜곡된 욕망의 관점에서 분석할 수 있을 것이나 그러나 과학으로서의 심리학과 심리상담은 이를 허용하지 않고 반성적, 비판적 고찰로 나아가지 않는 한계가 있다.

23) 권석만(2010), 144~147쪽.

24) 권석만(2008), 51쪽.

25) 권석만(2008), 49쪽 이하.

주관적 안녕을 측정하는 과학적이고 실증적 방법이라는 것은 "당신은 행복한가요?", "얼마나 행복한가요?"를 묻고 대답하는 설문지와 통계처리방법이다.[26] 행복에 대한 주관적 자기 보고의 신뢰성을 의심하는 정신분석학자들의 공격에 대해 권석만은 주관적 보고와 주변 사람들의 보고 간의 비례관계를 보여주는 실증적 연구결과에 근거해서 반박하고 있다.[27] 그러나 이 역시 주체의 주관적 보고와 주변 사람들의 주관적 관찰결과에 근거한 통계에 의존한다는 한계가 있다. 이렇게 개인의 주관적 보고와 주변 사람들의 주관적 관찰결과에 천착하는 긍정심리학은 타자성과 부정성으로 왜곡되어있는 현대인들에 있어 욕망의 구조를 꿰뚫어 보는 기제가 전혀 갖추어져있지 않은 것으로 보인다.

셋째, 인본주의 심리학은 로저스(Carl Rogers)와 매슬로(Abraham Maslow)에 의해 주창된 것으로 심리학에 있어 과학성을 과감하게 부정하고 자기실현의 욕구를 인간의 가장 중요한 최고의 동기로 본다. 매슬로는 인간의 다양한 욕구들을 밑에서부터 순서대로 생리적 욕구, 안전 욕구, 소속감과 사랑의 욕구, 자기 존중의 욕구, 자기실현의 욕구라는 다섯 단계로 구분한다. 욕구는 낮은 단계의 욕구로부터 상위의 욕구로 발전하지만, 하위 욕구가 만족되지 않으면 상위 욕구는 발달하지 않는다고 주장한다.[28] 또한, 그는 'H(영속적인 행복의 수준) = S(설정된 행복의 범위) + C(삶의 상황) + V(개인이 스스로 통제할 수 있는 자율성)'라는 행복 공식을 창안하고 이

---

26) 권석만(2008), 51~62쪽.

27) 같은 책, 51쪽.

28) 에이브러햄 매슬로, 오혜경 옮김, 『동기와 성격』, 21세기북스, 2009, 83~164쪽.

각각의 항목에 대해 설문을 통한 측정을 하고 그 결과를 종합한다.[29] 한편 매슬로는 자아실현에 성공한 것처럼 보이는 사람들을 대상으로 한 실증적 연구를 통해 자아실현자의 특성들을 파악했다. 그 결과 현실 지각, 수용, 자발성, 문제 중심적 태도, 고독, 자율성, 신선한 인식, 절정 체험, 인간적 유대, 겸손과 존경, 대인관계, 윤리, 목적과 수단, 유머, 창의성, 사회화에 대한 저항, 불완전성, 가치, 이분화의 해소 등에서 특별한 모습을 보인다는 점을 보고하고 있다.[30] 그러나 이 실험은 자아실현의 성취라는 기준의 모호함 등 여러 방법에 있어 시작부터 취약함을 보이고 있다.[31] 정작 왜곡된 욕구와 관련하여 더 큰 문제는 이 연구의 결과가 자아실현을 한 사람들의 성격에 있어 외형적 모습을 관찰한 결과일 뿐이라는 점이다. 또한, 이와 관련하여 긍정심리학에서 주장하는 욕망충족이론(desire fulfillment theory)은 욕망 자체보다 욕망의 충족 여부에 의해 행복 여부가 결정된다고 하면서 약한 외부 조건의 영향, 일시성, 무제한성, 체감성, 비교성, 좌절성 등의 연구결과를 내놓고 있다.[32] 그러나 실험대상에 있어 자아실현의 욕구 자체가 건강한 것인지에 대한 가치론적 혹은 규범적 차원의 검토는 전혀 이루어지지 않았고 그럴 의도도 없다. 따라서

---

29) 에이브러햄 매슬로, 김인자 옮김, 『긍정심리학』, 물푸레, 2006, 85~202쪽.

30) 에이브러햄 매슬로, 오혜경 옮김, 『동기와 성격』, 21세기북스, 2009, 269~313쪽.

31) 이 연구는 신경증, 정신병적 성격, 정신병 등의 부정적 기준과 "자아실현을 하고 있다"는 긍정적인 기준이 가지는 통속성에의 호소, 그리고 이전 단계의 욕구 충족이 자아실현의 필요조건인지 충분조건인지 여부의 애매함 등 연구 방법에 있어 상당한 문제점들을 노정시키고 있다. 같은 책, 270~274쪽.
   매슬로는 다른 책에서 자기실현에 있어 정신적으로 건강한 사람의 특성을 10가지로 소개하고 있는데 이 리스트 또한 같은 문제를 안고 있다.
   에이브러햄 매슬로, 정태연·노현정 옮김, 『존재의 심리학』, 문예출판사, 2005, 313~314쪽.

32) 권석만, 「욕망의 자각과 조절」, 『욕망 삶의 동력인가 괴로움의 뿌리인가』, 운주사, 2008, 271~272쪽.

여기서 인본주의 심리학의 접근도 현대인의 왜곡된 욕구를 파악하거나 치료하는 데 도움이 되지 못한다는 점을 알 수 있다. 위로부터 알수 있는 사실은 심리상담의 역할은 욕망의 발산과 억제에 대한 내담자의 자기조절 능력을 길러주는 데 국한되어있고 욕망 자체에 대한 반성과 평가에 미치지 못한다는 것이다.[33]

4. 철학상담과 욕망의 치료[34]

위에서 심리상담이 현대인들의 왜곡된 욕망을 적합하게 다룰 수 없다는 점을 보였다. 그렇다면 철학상담사는 이 문제에 적임자인가? 그렇다면 그 근거는 무엇인가? 철학이 부정성과 타자성으로 왜곡된 욕망을 치유하고 정신건강을 회복시킬 수 있는 자격은 어디서 나오는가? 이점에 대해 상담의 주제와 접근 방식으로 나누어 살펴보기로 한다.

첫째, 상담의 주제와 관련하여 철학은 인간 욕망에 대해 규범적 접근(normative approach)을 할 수 있기 때문에 왜곡된 욕망을 근원

---

33) 같은 책, 290쪽.

34) 철학이 정신적 질병을 치료할 수 있을 것인가에 대해서는 논란의 여지가 있다. 이 글에서 사용하는 치료의 의미는 의학적 의미의 치료가 아니라 일종의 비유적 의미로 이해해야 한다. 이와 관련해서는 다음의 졸고를 참고하라.
이진남, 「철학상담의 한국적 적용을 위한 기초이론연구」, 『범한철학』 제52집, 범한철학회, 2009.03.31., 331~364쪽.
또한, 철학상담이 무엇인가 하는 점은 이 논문을 이해하는 데 중요한 부분이지만 이는 상당히 장황한 논의가 필요한바, 이 글에서는 본격적으로 다루지 않기로 한다. 이에 대해서는 다음의 졸고를 참고하라.
이진남, 「철학상담과 심리상담」, 『철학논집』 제26집, 서강철학연구소, 2011.8.31., 9~34쪽.
이진남, 「철학상담의 정체성과 심리상담」, 『동서사상』 제10집, 경북대 동서사상연구소, 2011.2.28., 131~152쪽.

적으로 치유할 수 있다. 철학상담은 한 인간이 가지는 욕망과 그로 인한 정서적 상태에 대한 단순한 기술로 끝나지 않는다. 철학상담사는 내담자의 욕망을 구체적으로 표출되도록 한 그의 인생관, 가치관, 세계관에 주목한다. 따라서 내담자는 자신이 미처 의식하지 못한 채 당연하다고 여겨왔던 욕구의 근원을 반성하게 된다. 이러한 접근은 심리상담에서는 가능하지 않다. 심리학에 있어서 가치와 규범의 문제는 침범할 수 없는 성역이다. 내담자가 믿고 있는 가치관을 기정사실로 받아들이고 그 가치에 대한 물음을 시도하지는 않는다. 왜냐하면, 과학으로서의 심리학 성격규정이 이 문제에 대한 직접적 대면을 허용하지 않기 때문이다. 따라서 심리상담의 치료는 내담자의 욕망과 그 성취 여부, 그리고 그로 인한 정서적 상태에 대한 기술적(descriptive) 접근에 국한된다.

철학상담이 가지는 이러한 규범적 성격은 사실 어제오늘 일이 아니다. 실천으로서의 철학은 고대에나 지금이나 규범적 성격을 벗어날 수 없고 그것이 철학실천이 가지는 특징이자 장점이다. 철학이 인간을 위해 존재하는 실천적이고 온정적인 것이라는 주장을 하면서,[35] 누스바움(Martha Nussbaum)은 철학의 치료적 성격을 강조하고 고대 헬레니즘 철학에서 설명한 규범과 인간 본성이라는 개념들이 가치가 실린 것이었다고 주장한다.[36] 그는 철학을 일종의 의료행위로 보는 헬레니즘 전통의 바탕 위에서 철학이 그 역할을 다시 회복해야 한다는 점을 치료적 논증들(therapeutic arguments)을

---

35) Martha Nussbaum, *The Therapy of Desire: Theory and Practice in Hellenistic Ethics*, Princeton: Princeton University Press, 1994, p.3.
36) ibid., pp.30～31.

통해 보인다. 그에 따르면 철학이 이러한 의료적 기능, 즉 정신 건강을 회복하는 역할을 수행하기 위해서는 규범적인 문제들을 다루는 것이 당연하다. 그는 정신분석은 건강에 대한 규범적 설명을 하려고 하지 않고 어떤 확실한 불능상태들(incapacities)을 완화시키면 족한 반면, 의료적 도덕철학(medical moral philosophy)은 신념, 욕망, 기호 자체가 문제인 사람들을 다룬다고 말한다.[37]

둘째, 상담의 접근 방식과 관련하여 철학은 반성적 혹은 비판적 검토를 수행하기 때문에 왜곡된 욕망을 진단하고 처방할 수 있다. 철학은 자신과 세계에 대해 질문하고 답하는 활동이다. 이 과정에서 철학은 자신의 운명과 존재의 의미에 대한 성찰, 즉 반성적 검토를 한다. 또한, 자신을 둘러싼 세계의 구조와 작동원리에 대해 비판적 검토를 수행한다. 물론 이는 자신의 욕구와 감정, 그리고 행위에 대한 점검과 연계되어 총체적 의미체계를 만드는 데 기여한다. 이 같은 반성 작업을 통해 왜곡된 욕망은 그 근원적 원인을 드러내게 되고 내담자는 자기 치유를 추구하게 된다. 이렇게 철학과 반성과 치유는 하나로 연결된다.[38] 그러나 심리상담에서는 이와 같은 근원적 반성이 없다. 현상에 대한 기술과 증상의 제거에 초점이 맞춰져 있기 때문에 근본적 원인을 탐구하는 데는 관심이 없다. 아니 관심이 있더라도 과학으로서의 실증성에 항상 좌절하게 된다.[39]

---

37) ibid., p.26.
38) 이광래・김선희・이기원, 『마음, 철학으로 치료한다: 철학치료학 시론』, 지와 사랑, 2011, 18~19쪽. "반성은 그 자체가 치료적이다. 반성은 자가치료의 시작이나 다름없다. 반성은 생각을 고치거나 마음을 바로잡기 위한 것이기 때문이다. 철학의 본성이 치료적인 까닭도 마찬가지다. 철학이 곧 반성이므로 당연히 철학은 치료적이다. 예컨대, '너 자신을 알라'는 소크라테스의 자기 인식 요구가 그것이다. 게다가 반성은 마음 성형의 전제이고 시작이다. 반성은 잘못을 돌이켜 생각하는 것이기 때문이다."
39) 물론 실존주의 상담이나 영성심리학에서는 이러한 물음을 묻기도 한다. 그러나 이 분야의 종

철학상담이 부정성과 타자성이라는 현대인의 왜곡된 욕망을 치료할 수 있다는 점은 다음의 상담사례를 통해 이해될 수 있을 것이다.

철학상담사는 공무원시험에 수차례 떨어지고 좌절한 내담자에게 공무원이라는 안정된 직업이 그 자신의 인생에 있어 어떠한 의미인가를 성찰하게 하였다. 그리하여 내담자가 어떠한 인생을 꿈꾸고 있고 어떠한 것이 그에게 중요한 것인지를 점검하게 하였다. 그 내담자는 공무원 시험에 세 차례 떨어지고 우울증과 대인기피증으로 시달리고 있었다. 그는 자신을 인생의 실패자라고 생각하고 모든 일에 의욕을 상실한 채 살아가고 있었다. 내담자는 왜 공무원이 되려고 하느냐는 상담사의 질문에 안정된 삶을 위해서라고 답하였다. 공무원과 같은 안정된 직업이 행복한 삶을 보장해주느냐는 질문에 하나의 조건은 된다고 답하였다. 내담자는 안정된 직업을 위해 왜 공무원시험을 준비하게 되었냐는 질문에 처음에는 명확한 대답을 하지 못하였다. 철학적 대화의 과정을 통해 상담사는 '안정된 직업'에 대한 내담자의 생각을 내담자 자신과 함께 비판적으로 분석하고 재구성하였다. 그 결과 소위 '명문대'를 졸업한 내담자로서는 그에 걸맞은 연봉이 "합당"하다는 것이었다. 그런데 그 "합당"의 의미를 같이 분석한 결과 주로 대학입시에서의 성취와 대학에서의 취득 학점에 부합하는 대우를 의미한다는 것을 알 수 있었다. 왜 그러한 학업 성취가 안정된 직업을 보장해주어야 하는지에 대해 묻자 '그래야 당연한 것 아니냐'는 답을 하였다. 이는 자신의 노력에 대한 공정한 대가라는 생각이었다. 그러나 다시 철학적 대화를 통해 그 공정한 대가에 대한 의미를 분석하였고 그 결과 내담자에게 있어 합당과 당연의 의미는 "착한" 자식을 뒷바라지해온 부모와 주위 사람들의 기대에 대한 부응이고 동료들과의 경쟁에서 낙오되지 않으려는 생존의 본능이라는 점을

사자들도 인정하듯이 이러한 심리상담의 유형은 심리학의 영역을 이미 뛰어넘은 것이기 때문에 전형적인 심리상담이라고 보기는 무리가 있다. 이에 대해서는 다음을 참고하라.
켄 윌버, 김철수 옮김, 『무경계: 자기성장을 위한 동서양의 통합접근』, 무우수, 2005.
에미 반 두르젠, 이정기 · 윤영선 옮김, 『실존주의 상담과 심리치료의 실제』, 상담신학연구소, 2010.

깨닫게 되었다. 결국, 우울증과 대인기피증으로 시달리던 "인생의 낙오자"는 자신이 설정한 공무원이라는 목표가 자신이 진정 원하는 것도 아니었을 뿐 아니라 타인에 의한 부정적 욕망의 결과였다는 사실을 깨닫고 진정 자신이 스스로 원하는 행복이 무엇인가에 대해 고민하게 되었다. 그는 지지 않으려는 강박관념과 남들의 시선을 의식하지 않고 자신이 진정 무엇을 하려고 욕망하는지에 대해 진지한 성찰을 시작하게 되었다.

여기서 철학상담사는 내담자의 욕망을 당연한 것으로 여기지 않는다. 그는 또한 내담자의 우울증과 대인기피증을 제거하려고 서두르지도 않는다. 그는 내담자에게 끊임없이 "왜?"라는 질문을 던짐으로써 내담자로 하여금 자신의 인생에 대한 철학적 반성을 하게 자극한다. 상담 전에 내담자는 공무원이라는 안정된 직업이 행복을 보장해주는 것으로 생각했지만 실제로 공무원이 되면 어떤 일을 맡게 되고 어떤 생활을 하게 될지에 대한 구체적인 검토는 해본 적이 없었다. 고용불안에서 자유롭고 급여 수준에서도 어느 정도 받아들일 수 있는 안정된 직업 중에서 자신의 기호와 능력으로 볼 때 그나마 적당한 것이라는 생각에서 선택한 것이었다. 자신이 진정 무엇을 하고 싶다는 긍정적인 욕망과는 관계가 없었다. 대학을 졸업했으니 남들 앞에서 창피하지 않을 직업을 구하는 것이 급선무라는 생각, 특히 시험에 낙방할수록 더욱 부모, 가족, 친구 등 주위의 시선에서 자유롭고 싶은 마음이 공무원 시험에 모든 것을 걸게 만들었다는 것을 깨달았다. 어떻게든 실패자, 낙오자라는 오명과 딱지를 떼고 싶었다. 그러나 계속되는 낙방은 더욱 그를 초조하게 만들었고 시험준비를 하는 하루하루의 생활에는 전혀 의미를 두지 않고 오로지 시험결과에만 집착하였다. 그러나 철학상담을 통한 철학적 사유는 그에게 있어 "당연하지 않은 당연함"이 얼마나 근거 없는 것이었나를 폭로해주었고 자신이 스스로의 인생의 주인이 되지 못했다는 자각을 하게 해주었다. 결국, 철학상담을 통해 내담자는 낙오자가 되지 않으려는 부정적 욕망과 타인을 실망시켜서는 안 된다는 타자적 욕망에서 벗어나 자신이 진정 원하는 것이 무엇인지에 대해 진지한 고민을 하게 되었다.

철학적 반성은 내담자로 하여금 자신에 있어 자아실현의 욕구를 근원적으로 검토하게 한다. 이로써 내담자는 자신의 문제를 심리적 장애의 문제로 보는 대신 자신을 둘러싼 타인들과의 우호적이고 성숙한 관계 속에서 스스로 해결해야 할 자신의 문제로 인식하고, 언제나 비판에 열려있는 건강한 자신의 인생관, 세계관, 가치관과 양립하는 원칙으로 해결하게 된다.[40] 따라서 타자에 의해 부정적으로 왜곡된 자신의 욕망은 철학적 반성의 과정을 통해 건강한 욕망으로 승화된다.

5. 맺음말

위에서 우리는 현대인들이 가지는 왜곡된 욕망의 두 가지 특징을 제시하고 심리상담과 철학상담이 이러한 왜곡된 욕망을 치유할

---

40) Ben Mijuskovic, "Some Reflections on Philosophical Counseling and Psychotherapy," in R. Lahav, R. and Tillmanns M., (ed.), *Essays on Philosophical Counseling*, Lanham: University Press of America, 1995, p.88. "한 개인의 문제를 심리적 장애라기보다 철학적 문제로 보는 것은 다음과 같은 점을 함의한다: (1) 행위자로부터 유래한 제일 원리들의 선택은 행위자로부터 나온다는 점, (2) 이러한 원리들로부터 나온 체계는 일관성과 무모순의 법칙에 충실해야만 한다는 점, (3) 그 원리들과 체계는 개인적이며 특이하게도 사적이기보다는 상호주관적으로 의사소통이 가능하며 공유할 수 있다는 점, (4) 원리들과 체계는 물음, 도전, 공격 또는 비판에 열려있다는 점을 인정한다."

수 있을지를 점검해보았다. 제2절에서는 현대인의 왜곡된 욕망의 특성을 부정성과 타자성으로 규정했다. 치열한 무한 경쟁의 장이 되어버린 현대 사회의 사람들에게 욕망이 가지는 두 가지 모습, 즉 적극적으로 무엇을 원하는 대신 낙오와 소외를 당하지 않으려는 부정적인 모습과 자신의 욕망으로 착각하지만 실제로는 타인들의 욕망을 무비판적으로 수용하는 모습을 살펴보았다. 제3절에서는 심리상담이 현대인들의 왜곡된 욕망을 치유하기에는 한계가 있다는 점을 보였다. 행동주의, 긍정심리학, 인본주의에 기초한 심리상담에서 왜 왜곡된 욕망을 치유할 수 없는지를 밝혔다. 제4절에서는 철학상담이 왜곡된 욕망을 치유하는 데 기여할 수 있다는 점을 주제에 있어서의 규범성과 방법에 있어서의 비판성을 통해 보였다.

에피쿠로스의 말대로 철학은 정신건강을 지키는 일을 그 고유의 기능으로 한다. 그런데 현대인들은 정치적으로 보장된 자유를 스스로 반납하고 사물과 타자의 노예로 자청하는 경향이 있다. 이러한 노예의 정신은 병들게 되고 그 노예는 정신의학과 심리상담에 의지하지만 거기서 얻을 수 있는 것은 증상의 완화밖에는 없다. 다시 자유인으로 우뚝 서게 하는 일은 철학의 고유 영역에 속한다. 철학은 목적 없이 기투된 인간의 자유라는 허망한 운명을 처절하게 인정하게 하고 다시 자신의 삶에 의미를 부여하는 반성적 사유의 활동이다. 그러한 철학은 강의실에서가 아니라 모든 삶의 현장에서 이루어져야 한다. 이것이 바로 철학실천 운동이 일어나게 된 계기인 것이다.

참고문헌

강신주, 『상처받지 않을 권리: 욕망에 흔들리는 삶을 위한 인문학적 보고서』, 프로네시스, 2009.

권석만, 『긍정심리학: 행복의 과학적 탐구』, 학지사, 2008.

_____, 「욕망의 자각과 조절」, 『욕망 삶의 동력인가 괴로움의 뿌리인가』, 운주사, 2008, 243~291쪽.

_____, 「심리학의 관점에서 본 욕망과 행복의 관계」, 『철학사상』, 제36집, 2010, 121~152쪽.

김영채, 『사고력: 이론, 개발과 수업』, 교육과학사, 1998.

에미 반 두르젠, 이정기·윤영선 옮김, 『실존주의 상담과 심리치료의 실제』, 상담신학연구소, 2010.

피터 라베, 김수배 옮김, 『철학상담의 이론과 실제』, 시그마프레스, 2010.

엘렌 러펠, 정준희 옮김, 우석훈 해제, 『완벽한 가격: 뇌를 충동질하는 최저 가격의 불편한 진실』, 랜덤하우스, 2010.

오사와 마사치, 송태욱 옮김, 『연애의 불가능성에 대하여』, 그린비, 2005.

에이브러햄 매슬로, 정태연·노현정 옮김, 『존재의 심리학』, 문예출판사, 2005.

_____, 김인자 옮김, 『긍정심리학』, 물푸레, 2006.

_____, 오혜경 옮김, 『동기와 성격』, 21세기북스, 2009.

장 보드리야르, 이상률 옮김, 『소비의 사회』, 문예출판사, 1992쪽.

켄 윌버, 김철수 옮김, 『무경계: 자기성장을 위한 동서양의 통합접근』, 무수, 2005.

이광래·김선희·이기원, 『마음, 철학으로 치료한다: 철학치료학 시론』, 지와 사랑, 2011.

이진남, 「철학상담의 한국적 적용을 위한 기초이론연구」, 『범한철학』 제52집, 범한철학회, 2009, 331~364쪽.

_____, 「철학상담의 어제와 오늘, 그리고 미래」, 『철학실천과 상담』 제1집, 2010, 121~148쪽.

_____, 「철학상담과 심리상담」, 『철학논집』 제26집, 서강철학연구소, 2011,

9~34쪽.

_____,「철학상담의 정체성과 심리상담」,『동서사상』제10집, 경북대 동서
　　사상연구소, 2011, 131~152쪽.

이창재,『정신분석과 철학』, 학지사, 2005.

베르너 좀바르트, 이상률 옮김,『사치와 자본주의』, 문예출판사, 1997.

제럴드 코리, 현명호 외 옮김,『통합적 상담: 사례 중심의 접근』, 시그마프레
　　스, 2006.

데이나 토머스, 이순주 옮김,『럭셔리: 그 유혹과 사치의 비밀』, 문학수첩, 2008.

브루스 핑크, 맹정현 옮김,『라캉과 정신의학: 라캉 이론과 임상 분석』, 민음
　　사, 2002.

Aquinas, Thomas, *Summa Theologiae*.

Mijuskovic, Ben, "Some Reflections on Philosophical Counseling and Psychotherapy",
　　in R. Lahav, R. and Tillmanns M., (ed.), *Essays on Philosophical Counseling*,
　　Lanham: University Press of America, 1995, pp.85~100.

Seligman, Martin, "Building Human Strength: Psychology's Forgotten Mission",
　　APA Monitor, (Jan. 1998), pp.2~3.

Nussbaum, Martha, *The Therapy of Desire: Theory and Practice in Hellenistic Ethics*,
　　Princeton: Princeton University Press, 1994.

맹목적 욕망과 자기인식의 결여
– 부끄러움[恥]에 대한 철학적 인간학의 성찰 –

이찬

1. 이끄는 말[1]

경제 질서를 어지럽히는 중대한 범죄를 저지른데다 부당한 방식으로 사면까지 받아낸 재벌총수가 "모든 국민이 정직했으면 좋겠다. 거짓말 없는 세상이 되기를 바란다"[2]고 훈계조로 발언하거나, 일일이 거론하기도 어려울 만큼 비리의혹에 시달리는 대통령이 광복절 경축사에서 '공정사회'를 강조했을 때, "도대체 어떻게 저토록 뻔뻔할 수 있을까?" 하는 생각이 과연 논자만의 주관적인 의구심이었을까? 법을 지켜야 할 국가기관이 버젓이 불법을 저지르는데다 보수언론들은 자신들의 입맛에 맞추어 외신을 마음대로 왜곡하고

---

1) 논의에 앞서 본고 집필의 취지를 밝힐 필요가 있다고 생각한다. 논자는 이 글에서 후안무치함이라고 하는, 이 사회에 미만한 병리적 현상을 오늘날 우리의 맹목적 욕망이 빚어내는 자기 인식의 결여로 기인한 것임을 논하고 그에 대한 나름의 답안을 모색하고자 하였다. 하여 전체적으로 논자 자신의 관점과 주장에 따라 기존의 철학사에서 발견되는 다양한 편린들을 모자이크하는 방식으로 서술하였다. 말하자면 특정 철학 유파의 개념적 쟁점과 그에 따른 문제들을 논구해왔던 기존의 철학사적 서술방식에서 비켜서서 '우리의 문제'를 생각해보고자 하는 시도이다. 이런 시도가 결코 논문 자체가 지닌 흠결―개념적인 혼란스러움이나 과도한 논리적 비약 등―을 덮을 수 없음을 잘 안다. 그럼에도 불구하고 게재를 허락해주신 심사위원들의 깊은 뜻이 아마도 일상의 주제, 현실 문제를 나름의 관점에서 철학적으로 탐구하고자 한 논자를 더욱 독려하려는 데 있지 않았나 싶어 두려운 마음이 앞선다. 이는 질책보다 더 무서운 가르침이라 더더욱 정진하지 않을 수 없다. 이 글의 수정에 도움을 주신 익명의 심사위원들께 깊이 감사드린다.

2) 연합뉴스, 2010년 2월 5일 자. 물론 이 발언이 자기 아버지의 경영철학을 묻는 기자의 질문에 대한 답변임을 감안하더라도 그의 처지를 고려한다면 여전히 염치없다고 볼 수 있다.

도 뻔뻔스럽게 그 잘못을 인정하지 않는 사례는 일일이 열거하기도 힘들다.[3] 반값등록금을 공약으로 내걸고 정권을 잡았으면서도 경제논리와 정치놀음에 유권자와의 약속을 헌신짝처럼 버렸다가 선거철이 오니 다시 복지와 등록금 문제를 꺼내 들며 입에 발린 소리를 한다. 기억력에 문제가 있어 보일 만큼 뻔뻔한 저들의 후안무치함에 할 말을 잃는다. 중국사의 기나긴 여정을 낯가죽이 두껍고 뱃속은 시꺼먼 자들이 승리한 역사였음을 '厚黑學'이라는 도발적인 개념으로 정리한 淸末의 학자, 이종오(1879~1943)와 같은 이도 있었음을 기억한다면 부끄러움을 모르는 이들이 활개를 치던 시대가 단지 어제, 오늘의 일이 아니었음을 우리는 짐작할 수 있다.[4]

더구나 오늘날 우리 사회에서 목도할 수 있는 후안무치함은 이제 특정 정치인이나 재벌, 언론권력을 넘어서서 우리의 일상이 되어 버린 지 오래다. 신문의 사회면을 수시로 장식하는, 입에 담기에도 낯부끄러운 파렴치범들의 이야기나 크고 작은 사건 사고 소식 속에서 오늘날 일상이 되어버린 후안무치함을 확인할 수 있다.[5] 이 글에서 논자는 후안무치한 태도와 욕망의 관계를 살펴보고자 한다. 특히 욕망의 부정적 양상들, 즉 맹목성으로 인한 자기인식의 결여

3) 이 글을 준비하는 와중에도 연일 언론을 장식하는 전직 대통령들의 후안무치한 일들이 보도된다. 대선을 앞두고 3,000억 원을 주었네, 받았네 하는 실랑이는 그만두고라도 '광주민주화운동의 진범은 유언비어'였다는 발언은 벌어진 입을 다물게 할 줄 모른다. 오마이뉴스 2011년 8월 12일 「"5·18항쟁 진범은 유언비어"…양심 없는 노태우」

4) 이종오, 『후흑학』, 고양: 인간사랑, 2010.

5) 한겨레 2011년 8월 10일 자 "'월 500에 오피스텔' 스폰 제안받은 강남녀 '제가 부러운가요?'" 강남의 옷가게나 커피숍에 있으면 부유한 남성들이 돈과 性의 거래를 제안한다는 내용의 기사다. 이런 제안을 받았던 이는 현대 한국사회가 삶의 의미를 돈과 성욕에서밖에 찾지 못하는 세태라고 꼬집고 있다. 인터넷에서 '파렴치범'이나 '뻔뻔함'을 검색하면 각종 기괴한 성범죄부터 언론사나 기득권층들이 저지른 상상하기 어려운 사건 사고들을 접하게 될 것이다. 여기서는 굳이 '뻔뻔함', '후안무치함'에 대한 이해를 돕기 위해 그와 같은 사례를 일일이 거론할 필요는 없다고 생각한다.

문제를 검토하고자 한다. 이는 달리 말하면 욕망에 매몰되어 자신을 잊어버리고 사는 후안무치한 삶이 우리 시대의 한 양식이 되어버린 세태에서 "타자와 어떻게 관계 맺으며 살아가야 하는가?"라는 오래된 윤리적인 질문을 숙고하고자 한다.6) 요컨대 윤리적 태도로서 부끄러움이 상징하는 소통의 가능성과 욕망의 균형감의 회복이 어떻게 가능할 수 있는지 모색하고자 한다.

2. 욕망: 후안무치함을 가능하게 하는 필연성

탐욕스러운 자본가와 오직 자신들의 이익만 좇는 무능한 관료 및 정치꾼들에 더해 이런 후안무치함은 이제 일상이 되어 간다. 아니, 높은 자리에 오른 사람일수록 뻔뻔한 인간들이 더 많고 그들이 저지르는 후안무치한 짓의 농도는 더 강하다는 사실에서 이제 후안무치함은 현대사회를 살아가는 빼어난 경쟁력이 되었다 해도 과언이 아니다.7) 이렇듯 후안무치함이 일상화된 세상에서 아마도 우리는 그런 행태의 원인을 일차적으로는 욕망의 탓으로 돌리게 된다. 정치인들이 그렇게 뻔뻔한 것도 권력욕이요, 재벌들이 그런 행

---

6) 후안무치함은 '부끄러움' 일반, 즉 '수치심'(shame), '수줍음', '창피함' 등 사회문화적으로 복합적인 감정군과 긴밀하게 얽혀 있다. 특히 '수치심'은 사회문화적 관점, 특히 도덕심리학적 관점에서 죄책감과 대비되면서 도덕적 동기의 내재성‒외재성 문제를 논의할 수 있는 흥미로운 주제로서 심도 있게 분석할 필요가 있는 주요한 감정에 해당한다(Jane Geaney, Guarding Moral Boundaries: Shame in Early Confucianism, *Philosophy East & West*, Vol.54(2), 2002 참조). 그러나 이 글에서는 수치심이라는 도덕감정보다 "도대체 우리는 왜 이리도 뻔뻔스러운가?"라는 물음에 논의의 초점을 맞추고 있다. 요컨대, 욕망으로 인해 벌어지는 현대 사회의 후안무치한 세태에 주목해 그 현상을 철학적으로 고찰하고자 한다.

7) 강준만, '후안무치는 시대정신이다.' 한겨레21. 2006년 5월 4일 608호.

태를 보이는 것도 자신들의 기득권과 재산에 대한 욕심이며 대부분의 일반인도 자신들의 이익과 직결된 사안에 대하여 자기도 모르게 후안무치한 행태를 드러낸다. 말하자면 후안무치하다는 것은 욕망에 이끌리는 과정에서 발생할 수 있는 하나의 태도일 것이다. 그렇다면 욕망의 어떤 본질이 이런 태도를 가능하게 하는 것일까?

욕망은 - 그것이 구체적인 대상이든, 추상적인 차원이든 - 결핍된 것을 채우고자 하는 지향적 충동이며 그 기저에는 결핍을 느끼는 '나', 그리고 그 결핍을 끊임없이 채우고자 하는 '내'가 존재한다. 그런데 결핍과 욕망의 얽힘은 봄[視]을 통해 가장 극명하게 드러난다. 욕구하는 주체인 인간이 감각을 통해 취하는 데이터의 80% 이상이 시각을 통해 주어지는 정보라는 인지과학적 설명은 더 이상 새로운 사실이 아니다. 우리는 봄으로써 결핍을 느끼고 그것을 채우기를 갈망한다. 어원학적 측면에서 '욕망'을 살펴보면 흥미롭게도 영어(desire)와 한자어(欲望) 모두 '결여' 혹은 '부재'한 대상을 보는 데서 탄생하였음을 알 수 있다. 『사고전서』 전자판에서 '欲望'을 검색해보면 대개 '욕망'은 명사가 아니라 "~바라고자 하다"라고 하는, 동사와 보조동사의 결합형태다. 두 글자를 각각 살펴보면, '欲'은 欠자가 뜻하는 물질적 대상의 '부족', '결여', '부재'에서 그 일차적인 의미를 취하게 되었다고 대개 추론한다. 望의 경우, 윗부분의 '亡'은 눈동자(臣)를, 아랫부분의 '壬'은 언덕을, '月'은 멀리 떨어진 대상을 뜻한다고 본다. 따라서 望은 밖으로 나가고 없는 대상이 돌아오기를 언덕에 올라 바라보는 형상이다. 욕망을 뜻하는 영어인 'desire' 역시 '기대하다'(await), '원하다'(want)라는 뜻을 품고 있다. 원하고 기대하게 되는 까닭은 결핍(want←lack)으로부터 나오므로 자신에게 부재한 것을 기다리게 마련이다. 그렇게 기다리는 (wait) 행위는 필연적으로 바라봄(watch)을 수반할 수밖에 없다.[8] 본다는 지향적 행위를 통해 욕망을 채우고 확장해가는 과정, 즉 완전해지고자 하는 욕망의 도정 속에서 자아는 비대해질 대로 비대해져 간다. 이렇게 비대해진 자아는 끊임없이 자신이 보기를 원하는 것만을 봄으로써 다른 사람들에게 무감각해질 뿐만 아니라 자기 자신을 바라보지도 못한다.

이처럼 욕망이 욕망인 까닭은 그 어떤 검속도 없이 자신을 끊임없이 확대해 완전해지고자 하는 무한 지속의 메커니즘에 따라 움직이기 때문이다. 그 과정에서 우리는 주변의 환경, 대상과 맺게 되는 일정한 관계와 그에 따른 적정한 거리감을 차츰 상실하게 된다. 이때 욕망은 일인칭적 관점의 상실, 엄밀하게 말하면 일인칭과 이인칭 사이에 경계를 지워 하는 방식으로 운동한다. 이렇게 확장을 통해 대상과의 경계를 지워감으로써 부끄러움도 상실하게 된다. 왜냐하면, '부끄러움'이란 타인의 비판을 듣거나 내 내면의 소리를 듣는 데서 비롯해 궁극적으로 자신의 내면에 충실하고 타자를 배려하는 삶에 대한 지속적인 성찰 속에서 자신을 검속하고 다잡는 반성적 감정이기 때문이다.[9] 달리 말하면, 부끄러움은 그것이 타인을 통해 밖으로부터 전해오는 비판이건, 내면에서 울리는 자성의 목소

---

8) 谷衍奎 編, 『漢字源流字典』, 語文出版社, 2008. 欲(1283쪽), 望(1303쪽) 참조. desire에 대해서는 온라인어원사전(online etymology dictionary, http://www.etymonline.com) 참조.

9) '부끄러움'에 대한 이와 같은 定義는 한자어 恥에 대한 해석학적 이해에서 비롯한다. 기본적으로 恥는 會意字다. "자신에 대한 허물(비판)을 듣고 부끄러움을 느낀다는 뜻이며 대개 마음에 부끄러움이 들면 귓불이 화끈거리고 얼굴이 붉어지는 증세가 나타난다"고들 이해해왔다. 『康熙字典』 「心字部」, 恥. 귀[耳]와 마음[心]의 관련성 속에서 추론할 수 있는 의미는 아마도 일차적으로 자신에 관한 허물을 밖으로부터 듣거나 거기서 의미가 引伸되어 스스로 내면[心]의 소리를 듣는 것까지도 가능한 단계로 논자는 보았다.

리이건 상관없이 이인칭 화자가 상정되는 자기 성찰의 메커니즘에서 우러나는 감정이라는 것이다. 그러므로 욕망의 무한 확장은 결국 이와 같은 자기 성찰을 송두리째 허물어뜨린다. 예를 들어, 우리가 "이런 후안무치한 놈", "넌 염치도 모르니?"라고 꾸짖을 때, 넓은 의미에서 그와 같은 경계와 거리감을 망각하는 일종의 무지 상태에 대한 경고의 메시지가 담겨 있다. 이런 꾸짖음이 결국 그런 망각을 일깨우는 것이라면, 망각의 실질적인 내용은 그 대상이 수행해야 할 자신의 역할이나 직분에 걸맞은 행위 양식일 것이다. '적어도 내 자식이라면', '적어도 내 친구라면', '적어도 대통령이라면'이라고 생각했던, 즉 대상 또는 나 자신에 대하여 스스로 정해둔 어떤 기대치가 무너진 데 대한 분노일 것이다. 이는 일종의 명실상부하지 않은 상태로 질서가 무너진 상태이며 나아가 후안무치한 일들이 자행되는 상황인 것이다.[10] 후안무치한 상황에 대한 분노는 역설적으로 그런 상황을 초래하게 된 데 대한 '부끄러움'(恥, shame)이 내재되어 있다고 말할 수 있다.

물론 심리현상으로서 이와 같은 부끄러움은 다양한 주제와 넓은 맥락 속에서 다루어질 수 있다. 예를 들어, 윤동주의 詩에 등장하는 주요한 心象인 자기성찰과 교정을 가능하게 하는 기제[11]로서, 또는 사회문화적 맥락에 따른 자기억압의 기제(M. Nussbaum)[12]로

---

10) 공자가 正名을 이야기한 소이가 여기에 있다. 『논어』 「위정」 2:3, 「자로」 13:3 등 참조.

11) 윤동주, 「서시」, "죽는 날까지 하늘을 우러러 한 점 부끄럼이 없기를…"
「길」, "돌담을 더듬어 눈물짓다 쳐다보면 하늘은 부끄럽게 푸릅니다."
「코스모스」, "코스모스 앞에 선 나는/어렸을 적처럼 부끄러워지나니"
「쉽게 씌어진 시」, "시가 이렇게 쉽게 씌어지는 것은 부끄러운 일"
「참회록」, "나는 나의 참회(懺悔)의 글을 한 줄에 줄이자./— 만(滿) 이십사 년 일개월을/무슨 기쁨을 바라 살아 왔던가."

12) Nussbaum, *Hiding from Humanity: Disgust, Shame and the Law*. Princeton University Press, 2004.

서 분석되는 사례를 우리는 확인할 수 있다. 이런 부끄러움을 심리적 반응에만 단순하게 국한시킬 때, 자신의 내면에 설정해놓은 가치 기준에 따른 '自愧性 부끄러움'과 '타인에게 비친 자신을 보고 느끼는 부끄러움'인 '창피성 부끄러움'으로 거칠게 나누어 볼 수 있다. 물론 이 둘은 서로 배타적으로 독립해 존재한다고 보기는 어렵지만,13) 타인의 평가를 통해서건, 내가 설정한 기준을 통해서건 '평가'가 개입된다고 하는 사실과 그 평가가 '자아'(self)14)에 초점을 맞추고 있다는 사실만은 적어도 분명한 듯하다. 즉 부끄러움은 자신이 정해놓은 기준에 걸맞지 않은 대상에 대한 평가를 통해 느끼게 되는 감정이며 부끄러움을 모르는 후안무치함이란 그와 같은 평가의 메커니즘이 고장 난 상태를 일컫는다. 그런 평가가 불가능하다는 것은 '성찰할 수 없다'는 말과 동의어이며 욕망과 관련해 충족을 모르는 자기 자신의 과잉 확장으로 인해 생기는 후안무치함이란 결국 나의 나 됨에 대하여 성찰 자체가 불가능한 상황임을 방증하고 있다. 더구나 후안무치함의 최대의 아이러니는, 그 원래의 논리에 따르자면, 후안무치한 인간은 자신이 후안무치한 줄 전혀 모른다는 사실이다. 그러니 "부끄러워하는 마음이 없다는 점을 부끄러워해야 실로 부끄러움이 없으리라"15)던 맹자의 언급은 실로 명쾌하고도 폐부를 찌르는 통찰이 아닐 수 없다.16)

---

13) 최상진, 『한국인의 심리학』 6장, 서울: 학지사, 2011, 162~163쪽.
   최상진은 이 장에서 체면문화와 관련해서 '부끄러움'을 상세히 분석하고 있다.

14) 이때 '자아'(self)는 심리학적으로 규정되는 측면이 강하다. 오히려 이 글의 문맥에서는 '존재의 존재됨'이나 정체성(identity)에 더 가깝다.

15) 『孟子』 「盡心」 상 6장. "人不可以無恥, 無恥之恥, 無恥矣."

16) 앞서 살펴본 것처럼 '수치심'(shame) 자체가 문화권에 따라, 그리고 여러 맥락에 따라 조금씩 다른 뉘앙스를 갖게 되는 것이 사실이다. 따라서 이 글에서 논자가 사용하는 '수치심'을 규정해두어야 한다. 논자가 '수치심'이라고 지칭할 때, 그 함의는 '자기 평가적 감정으로서의 부끄

이와 같은 후안무치함은 동양의 전통 속에서 맹자가 제시하던 도덕적 감수성의 하나인 부끄러워할 줄 아는 마음의 상실만을 가리키지는 않는다. 厚顔無恥가 말 그대로 수치심이 없는 상태이긴 하지만 가치에 대한 주관적 해석에 따라 사람들은 각각의 상황에서 다른 종류의 부끄러움을 느낄 수 있다는 뜻이다. 이를 통해 오늘날 목도하는 후안무치한 현상 속에서 우리는 욕망의 타자성을 확인할 수 있다. 이른바 명품으로 치장한 지인들 속에서 자신의 검소한 차림에 자신도 모르게 부끄러워지고 주눅이 드는 상황을 돌이켜 보라. 거대하고도 정교하게 작동하는 자본주의 속에서 물신화된 수많은 세속적 가치와 잣대로 비교당하며 혼자 초연하게 부끄럽지 않을 수 있다는 것은 쉽지 않은 노릇이다. 그런 상황에서 부끄러워한다는 것은 한때 경멸했었던 가치, 타인들이 걸치고 있는 명품을 욕망하고 있으며 그 욕망이야말로 타인이 욕망하는 것을 욕망하는 하나의 방증이 될 것이다. 요컨대 후안무치한 인간들도 그들이 지향하는 특정한 가치에 국한해서는 수치심을 느낄 수 있다. 따라서 수치심은 그들이 갈망하는 욕망의 지수가 높으면 높을수록, 그래서 그들이 갈망하는 어떤 이미지가 일그러지거나 기대치가 무너졌을 때 소비되는 하나의 감정 상태임을 짐작할 수 있다. 오늘날 우리가 욕망하는 대상이 달라짐으로써 도덕적 감수성을 가늠하던 수치심은 둔화되고 오히려 도덕적 판단의 영역 밖에서 활용되는 빈도가 높아졌다고 볼 수도 있지 않을까? 그렇다면 결국 이 사회가 지향하는 가치, 혹은 욕망의 대상과 그 농도에 따라 우리는 도덕적 감수성과는 다른 종류의 수

러움'을 뜻하며, 따라서 '후안무치'함은 그런 감정이 결여된 상태를 뜻한다. 요컨대 여기서 '부끄러움'(shame)은 '수줍음'(shyness)은 아니다.

치심을 느끼고 있다고 말할 수 있다.

결국, 후안무치한 태도는 자신이 중요시하지 않는 가치나 규범 문제와 관련이 있다. 자신의 지위와 관련해 뇌물을 받지 않아야 한다는 원칙이 스스로 정해 놓은 중요한 가치규범이라면 누가 보건, 보지 않건 지킬 수 있어야 한다. 누가 보지 않는다고 해서 그 원칙을 어기기 시작하는 것은 '뇌물 공여'가 얼마나 심각한 사회적 범죄 행위인지 인지하지 못하고 있을 뿐만 아니라 그 원칙을 지키는 것이 자신에게 아무런 의미도 없기 때문이다. 그러다 어느 순간에는 뇌물을 받는 것을 오히려 자연스럽다고 여기는 어처구니없는 지경에 이르게 된다. 이렇게 자기를 스스로 정당화하고 기만해가는 과정에서 후안무치함은 더욱 공고하게 오늘날을 살아가는 하나의 삶의 태도가 된다. 즉, 수치심은 욕망과 착종하면서 발현하기도 하고 사라지기도 하는, 어떤 동역학(dynamics)이 존재하게 된다. 어떤 경우 뻔뻔스러운 놈들을 향해 화를 내다가도 그렇게 후안무치한 인간들의 삶을 동경하거나 부러워하는 양면성이 맹목적인 욕망과 어우러져 우리 내면에 아로새겨지고 있다.[17]

이런 욕망과 후안무치함의 동역학을 동양의 전통에서는 일찍이 간파하고 있었던 듯하다. 법가계열의 저술로 알려진 『관자』는 나라를 지탱하는 4가지 벼리 가운데 하나로 부끄러움을 파악한다. 부끄러움은 교묘한 속임수를 쓰려는 마음을 검속하는 기제이며 그렇

---

[17] 예를 들어, 인터넷에서 흔히 접하게 되는 "~의 굴욕"이라는 표현은 우리가 수치심을 어떤 맥락에서 활용하고 있는지 잘 보여준다. 화사하게 차려입은 대중 연예인의 뜻하지 않는 실수나 우스꽝스러운 장면을 포착하여 "~의 굴욕"이라는 제목으로 신문의 연예면을 장식하는 세태나 자동차, 아파트 등 물질적 재화를 기준으로 수치심을 느끼는 상황을 보면 '수치심'은 우리가 갈망하는 어떤 가치나 기대가 무너졌을 때 일어나는 감정이라고 말할 수 있다.

게 부끄러워할 줄 아는 마음으로 인해 상상하기도 어려운 사기 행각이나 비리가 벌어지지 않으리라고 보았다.[18] 또한, 욕망과 후안무치함의 엉킴을 누구보다 정확하게 이해하고 있었던 인물로 순자를 언급하지 않을 수 없다. "부자가 되기를 욕망하는가? 그렇다면 부끄러움일랑 잊으라"고 그는 권고한다.[19] 마치 그의 권고는 한때 전국을 휩쓸며 새해 인사를 대신하던 "부자 되세요"라는 광고 문구의 속살을 들여다보는 듯하다. 우리가 욕망하는- 그것이 지상 최고의 권력이든, 복수이든, 명예든, 돈이든- 것을 성취하기를 원한다면 부끄러움이란 거추장스러운 장식일 뿐임을 그는 직관하고 있다. 그가 언급한 부끄러움이란 일찍이 공자가 강조해 마지않았던, 인간다움을 가능하게 하던 자기 평가적 감정이 아니었던가? 인간의 욕망을 외재적 규율로 조절하고자 할 때, 사람들은 그저 법적인 제재를 받지 않으려고만 애쓸 뿐 그런 행동 이면에 깔린 자신의 마음가짐에 대해 굳이 부끄러워하려 들지 않는다. 그러나 인간세의 조화로운 질서를 가능하게 하는 원리와 그 원리를 구현할 수 있는 개개인의 도덕적 품성에 초점을 맞추어 욕망을 다스린다면 인간은 부끄러워할 줄 알게 될 뿐만 아니라 그로 인해 고결한 인격을 도야할 수 있으리라고 공자는 전망했다.[20]

그런데 욕망을 추구한다는 것은, 그것도 타인이 욕망하는 것을 욕망한다는 것은 외재하는 '것'에 이끌려 자신을 확장하려는 비주체적 휩쓸림이다. 그러므로 자신을 둘러싼 주변을 되돌아보는 것

---

18) 『管子』「牧民」國有四維, … 何謂四維? 一曰禮, 二曰義, 三曰廉, 四曰恥. … 恥不從枉. … 不從枉, 則邪事不生.

19) 『荀子』「大略」 "欲富乎? 忍恥矣!" 논의를 위해 의역하였다.

20) 『論語』「爲政」 3장 "道之以政, 齊之以刑, 民免而無恥, 道之以德, 齊之以禮, 有恥且格."

자체가 불가능하다. 무언가를 성찰하면서 끊임없이 자신의 잘잘못을 점검하려는 태도는 욕망을 추구하는 데 거추장스럽기만 하다. 그러니 그것을 접어두는 수밖에 다른 도리가 없다. 수치심은 고결한 인격을 성취하기 위한 심리적 태도인 반면, 욕망이란 체면과 부끄러움조차 돈을 버는 수단이 된다면 기꺼이 그렇게 할 수 있는, 그 본질 자체가 천박할수록 제격[21]인 것이니 어울리기 힘든 조합임이 틀림없다. 이렇듯 통제가 불가능한 욕망의 질주와 자기 성찰적 감성은 양립할 수 없다(incompatibility)고 순자는 직관하고 있었던 듯하다.[22] 우리가 익히 알고 있는 두 가지 우화를 통해 맹목성과 자기인식의 결여라는 욕망의 부정적 면모를 살펴보도록 하자.

3. 욕망의 맹목성과 자기인식의 결여

완벽하게 후안무치할 수 있는 제일 조건은 자신이 후안무치하다는 사실을 전혀 인지하지 못해야 한다는 점이다. 자신이 후안무치하다는 자의식을 갖는 순간 후안무치해지기 어려우므로 후안무치함은 완벽한 자기기만의 상태이자 자기인식의 불가능성을 이미 전제하고 있다. 이런 현상을 '맹목성'이라고도 말할 수 있는데, 이를

---

21) '고결한 욕망'을 뜻할 때, 우리는 다른 용어를 찾아야 한다. 예를 들면, 서원(誓願)이 그에 해당할 것이다.

22) 『荀子』「大略」 "欲富乎? 忍恥矣!" 「非十二子」 "故君子恥不修, 不恥見汚; 恥不信, 不恥不見信; 恥不能, 不恥不見用." "자신이 무능함을 부끄러워한다면 등용되지 못하였다는 사실을 부끄러워하지는 않으리라"는 순자의 말 속에는 기본적으로 자기 성찰이 가능하다면 욕망에 대한 질주를 제어할 수 있음을 시사하고 있다. 그런데 앞서 "부자가 되기를 욕망하는가? 그렇다면 부끄러움일랑 잊으라"는 권고 속에 욕망의 질주가 자기성찰과 양립할 수 없음이 이미 전제되어 있다.

엄밀하게 규정하자면, 아예 아무것도 보지 못하는 상태가 아니라 자기가 보고 싶어 하는 것에만 집착하는 상태를 뜻한다. 이런 뜻에서 자기기만, 자기인식의 불가능성, 맹목성은 일종의 가족유사성(family resemblance)을 띠는 이음동의어들이라고 할 수 있다. 이들 유사어군의 주된 특징은 아마도 욕망으로부터 기인한 '믿음의 비대칭성' 혹은 '이성의 불균형성'이라고도 규정할 수 있을 것이다. 앞으로 살피게 될 두 가지 우화, 『벌거벗은 임금님』과 『장자』에 나오는 '조릉의 고사'는 욕망이 보여주는 맹목성과 자기인식의 결여를 이해하는 데 도움이 되리라고 생각한다. 맹목성과 자기인식의 결여가 각각 욕망의 작동 과정에서 독립적으로 기능한다기보다 서로 필연적으로 연계되어 있을 수밖에 없을 것이다. 그럼에도 각 우화가 보여주는 서사의 흐름을 따르다 보면 『벌거벗은 임금님』은 맹목성을 이해하는 데, '조릉의 고사'는 자기인식의 결여를 이해하는 데 더욱 효과적이라고 생각한다.

1) 벌거벗은 임금님: 보이는 것과 보이지 않는 것

「벌거벗은 임금님」23)이라는 동화는 보고 싶은 것만을 보고자 하는 맹목적 욕망, 그리고 그 욕망이 이 세계에서 작동하는 방식을 우리에게 가장 잘 보여주고 있다. 이 세상에서 가장 아름다운 옷감을 짤 수 있을 뿐만 아니라 그 옷감은 일할 능력이 없거나 바보 같

---

23) 안데르센, 윤후남 옮김, 『어른들을 위한 안데르센 동화전집』, 서울: 현대지성사, 1999, 93~97쪽. '시선'과 '욕망'의 역학(dynamics)을 상징하는 풍자동화로 「벌거벗은 임금님」을 간혹 언급하기는 하지만 논자가 과문한 탓인지 본격적인 분석을 가한 학술적인 글을 찾지는 못하였다. 오롯이 논자의 해석에 의존해 이 절을 썼다.

은 이들의 눈에는 보이지 않는다는 사기꾼의 말은 인간의 욕망을 자극하는 방아쇠 역할을 한다. 이야기 속에서 쉽게 감지할 수 있겠지만 가장 신비롭고 아름다운 옷감과 옷에 대한 열망은 단지 임금님뿐만 아니라 아마도 그 왕국의 모든 신민에게 동일한 그 무엇이었을 것이다.[24] 임금님과 대신들이 욕망했던 '새로운 옷'은 과연 무엇이었을까? 새롭다는 것은 사실 존재하는 그 순간부터 새로울 수 없는 운명을 타고난다. 그렇다면 그 '새로움'은 오로지 부재를 통해서만 온전하게 인식될 수 있는 플라톤의 이데아와 같은 것은 아닐까? 그렇다면 옷감이라고 하는 대상의 새로움을 욕망하는 것이라기보다 새로움을 가능하게 하는 '부재' 그 자체가 우리를 욕망하도록 한다. "욕망을 결여에 대한 존재적 관계"로 정의한 라캉의 말을 잠시 빌린다면, 그 욕망은 그 어떤 대상으로도 채워질 수 없으며 본질적 결여인 '새로움'이야말로 왕국을 지탱하는 환상을 생산한다. 영원히 부재할 뿐인 옷감이 빚어낼 궁극적인 새로움에 대한 열망으로 인해 아이러니하게도 그들은 옷감이 부재하리라고는 추호도 의심하지 않는다.[25]

우리는 정말 그 왕을 포함한 그 왕국의 모든 사람이 그렇게 새로운 옷을, 보이지 않는 부재의 관념을 열렬하게 욕망했을까? 하는 의문을 가질 수 있다. 그 모든 사람이 존재하지도 않는 옷감을 정작 있다고 거짓말하게 되는 까닭을 동화를 읽어본 사람들이라면 누구나 쉽게 간파할 수 있다. 즉, 그 뻔뻔한 거짓말의 탄생은 새로

---

24) 그렇지 않고서야 궁궐이 위치한 수도가 활기에 넘친다거나 새로운 옷을 차려입고 정기적으로 행진하는 임금님을 보기 위해 거리를 가득 메우기란 어렵지 않을까? 안데르센, 위의 책, 93쪽 참조.
25) 神이야말로 그런 존재가 아니던가? '부재함'으로써 영원불멸의 존재가 된 자, 신이야말로 궁극적 역설이요, 그 욕망이 아니던가.

운 옷감에 대한 욕망이라기보다 타인의 시선에 대한 욕망, 남들이 자신을 어떻게 볼까 하는 두려움으로부터 시작한다. 좀 더 구체적으로 말하자면, 그 욕망은 "일할 능력이 없거나 바보 같은 사람의 눈에는 보이지 않는 신비한 옷감"이라고 재봉사는 주술로부터 출발한다. 왕국의 많은 이들은 그들이 보기를 열망하는 새로운 옷을 위해 몸과 마음이 조율되어 있다. 따라서 그들 마음속엔 이미 그들이 그려둔 옷감의 궁극적인 아름다움에 대한 이미지가 있는 상황이다. 이때 재봉사(실은, 사기꾼)의 주술은 그 이미지에 대한 확신을 강화하는 보조장치이자 절대로 벗어나기 힘든 잠금장치 역할을 한다. 그런 상황에서 그 누구도 자신을 바보로 여길지도 모른다는 타인들의 시선을 무릅쓰고 옷감은 존재하지 않는다고 육안이 '보는 대로' 말하기란 애초에 불가능하다. 그러니 옷감을 처음 대하는 이들이 오감으로는 확인 불가능한 옷감이 과연 존재하는지에 대해 질문을 던지는 것이 아니라, 이미 존재하는—엄밀하게 말하자면 존재한다고 믿는—옷감을 '내가 볼 줄 아는가, 모르는가?'만을 물을 뿐이다.

여기서 사기꾼들의 주술은 흥미롭다. 이 주술은 자신들이 욕망하는 새로운 옷감을 볼 줄 모르는 자, 즉 자신의 욕망이 무엇인지 모르는 자들은 바보라고 주문을 걸어두었다. 우리는 그 주술에서 벗어나지 못하고 보이지 않는 것을 보인다고 거짓말하는 상황이 더 바보스럽다고 생각한다. 그들은 정말 바보 같아서 그렇게 거짓말을 늘어놓았을까? 동화를 읽는 어린아이들마저 이미 간파하고 있는 사실—옷감은 존재하지 않고 없는 것을 있다고 말하는 어처구니없는 상황—을 왕과 대신들은 쉽사리 인정할 수 없다. 정확하게 말하자면, 그들은 그것을 인정할 때 벌어질지도 모르는 자신들이 감내하기 어려운 치욕스러운 상황을 받아들이기 어려운 것이다. 오히려 그들은 거짓말을 함으로써 적어도 장관직을 유지할 수 있는데다 만일 더욱더 '뻔뻔스럽게' 옷감의 아름다움과 정교함을 칭송할 양이면 자신들에게 아마도 어떤 보상이 따르리라고 확신할 수 있는 그 왕국만의 구조적 상황을 감지하고 있었을 것이다. 그러므로 자신들의 지위를 보전하거나 물질적 보상에 대한 또 다른 욕망은 그들로 하여금 보이지 않는 것도 보이도록 부추긴다.

사실, 그들은 재봉사들이 왕국으로 왔을 때, "그런 옷감이 실제로 존재하는가?"라고 먼저 물어보았어야 하지만 저 주술은 이런 근본적인 질문을 무용지물로 만들어버렸다. 옷감은 이미 존재하는 것으로 받아들여진 상황에서 임금님을 포함한 그들 모두는 자신들이 "정녕 바보란 말인가?"라고만 되묻게 될 뿐이다. 더구나 그들의 눈에 옷감이 보이는지 아닌지는 더 이상 중요한 문제가 아니다. 내가 바보로 규정당하지 않는 것이 오히려 더 중요하며 이는 그들에게 단지 명예의 문제만이 아니라 왕이나 장관으로서의 지위, 권력, 그리고 물질적인 혜택, 헤아릴 수 없는 기득권 등등을 포기해야만 하는 일과 직결되기 때문이다. 그러므로 내 눈에 보이지 않는 것을 보인다고 거짓말하는 '후안무치'한 행동이야 아무렇지도 않은 일인 것이다. 한편 그런 욕망으로 인해 자신이 실감 나게 겪는 감각경험은 불신한 채, 결국 자기 자신을 재구성하게 된다. 요컨대, 그들에게 (1) 옷감은 당연히 존재하는 것이어야 하므로, (2) 그것이 안 보인다는 사실은 내 감각 경험을 의심할 수밖에 없는 상황이며, (3) 그처럼 불안정한 감각경험에 의존해 진실을 말해버린다면 나는 바보일 수밖에 없다. 이때 내가 굳건하게 믿을 수 있는 유일한 바탕은 나의 욕망일 뿐이다. 그 맹목적 욕망은 세계를 다시 구성한다. 즉 부재하는 옷감은 실재하는 것으로, '보이지 않는 것'은 '보이는 것'이어야만 한다. 내 감각기관은 잠시 그 기능에 이상이 있거나 오늘 나는 잠시 컨디션이 좋지 않을 뿐이다. 이 완벽한 자기기만의 상황, 아니 자신이 스스로를 속이는지조차 모르는 상황은 자신을 정당화하는 가장 아름다운 방식이다.

'보이지 않는 것'을 '보이는 것'으로 치환하는 과정, 아니 확신하는 심리적 변화 속에서 욕망은 더욱 커진다. 그렇게 욕망이 커지는 만큼 후안무치해진다. '보인다'고 말하는 것이 거짓임을 처음에 몰랐으랴마는 그들에게 거짓은 그다지 문제가 되지 않는다. 자신들이 보고자 원하는 것만을 보므로 보이지 않던 것은 보이는 공간으로 그 몸을 옮겨 온다. 그러니 보인다고 말하는 것은 그들에게 더 이상 거짓이 아니다. 그 순간부터 옷감과 관련해 동원할 수 있는 현란한 지식으로 더욱 아름답게 묘사하고 옷감의 가치를 드높이려는 노력은 더 이상 후안무치한 짓이 아니라 자기 욕망을 실현하고자 하는 이성의 간지(奸智)일 뿐이다. 이런 과정을 통해 '보이지 않는 것'을 '보인다'고 확신하는 열의가 그들의 의식 속에 굳건하게 뿌리내린다. "바보 같은 이들에게는 보이지 않으리라"는 사기꾼들의 주술은 그 왕국의 모든 이들에게 걸려 그 누구도 옷감이 보이지 않는다는 진실을 발설하지 못한다. 그 사실을 발설한다면 그는 의심할 나위 없이 왕국에서 가장 무능력하고 쓸모없는 바보라는 세간의 평가를 받게 되는 것이다. 사기꾼의 주술에서 벗어나려면 자신이 남들과는 다르게 옷감이 보이지 않는다는 사실을 고백해야만 한다. 그렇게 진실을 밝히기 위해서 우선 자신이 바보로 평가받는 수치스러운 상황을 감내해야 하는 용기가 필요하다. 그래서 공자는 부끄러움을 아는 것이야말로 용기 있는 행동이라고 하지 않았던가!26) 우리는 쉽게 진리에 대하여 말하고 진실을 입에 올리지만, 진실을 감당하려면 거기에는 엄청난 용기가 필요한 것이다. 대개의 사람이 스스로 바보임을 절대로 인정하지 않으리라는 사기꾼들의 통찰은 놀랍기조차 하다. 과연 이 주술에 저항해 자신이 바보일 수도 있다는 자각, 내 눈에는 옷감이 보이지 않는다고 고백함으로써 최면에서 깨어날 수 있는 인간이 몇 명이나 될까? 아무도 발설하지 않음으로써 진실은 덮이게 되고 그리하여 거짓이 진실인 체 가면을 뒤집어쓴다. 후안무치함은 바로 그 가면의 두께와 정확하게 비례하기 시작한다.

　다들 알면서도 말하지 않는 상황, 서로 마치 모른다는 듯이, 언제 그랬냐는 듯이 자기 최면을 걸고 가면 뒤로 숨는다. 최면에서 깨어나지 못하는 상황, 아니 최면에서 깨고 싶지 않은 상황은 지속된다. 사실, 옷감이 보이지 않았을 때의 당혹감, 자신이 바보는 아닐까 하는 생각의 끝에 붙어 있을 법한 불안함은 자신들이 현재 차지하고 있는 지위, 권력, 재산 등을 상실하지는 않을까 하는 두려움으로 이어진다. 이런 두려움은 전염병처럼 왕국의 모든 이들에게 퍼져나가 육안으로는 보이지 않는 옷감을 보인다고 조심스럽게 거짓말을 하던 것이 점점 더 최고의 찬사를 바치게 한다. "어느 누구도 자기 눈에 아무것도 보이지 않는다고 말하려 하지 않았다. 그런 말을 했다가는 바보 취급을 당하거나 능력 없다는 말을 들을 것이

---

26) 『중용』 "知恥 近乎勇"

뻔했기 때문이다. 이제까지 임금님이 입었던 옷 중에서 이처럼 찬사를 받은 적이 없었다."27) 옷감이 실제로 존재하지 않아서 그럴 수도 있었겠지만, 자신의 장관직을 보존하기를 바라는 욕망이 보이지 않는 것을 보인다고 믿도록 만들고, 나아가 그토록 극진한, 아니 후안무치한 찬사를 하도록 만들었을 것이다. 이처럼 후안무치한 찬사는 완벽한 자기 몰각 상태가 없고서는 불가능하지 않을까? 오로지 자신이 믿는 것, 자신이 보기를 원하는 것만을 보도록 자신을 조율해 두지 않고서 어떻게 그런 찬사가 가능할지 감히 상상하기 힘들다.

"임금님이 벌거벗었다!"고 사람들이 일제히 소리쳤을 때, 왕은 '그렇다고 행차를 그만둘 수는 없어'라며 오히려 더 당당하게 걸어간다. 두 명의 시종은 마치 기다란 옷자락을 높이 쳐든 것과도 같은 자세를 취한 채 의젓하게 그 뒤를 따르는 동화의 마지막 장면은 후안무치함의 절정이다. 마침내 자기가 벌거벗었다는 사실을 알았지만, 왕이 행진을 그만둘 수 없었던 까닭은 아마도 지금껏 누려온 군주로서의 권위를 지탱하고 싶은 욕망에서 기인한 허위의식이었으리라.28) 달리 말하면 자신이 지금 벗고 있다는 사실보다 군주로서의 권위를 유지해야 한다는 욕망이 더 컸기 때문이다. 시종들도 마찬가지다. 그들이 마치 옷자락을 들고 있는 것처럼 우스꽝스러운 자세로 **뻔뻔하게** 뒤를 따랐던 까닭 역시 실질적으로는 자신들의 지위를 지키고자 하는 절박한 욕망 때문이었으리라.

욕망은 늘 절박하고 맹목적이어서 우리에게 사태를 둘러볼 만한

---

27) 안데르센, 위의 책, 97쪽.

28) 전 재산이 29만 원밖에 없다는 전직 대통령(2003년 6월 24일 자 오마이뉴스)이나 모든 국민이 정직했으면 좋겠다는 재벌총수를 가진 우리들의 경험은 저 동화를 단지 거짓과 위선을 고발하는 교훈적인 이야기로만 읽을 수밖에 없도록 만든다.

여유를 주지 않는다. 굶주림에 허기진 배를 채우려고 허겁지겁 먹는 사람들은 부끄러움을 느낄 수 있을망정 후안무치하다고 느끼지는 않을 것이다. 후안무치함은 욕망이 속도를 내기 시작할 때 그래서 주위를 헤아리지도 못하고, 심지어는 자기 자신도 잊을 때 붙이는 이름이다. 그럴 때 행동하는 모든 상황에서 그 자신은 절대 자신이 후안무치하다고 생각하지 않는다. 오히려 적절한 변명과 그럴싸한 이유도 적당하게 준비하고 있다. 예를 들어, 어느 시인은 친일한 목적이 살기 위해서라고 했다. 그리고 그는 1980년대에 절대권력자의 생일 축시도 썼다. 그때도 목숨을 부지하기 위해서였을까? 권력의 비호 아래 누리던 여러 물질적 욕망에 젖어 아마도 습관처럼 시를 쓰지는 않았을까? 그때 그의 후안무치함은 자신에게 너무도 잘 맞는 옷처럼 그의 몸을 감싸고 나아가서는 몸의 일부가 되어 버린 듯하다.

2) 밤나무 숲에서: 자신을 본다는 것은 가능한가?

맹목적 욕망으로 인한 자기 망각의 흥미로운 예를 우리는 『장자』에서도 찾아볼 수 있다.

> 장주가 雕陵의 울타리 주변에서 노닐다가 한 마리 이상한 까치가 남쪽에서 날아오는 것을 보았는데, 날개는 넓이가 7척이나 되었고 눈은 커서 굴리는 데 1촌이나 되었다. 장주의 이마를 스치듯 날아 밤나무 숲에 앉았다. 장주는 "이건 어떤 새일까? 날개가 넓은데 제대로 날지도 못하고 눈이 큰데 보지도 못하잖아? 옷의 아랫도리 부분을 걷어 올리고 걸음을 재촉해 다가가 석궁을 들고서 겨냥했

다. 그때 시원한 그늘을 찾아 자신을 잊은 채 쉬고 있는 매미 한 마리를 보았다. 사마귀는 나뭇잎에 숨어 있다가 자신의 먹이를 보고는 자신이 노출되었다는 것도 잊은 채 낚아채고 있었다. 이상한 까치도 그 뒤를 쫓아 자신의 이익을 보고는 제 목숨도 망각한 채 잡아먹으려 하고 있었다. 장주는 소스라치게 놀라며 "아, 모든 것들이 서로 얽혀 있고 하나가 다른 걸 불러들이는구나." 이내 석궁을 던지고 돌아서 나오는데, 雕陵의 관리인이 꾸짖으며 쫓아왔다. 장주는 집으로 들어가 3개월 동안 문밖출입을 하지 않았다. 인저가 와서 여쭈었다. "선생님께서는 요즘 무슨 일로 전혀 밖으로 다니지 않으십니까?"

장주는 "내가 겉으로 드러나는 모습만 지켰지 나 자신을 잊었다. 마치 혼탁한 물만 바라보다가 맑은 못에서 미혹된 형국이다. 게다가 난 선생님으로부터 '그 풍속에 들어가거든 거기 법도를 따르라'는 말을 들은 적이 있다. 이제 내가 조릉에서 노닐다 나 자신을 잊고서 이상한 까치가 내 이마를 스치고 날아갔을 때, 밤나무 숲에서 놀면서 내 목숨도 잊고 있었다. 그러다 보니 밤숲의 관리인이 날 죄인 취급을 하는 지경에 이르렀다. 이런 이유로 바깥출입을 하지 않고 있는 것이다."[29]

매미, 사마귀, 까치, 장자, 그리고 숲 관리인으로 이어지는 연쇄 고리를 보면 이들은 목숨이 위태로운지도 잊고서 각각 자신이 바라는 것에 빠져 있다. 엄밀하게 말하자면, 매미나 사마귀, 까치의 단계는 감각적-생리적 욕구에 가까운 상태다. 오랜만에 발견한 시원한 그늘이라던가, 먹이로서의 매미나 사마귀를 노리는 고도의 집

---

29) 『莊子』「山木」, 莊周遊於雕陵之樊, 覩一異鵲自南方來者, 翼廣七尺, 目大運寸, 感周之顙而集於栗林. 莊周曰:「此何鳥哉, 翼殷不逝, 目大不覩?」蹇裳躩步, 執彈而留之. 覩一蟬, 方得美蔭而忘其身., 螳蜋執翳而搏之, 見得而忘其形, 異鵲從而利之, 見利而忘其眞. 莊周怵然曰:「噫! 物固相累, 二類召也!」捐彈而反走, 虞人逐而誶之. 莊周反入, 三月不庭. 藺且從而問之:「夫子何爲頃間甚不庭乎?」莊周曰:「吾守形而忘身, 觀於濁水而迷於淸淵. 且吾聞諸夫子曰:『入其俗, 從其令.』今吾遊於雕陵而忘吾身, 異鵲感吾顙, 遊於栗林而忘眞, 栗林虞人以吾爲戮, 吾所以不庭也.」

중상태, 즉 자신의 목숨이 위태로운지도 모를 만큼 몰아의 경지에 빠진 상태의 연쇄를 자각하는 순간 장자는 소스라치게 놀란다. 자신도 자신의 맹목적 욕망－주체할 수 없는 호기심에 존재들끼리 물고 물리는 연쇄 고리 속으로 들어가 있는 상황을 깨닫게 된 것이다. 그렇지만, 이미 늦었다. 자신을 망각한 상태에서 저지른 실수로 인해 도둑으로 의심받는 상황까지 연출하게 되었으니 말이다.

곽상은 장자가 도둑으로 의심받은 상황이 부끄러워 집 밖으로 나가려 하지 않았다고 친절하게 설명하고 있다.[30] 장자는 그나마 그 짧은 순간 자신의 모습을 돌아볼 수 있었다. 욕망의 본질적인 속성은 그 속성상 기본적으로 대상으로 향할 수밖에 없다. 장자가 깨달았던 것처럼, 그것들이 서로를 끌어들이고 조우하고 부딪히는 메커니즘이야말로 욕망이 꿈틀대는 상황이다. 이때 그 상황 속에 빠진 존재들은 거리를 두고 자신을 관찰하기 불가능하다. 후안무치한 존재들이 스스로 후안무치한 존재임을 알 수 없는 이치도 이와 같지 않을까? 그렇다면 다시 돌아보자. 인간이 모든 대상과 궁극적으로 절연한 채 살아갈 수 있는 존재인가? 사마귀나 까치처럼 본능적 욕구는 차치하고라도 사회적 관계를 상정하지 않는 인간의 삶을 상상하기란 쉽지 않다. 우리가 욕망하는 대부분은 사회적 삶과 관계로부터 출발하며 나아가 욕망이 일으키는 대개의 문제 역시 그 관계망으로 인해 빚어진다. 그런 와중에 욕망은 인간들의 행동 방식을 규정하고 이끌면서 오로지 목적하는 대상만을 확대해 눈앞에 가져다 놓는다. 그러니 나뭇잎 뒤에 숨어 먹이를 노린다든가, 까

---

30)『莊子集釋』疏】莊周見鵲忘身, 被疑盜栗, 歸家愧恥, 不出門庭.

치를 놓칠까 봐 아랫도리를 걷어 올리고 자기도 모르게 조용하고
도 재빠른 걸음걸이로 다가서는 것이 아니겠는가?

그렇게 욕망이 나를 몰아가는 상황을 장자는 "지금 세속의 군자
들은 대부분 제 몸을 위태롭게 하고 제 생명을 내동댕이치면서 외
물의 노예가 되고 있다"[31]고 경계해왔다. 『장자』에 등장하는 인물
들, 王駘, 子桑戶, 孟子反 등은 기본적으로 耳目으로 대표되는 감
각적 욕구, 생리적 충동으로부터 자유로운 활달한 경지를 보여주고
있다. 7개의 감각기관이 생겨나기 시작하자 죽어버린 混沌의 우화
를 통해서도 우리는 감각적 욕구가 필연적일 수는 있지만 결국 그
런 감각 작용들로 인해 생명을 온전하게 지키기 어렵다는 장자의
목소리를 들을 수 있다. 생명을 보존하기 어려운 까닭을 그는 감각
기관 자체의 문제가 아니라 감각기관을 통해 받아들인 정보들을
바탕으로 善惡, 好惡, 美醜라는 가치 판단을 함으로써 생명의 자
연스러움이 파괴된다고 보았기 때문이다. 예를 들어, 그는 伯夷와
盜跖이 각각 명예와 재물 탓에 목숨을 잃었노라고 말한다.[32] 名利
에 대한 추구, 지식욕, 권력욕이야말로 인간의 본성과 생명을 해치
게 한다는 『장자』의 전반적인 관점은 욕망과 자연을 대척점에 설
정해두고 있음을 우리는 짐작할 수 있다.

다시 우화로 돌아가자. 생명을 잃은 것도, 도둑으로 몰려 형벌을
받은 것도 아니지만, 장자는 기괴하게 생긴 새에 대한 호기심 때문
에 자신을 망각해버린 순간이 부끄러워 집 밖에도 나오지 않았다.

---

31) 『莊子』 「讓王」, 今世俗之君子, 多危身棄生以殉物, 豈不悲哉!
32) 『莊子』 「騈拇」, "伯夷死名於首陽之下, 盜跖死利於東陵之上, 二人者, 所死不同, 其於殘生
傷性均也."

말하자면, 자신의 목숨이 위태로운 상황마저도 잊은 채 몰두했던 자신의 모습에 장자는 충격을 받았던 것이었으리라. 더구나 장자는 맹목적으로 몰입하는 그와 같은 욕망이 대상을 완전히 장악해 지배하고자 하는 힘의 발현이며 종국에는 욕망하는 자신마저도 파괴해버릴 수 있다는 자각을 했던 듯하다. 욕망이 우리를 후안무치하게 만드는 메커니즘도 이런 알고리듬을 밟지는 않을까? 앞서 말했듯이 후안무치함의 아이러니는 자신이 후안무치한 행동을 하는 줄 모른다는 사실이다. 욕망이 추동하는 속도가 증폭될수록 더욱 자신을 망각하는 정도는 심해진다. 후안무치한 행동은 더 이상 후안무치한 행동이 아니라 욕망이 끌어낸 다른 내 모습일 것이다.

　여기서 기억해야 할 점은 후안무치한 행동이 그리 대단한 무엇이 아닐 수 있다는 사실이다. 장자에게는 잠시 자기를 망각하고 雕陵의 경내로 들어가 도둑 취급을 받았다는 사실만으로 충분히 부끄러워해야 할 이유가 되었다. 여기서 초점은 "자신을 망각했다[忘身]"는 데 맞추어져 있다. 자신이 생각했던 자신의 모습, 자신을 전혀 의식하지 못한 채 행동했다는 사실이 그에게는 부끄러운 일인 것이다. 그러니 계속 자신을 잊은 채 행동한다면 자신은 물론 스스로 후안무치한 줄 모르겠지만, 너무도 쉽게 후안무치한 짓을 저지르는 것이다. '이건 내가 봐도 참 뻔뻔한 짓이네' 하면서 뻔뻔한 행동을 하는 경우는 드물다. 그럴 때가 있다 하더라도 이미 의식한 이상 그 행동은 조심스러울 수밖에 없다. 물론 후안무치한 일을 한마디로 규정하기란 어렵다. 더욱이 자기 내면에 세워둔 도덕적 잣대가 사람마다 다르고 또한 타인에 대하여 거는 기대가 다르므로 일률적으로 그 어떤 행동을 부끄러워해야만 하는 일로 정하기란 쉽지 않다. 그렇지만 만일 후안무치함을 주변의 여건이나 반응은 돌아보지도 않은 채, 자신이 욕구하는 대로 세계를 구성해 그대로 행동하고자 하는, 일종의 맹목성이 빚어낸 행위양식이라면 그 맹목성으로 인한 자기 인식의 부재가 후안무치함의 한 조건이 되리라는 점은 확실하다.

자신을 인식하지 못했던 순간을 장자는 "흐린 물을 관찰하다가 맑은 못을 만나자 미혹되었다"는 은유를 통해 묘사하고 있다.[33] 흐린 물은 아마도 혼탁한 세상일 터이며 그런 세상을 관찰한다는 의미는 어지러운 삶의 공간에서 자기중심을 잃지 않으려고 - 또는 상처 입거나 손해 보지 않기 위해서 - 최선을 다해 그 세상을 파악하고자 했다는 정도의 의미로 이해할 수 있다. 그렇다면 맑은 못[淸淵]은 무엇을 뜻할까? 그 어떤 분별이나 분석조차 필요없는, 너무도 자명한 상태를 뜻하는 것은 아닐까? 혹은 그처럼 자명해야 할 가장 가까이에 있는 자기 자신의 모습에 대한 상징은 아닐까? 맑은 못이 무엇을 의미하는지 정확하게 지적하기 어렵다. 하지만 적어도 그것과 마주하는 순간 어떻게 해야 할지 몰라 혼란스러웠다는 고백은 아마도 우화 속에서 자신의 호기심에 끌려 곤욕을 치렀던 순간에 대한 은유일 것이라고 확언할 수 있다. 우리는 혼탁한 세상에서 나름대로 머리를 굴려가며 어떻게든 잘난 체 살아가지만 정작 너무도 명백하게 알고 있어야 할 자신에 대해서는 미혹되지 않을 수 없었다는 말은 아닐까? 그러니 외물에 끌려 욕망에 눈이 먼 순

---

33) 곽상은 "觀於濁水而迷於淸淵"에 대하여 돌이켜 성찰하는 방법을 잊었다고 주를 달고 있고 鍾泰는 "헷갈릴만한 대상에 대해서는 살필 줄 알지만 명백한 대상에 대해 도리어 헤맸다고 말한 것으로 심하게 자책했던 때문이다"고 설명하고 있다.

간이 어찌 부끄럽지 않으랴. 후안무치함은 그렇다는 사실을 전혀 자각하지 못한 채 여전히 머리를 굴리면서 마치 자신이 욕망을 조절하고 있다고 착각하는 완벽한 망각의 상태에서 비롯되는 심리적 태도는 아닐까?

4. 욕망의 두 얼굴: 욕망을 욕망으로 극복하기

데카르트에 따르면 적어도 인간은 회의함으로써 우리 자신이 존재함을 의식할 수 있는 존재여야 한다. 이렇듯 반성적인 성찰은 근대철학이 제시한 인문학적 사유의 기본적인 양식이었다. 그런 사유를 통해 인간은 인간 됨의 기준들을 설정하고 세계와 관계를 맺어왔다. 그런데 욕망은 본질적으로 사유의 이와 같은 운동성과 충돌할 수밖에 없다.[34] 달리 말해, 인간이 자신을 이해한다는 것은 불확실한 가설이나 추론에 의존해 구성하는 부분적일 뿐만 아니라 제한적일 수밖에 없는 한계를 드러낸다고 생각한다. 예를 들어, 거울의 힘을 빌리지 않고는 내 평생 나는 내 등을 볼 수 없으며 내시경의 힘을 빌리지 않고는 내 위장의 생김새를 보기란 불가능하다. 심지어 내가 듣는 내 목소리마저 타인이 듣는 나의 객체화된 목소리와는 다르다. 녹음기로 재생된 목소리를 듣지 않는다면 타인들이 듣는 나의 목소리를 나는 평생 들을 수 없다. 인간의 감각작용의 이와 같은 한계는 우리가 우리 자신을 잘 알 수 있다고 믿지만, 그

---

34) 데카르트의 욕망관에 관해서는 소병일, 「생리학적 욕망과 기하학적 이성 간의 갈등: 『정념론』을 중심으로 본 데카르트의 욕망관」 참조.

것이 환상에 불과할 수도 있다는 생각을 갖게 만든다. 내가 나를 객체화하여 온전하게 바라볼[全觀] 능력은 애초 인간에게 허락되지 않는다. 설사 그렇게 나를 객체화하여 온전하게 바라본다고 해도 그렇게 바라본 나를 제대로 이해했다고 말하기는 쉽지 않다. 그렇다면 후안무치함은 그 표현이나 정도의 차이일 뿐 모든 인간이 본질적으로 가질 수밖에 없는 일상의 행동양식이랄 수 있다.

그런데 우리는 沒我 혹은 忘我的 상태 자체를 반드시 비난하거나 나쁘다고 여기지는 않는다. 예를 들어, 실험에 몰두해 시계를 달걀인 줄 알고 삶았다던 뉴턴의 일화처럼 忘我와 관련한 천재들의 일화 속에서 그들의 무례함은 후안무치함이라기보다 자기 일을 사랑하고 그에 몰두하던 미담으로 회자된다. 또한, 나르시시즘을 자기인식의 결여를 보여주는 예라고들 말하지만, 누구도 나르시시즘을 후안무치하다고 나무라진 않는다. 후안무치함이란 나르시시즘적 속성, 즉 자기애적 병리현상을 보여주는 데에 더하여 타자에 대한 폭력적 태도를 취하는 일종의 적극적 공세라고 말할 수 있다. 따라서 후안무치함이란 맹목적 욕망에 끌려 자신을 인식하지 못하는 문제뿐만 아니라 타자에 대한 적극적 태도와 관련한 문제이며 이는 욕망을 어떻게 해석하느냐, 그 충동에 어떻게 반응하고 능동적으로 대처하느냐의 문제와 닿아 있음을 깨닫게 된다.

철학자마다 욕망론이 각각 다를 수 있겠지만, 그 논의는 크게 욕망을 부정적인 것으로 이해하느냐, 긍정적인 힘으로 바라보느냐로 구분할 수 있을 것이다. 욕망은 '결핍－부재－결여'로 인해 발생하는, 본질적으로 채워질 수 없는 생의 본능적 양태이며 이처럼 충족 불가능한 속성으로 인해 결국 파괴적이고 제어하기 힘든 그 무엇이라는 관점이 바로 욕망을 부정적으로 이해하는 줄거리다. 그에 반해 긍정적인 입장은 욕망을 주요한 삶의 동력으로 정의하면서 욕망으로 인해 발생하는 대립과 갈등까지도 궁극적으로는 우리의 삶을 나은 방향으로 실현하고자 하는 계기로 이해한다. 그렇지만 긍정의 힘이든, 부정적 충동이든 욕망은 프로이트가 일찍이 언급했던 것처럼 죽지 않은 다음에야 채워지지 않는, 충족불가능성을 그 동력으로 삼는다. 욕망에는 브레이크도 없고 눈도 없다. 생각해보라, 만일 욕망에 그런 것들이 있다면 그것만큼 형용모순적인 표현도 없으려니와 욕망에 관한 수많은 이야기가 얼마나 재미없었겠는가? 이러니 욕망이란 일시적으로 충족되었다고 하더라도 금세 다시 변주되어 우리는 새롭게 욕망하기 시작한다. 생명이 붙어 있는 한 우리는 욕망으로부터 자유롭기 어렵다. 배고픔을 면하기 위해 먹고자 하는 식욕, 자고 싶은 수면욕, 성욕 등 생리적 차원의 결핍을 채우려는 욕구에서부터 출발해 미각을 즐겁게 하려고 진귀한 음식을 찾는다거나 편안하고 쾌적한 잠자리를 추구하기 시작한다. 그 과정은 '나'를 보존하려는 일차적이고도 구체적인 욕구가 점차 추상화되고 이차적인 취향의 문제로 전이, 확장되기 시작한다. 취향의 확장 역시 '나(주체)'의 공고화—정립화라는 심리적 정체성과 닿아 있으며 이처럼 욕구에서 욕망까지 펼쳐지는 스펙트럼은 나에 대한 보존 욕구를 넘어서서 자신 혹은 그 자신의 힘이 미칠 수 있는 영역을 확장, 과시하려는 양태를 드러낸다.[35]

---

35) 여기서 논하는 용어들을 거칠게 개념화하자면 생리적 차원의 '욕구'(need), 삶을 보존하고자 하는 '충동'(conation; urge), 그리고 관념화되고 타자화된 '욕망'(desire)으로 나눌 수 있다. '욕구'는 배고픔, 목마름과 같은 구체적 차원의 결핍으로 인해 발생하는 것이며, '충동'은 생명 자체의 보존을 위한 힘의 작동을 가리킨다. 그에 반해 '욕망'은 "관념화된 결핍의 힘" 또는

"타인의 욕망을 욕망한다"던 라캉의 말을 빌려오지 않아도 나의 욕구가 욕구를 넘어서는 어느 지점에서 욕망화될 때, 그 욕망을 과연 내가 진정 나 스스로 원해서 그것을 욕망하는지 명확하게 인지하기는 쉽지 않다. 특히 오늘날 우리가 자기의 개성을 드러내기 위해 택하는 다양한 취향－그것이 패션이든, 기호식품이든－ 역시 거대한 자본주의의 메커니즘 속에서 소비되는 광고와 이미지의 홍수 속에 무의식적으로 각인되어버린 타자의 욕망일 뿐이라는 것이다. 이 과정에서 욕망의 작동방식은 맹목성과 자기인식의 결여라는 몰아적 태도를 취하게 되며 이는 인간이 원초적으로 타고난 인식적 불완전성(혹은 불확실성)으로부터 발생하는 불가피한 것일 수 있다. 그래서 '맹목적'이라거나 '후안무치함'이라고 하는 정신상태마저 객관적으로 지각할 수 없는, 의식의 미분화 상태에서 우리는 헤맬 수밖에 없는 것이다. 특히 나에게 결여된 것을 욕망하는 혼신의 집중 속에서, 어쩌면 욕망한다는 사실조차 잊을 정도의 몰아상태에 빠지게 될 것이다. 나아가 자신이 보고 싶은 것만을 보고 욕망하는 것만 확대하여 인지하도록 하는 욕망의 작동은 의식 활동을 제한시켜 타자와 소통하거나 타자의 관점에서 생각할 능력 자체를 일정하게 소거시켜 나간다. 그렇다면 후안무치함은 그저 타인을 배려하지 못하는 소통 불능의 상태, 나르시시즘과도 유사한 자기인식의 결여태에 불과한 것일까?

『도덕경』에 일관되게 흐르고 있는 無欲 논의는 욕망의 무한한

"타자화된 욕구의 지속적 결여태"라고 간략하게 정의하고자 한다.
실은 欲의 이와 같은 층위를 맹자가 말했던 짐승과 인간의 차이, 서민과 군자의 차이 등에서 재구성할 수 있다고 생각한다. 짐승과 인간의 차이가 없다는 것은 욕구적 차원이며, 그 차이가 생기는 것은 욕구와 욕망의 차이 때문이라고 할 수 있을 것이다.

추구가 가져올 문명의 파괴와 인성의 巧詐化에 대한 일종의 경계였을 것이다. 맹목과 자기인식의 결여가 한 걸음 더 나가는 순간, 달리 말하면, 욕망하는 자신조차 자각하지 못한 채 궁극에는 그 자신마저도 삼키려 드는 파괴적 면모도 보여주기 때문이다.[36] 논자가 욕망으로부터 기인한 후안무치한 태도를 문제 삼는 까닭이 바로 여기에 있다. 후안무치함은 욕망이 타자에 대한 폭력과 공격, 뻔뻔함이라고 하는 방식으로 그 속내를 드러내는, 일종의 적극적 태도의 문제이기 때문이다. 욕망의 이런 적대적 태도 - 후안무치함에서 벗어날 계기를 우리는 어떻게 마련할 수 있을까? 후안무치함이 어느 정도는 인간의 불완전함과 그로 인한 욕망의 작동에서 빚어지는, 불가피함이라고 하더라도 이를 벗어나고자 노력하지 않을 수 없다. 그 계기를 마련하려는 노력 역시 나은 인간이 되고자 하는 또 다른 욕망의 운동으로부터 기인한다고 말할 수 있다. 또한, 우리가 인간인 이상 인간 됨의 문제, "우리는 어떤 존재이어야 하며 어떻게 살아가야만 하는가?"라는 철학적 인간학의 물음을 묻지 않을 수 없기 때문이다. 순자는 욕망을 문명의 질서로 다스릴 수 있다고 믿었다. 반면 노자는 그와 같은 부정적이고도 파괴적인 욕망을 잠재워야 한다고 갈파한다. 욕망하지 않으려고 욕망해야 한다는 노자의 충고는[37] 욕망의 양면성, 아니 인간의 양면성을 잘 보여준다.

그 양면성은 욕망의 무한한 확장성이 가진 파괴적이고도 폭력적

---

36) 춘추시대 생산력의 변화와 토지사유제의 등장은 당대인들로서는 상상하기 힘든 문명의 전환이자 충격이었을 것이다. 이에 『道德經』을 일관되게 관류하는 無欲논의는 그와 같은 문명의 충격 이면에 드리운 욕망의 역기능에 대한 경고음이지 순자가 전제하던 자연적 경향성, 생명체 일반이 가지고 있는 욕구적인 면을 지칭하는 것은 아니다.

37) 『도덕경』 64장. "是以聖人欲不欲…"

인 욕망도 가능하지만 고도의 문명화 역시 욕망의 힘에 의해 가능하다는 의미로부터 비롯한다. 이 가운데서 자기파괴적 충동을 지양하고 자기생산적 동력이 가지는 긍정의 힘으로 옮겨가는 것은 어떻게 가능할까? 욕망의 무한 확장 속에서 일어나는 어떤 질적 轉移에 주목해야 하리라고 생각한다. 그 전이의 계기는 더욱 나은 것을 욕망하는 순간이며, 거칠게 말하자면 量質轉化의 찰나일 터이다. 그 계기를 포착함으로써 우리는 파괴적 욕망에서 벗어나 긍정의 동력을 얻게 되리라고 맹자는 생각했던 듯하다.[38] 그것은 욕망 자체를 끊임없이 관찰하는 과정에서 가능하다고 말할 수 있다. 널리 알려진 바와 같이, 맹자는 고도의 문화적이고도 도덕적인 감수성을 지닌 존재여야만 인간 됨의 자격을 획득한다고 선언한다.[39] 그런데 그런 존재가 되기 위한, 인간 됨의 자격을 획득하기 위한 과정은 역설적이게도 나 자신이 불완전하다는 자각 안에서야 가능하다는 명제를 그는 제시하고 있다. 그는 "부끄러움이 없음을 부끄러워해야 실로 부끄러움이 없으리라"[40]라고 말한다. 후안무치함을 부끄러워할 줄 알아야만 우리의 삶이 떳떳할 수 있으리라는 이 표현은 인간의 불완전성에서 기인해 끊임없이 우리 인간을 추동하는 욕망의 그늘을 자각해야만 함을 강조하고 있다. 그것을 깨닫고 부끄러워할 줄 모른다면 우리의 삶은, 적어도 맹자가 보기에 동물과 다를 바가 없게 되는 것이다.

실은 여기서 논자는 맹자의 인간이해가 "인간은 이렇다"는 식의

---

38) 『孟子』「離婁」下 19장. 孟子曰: "人之所以異於禽獸者幾希, 庶民去之, 君子存之."
39) 『孟子』「公孫丑上」6장. "無惻隱之心, 非人也, 無羞惡之心, 非人也, 無辭讓之心, 非人也, 無是非之心, 非人也."
40) 『孟子』「盡心」상 6장. "人不可以無恥, 無恥之恥, 無恥矣."

기술적 정의(descriptive definition)가 아니라 "인간은 이런 존재여야한다"는 규범적 정의(prescriptive definition)라는 점에 주목해야 한다고 생각한다. 이런 규범적 정의에는 인간은 본질적으로 불완전하며그 불완전성에 기인해 작동하는 욕망을 끊임없이 좇는 구제 불가능한 존재라는 비관적 해석이 아니라 그 욕망이 가지는 긍정의 힘, 더욱 나은 인간이 되고자 하는 바람이 담겨 있다. 그렇게 동물과 달라질 수 있도록 인간이 간직해야 하는 마음은 사람들 사이의 관계와그 질서를 면밀하게 관찰하고 이해하는 데서 비롯한다. 그리하여 인간이 행하는 모든 '짓'은 인간들 사이의 관계성을 의미 있게 구현하는 우리 내면의 가치들을 기반으로 하여 이루어져야 한다고 맹자는생각한다.[41] 맹자가 仁 · 義로 포착했던, 이런 내면의 가치들은 어쩌면 생명을 가진 존재로서의 인간이 욕망했던 나은 삶에 대한 상상이 고도로 추상화된 형태라고도 말할 수 있을 것이다.

요컨대, 욕망하지 않기를 욕망하라는 노자의 충고처럼, 후안무치함을 부끄러워해야 부끄러움이 없으리라는 맹자의 성찰처럼 욕망을욕망으로 극복하고자 하는 태도야말로 '인간의 무한한 가능성'을 낙관하는 사유방식이라고 생각한다. 그런데 이는 인간이 완벽하다는소신, 혹은 완벽할 수 있다는 바람에서 출발하는 것이라기보다 불완전성에 대한 깊은 이해에서 비롯한다고 논자는 생각한다. 왜냐하면,인간은 부단히 노력하지 않을 수 없다는 사실이 노자나 맹자의 직관적인 논리 이면에 스며 있기 때문이다. 즉, 인간의 무한한 가능성이란 완벽하게 될 수 있는 가능성을 뜻하는 것이 아니라 부단하게

---

41) 『孟子』 「離婁」 下 19장. "…舜明於庶物, 察於人倫, 由仁義行, 非行仁義也."

노력할 수 있다는 가능성을 말하며 이는 끊임없이 욕망하는 힘 덕분에 가능한 욕망의 긍정적 면모라고 말할 수 있을 것이다.

5. 맺는말: 소통의 새로운 방식을 상상하며

논자는 후안무치함이 타자에 대한 어떤 적대적이고도 폭력적인 적극적 태도라고 규정하였다. 말하자면, 우리는 벌거숭이 왕이 자신이 벌거벗었음을 모른 채 거리로 나왔다는 단순한 사실(bare fact) 때문에 그가 부끄러움도 모르는 인간이라고 생각하지는 않는다. 오히려 벌거벗었다는 사실이 폭로된 뒤에도 행차를 멈추지 않는 태도를 문제 삼는 것이며 우리는 그런 적대적인 뻔뻔함을 후안무치하다고 이름 붙인다. 그 후안무치함은 왕국의 신민들과 소통하기를 거부하는 태도일 뿐만 아니라 신민들의 외침에 오히려 너희가 나를 어쩔 것이냐고 대드는, 일종의 적대적 대응방식의 하나로 해석된다. 실은 이와 같은 태도가 바로 이성의 극단적 양상 속에서 빚어질 수도 있다. 예를 들어, 부끄러워할 줄 안다는 것은 무언가 감추고 싶은 부분이 있었음을 의미하며 그것이 발각되거나 들켰을 때 느끼는 감정일 것이다. 조금 더 논의를 추상화시키자면 '감춰져 있는 것'은 비밀스러운 무엇이기에 수치심을 느낀다는 말은 그처럼 감춰져 있어야 할 비밀이 노출되었음을 뜻한다.[42] 그렇다면 그 비

---

42) 수치심에 대한 이런 접근은 앞서 논의해왔던 수치심과 그 개념은 본질적으로 동일하다. 단지 접근방식에서 차이를 보일 뿐이다. 도덕적 감수성으로서의 '부끄러움' 역시 비밀들－야만성을 비롯한 사회적 금제(taboo)－을 지속적으로 숨기거나 통제하고자 하는, 일종의 감정의 제어기제인 것이다.

밀은 무엇일까? 드러날 때 부끄러울 수밖에 없는 비밀이란 신비롭고 두려운 인간의 이면, 즉 성적 욕망이거나 폭력성, 무질서, 짐승의 본능과도 같은 야만성은 아닐까? 그것은 늘 감추거나 사회화, 제도화를 통해 순치되어야 할 대상이다. 따라서 수치심을 통해 그 야만성은 지속적으로 숨기거나 통제되어야 할 대상으로 치부된다.

그런데 수치심이 없다는 것, 달리 말해 그 야만성을 그대로 노출할 수 있다는 것은 그들에게는 그런 본능적 노출, 혹은 욕망의 현현이 아무런 문제도 되지 않는 사안임을 시사한다. 즉, 그들은 그런 야만성을 거리낌 없이 행할 수 있는 존재들이다. 예를 들어, 미혼여성들에게 가하는 성적 농담은 성적 수치심을 불러일으킬 수 있지만, 성인 남자들의 술자리에서 벌어지는 경우는 그렇지 않다. 수치심은 따라서 특정한 집단에 권위를 부여하고 그렇지 않은 이들이 넘어들어올 수 없도록 쳐놓은 금단의 감수성일 수 있는 것이다. 이때 성인 남자들은 자신들이 성에 관한 욕망과 정보를 장악하고 있고 그것을 누릴 수 있다는 확신과 우월감으로 인해 수치심을 느끼지 않게 된다. 요컨대 비밀스러운 대상을 마음대로 좌우할 수 있다는 힘의 우위로 인해 수치심은 사라지게 된다. 사회의 특권층들이 상상을 뛰어넘는 온갖 저급한 비리를 저지르고도 자신들의 속내를 마음껏 드러낼 수 있는 후안무치함은 적어도 자신을 옭아맬 수 있는 그 어떤 사회적 구속도 존재하지 않는다는 확신에서 비롯한다. 아마도 그들은 마치 근세 유럽의 왕이 자신보다 지위가 낮은 이들 앞에서 벌거벗은 채로 있어도 전혀 수치심을 느끼지 않았던 것처럼[43] 자신들의 힘의 우월함, 또는 모든 정보를 장악하고 있다는 지적 자만심에 취해 그런 것은 아니었을까? 적어도 그렇게 느끼는 순간에 발생하는 수치심의 상실은 달리 말하면 이성의 과도한 질주가 빚어내는 냉소주의의 다른 모습은 아닐까? 그들은 "나는 다 알고 있는데, 인간의 저열한 이면조차 속속들이 꿰고 있는데 부끄러울 일이 뭐 있는가? 그런 도덕적 감수성일랑 자신들을 통제하지 못하는 아이들이나 가져야 할 감정인 법"이라고 의식적으로든, 무의식적으로든 생각하며 인간다운 감정이라고 설정해놓은 수치심을 우습게 짓밟아버린다. 아니, 그들에게는 수치심과 같은 거추장스러운 감수성을 가져야 할 그 어떤 이유도 없게 된다.

그렇다면 이런 후안무치함에 어떻게 대처할 것인가? 나 자신이 후안무치하지 않기 위해 끊임없이 노력해야 한다는 조언은 마지못해 수긍한다고 하더라도 만일 소통을 거부한 채 후안무치함으로 무장한 타자와 조우했을 때도 우리는 그들에게 우리의 불완전함을, 죽음이라는 자명한 사실을 직시하고 더욱 나은 욕망을 욕망하라고 권할 수 있을 것인가? 그들은 아마도 냉소적 지성과 그들이 가진 현실적 힘에 기반을 둔 후안무치함으로 규범적 권고를 비웃을 것이다. 인간이 본질적으로 가질 수밖에 없는 부족함을 성찰함으로써 떳떳해질 수 있는 겸허한 감수성은 그들의 마음에 더 이상 존재할 자리가 없는 것이다. 더구나 비대해질 대로 비대해진 이성은 수치심이라는 도덕적 감수성을 밀어내버리고, 다른 한편으로는 그 비대해진 몸집마저 스스로 조롱의 대상으로 삼고 있다. 이때 이성은 인간의 얼굴을 벗어던진 잔인하고 교활한 간지(奸智)이자 욕망의 다

---

43) 장 클로드 볼로뉴, 『수치심의 역사』, 2008. 254~255쪽 참조. 그렇지 않다면, 논자로서는 "모든 국민이 정직했으면 좋겠다. 거짓말 없는 세상이 되기를 바란다"는 재벌총수의 발언을 납득할 수 있는 그 어떤 해명도 발견하기 불가능하리라고 생각한다.

른 이름은 아니던가?[44]

　페터 슬로터다이크는 이런 후안무치함을 냉소적 이성의 태도로 규정하고 그에 대해 '뻔뻔함'으로 대처하기를 권한다.[45] 후안무치함에는 후안무치함으로 대처하라는 슬로터다이크의 처방을 논자는 일종의 저항의 몸짓이라 부르고 싶다. 우리가 아무리 아렌트가 아이히만의 문제를 분석했던 것처럼 후안무치한 이들을 "본질적으로 혼돈에 빠진 (함께 뒤섞여버린) '동일주의자' – 인간관계에서 차이를 알지 못하거나 차이에 대해 생각할 능력이 없는 사람"[46]이라고 분석하고 비판한다 하여도 그들의 후안무치함은 전혀 변하지 않는다는 사실이다. 게다가 그들의 의식 속에서 그들은 전혀 후안무치한 존재들이 아니므로 그런 비판이 자신들을 향하고 있으리라고 꿈에도 상상치 못할 것이다. 아무리 타자에 대한 이해와 배려, 함께 사는 삶을 운운하여도 강퍅한 자본가들은 신자유주의의 거탑 위에서 꿈쩍도 하지 않는다. 그들에게 그들이 저지르는 인식론적 오류나 윤리적 부당성을 논하는 지적 작업은 더없이 허망하기만 하다. 이런 이성적 논박이 통하지 않는다면 철학자들이 할 일은 이미 없는 셈이다. 더구나 그들 자신도 자신들의 태도가 도덕적으로 방어하거나 정당화하기 힘들다는 사실을 알기에 논쟁을 통해 어떻게 해볼 수 있으리라는 기대는 접는 편이 나을 듯하다. 그들은 오로지 그들의 자본력과 그를 기반으로 한 영향력으로 수많은 이들 위에 군림하려 들며 그 어떤 사회적 위기상황을 맞아도 아무런 대가를 치르

---

44) 이진우, 「욕망의 계보학: 니체와 들뢰즈를 중심으로」, 『니체연구』 제6집, 117~148쪽 참조.
45) 슬로터다이크, 『냉소적 이성비판 1』, 특히 5장 참조.
46) 정화열, 「악의 평범성과 타자중심의 윤리」, 한나 아렌트, 『예루살렘의 아이히만』, 40쪽.

려 하지 않는다. 이는 욕망이 도달할 수 있는 어떤 하나의 위험한 절정을 보여준다.

슬로터다이크가 권한 또 다른 종류의 **뻔뻔함**에 주목하는 까닭은 그와 같은 선문답식 제스처나 어법이 더 이상의 이성적 대화가 불가능한 상태에서 취할 수 있는 소통의 한 양식으로 기능할 수 있다고 보기 때문이다. 이것은 고의로 일상 대화의 규칙을 어기고 대화 맥락에 무관한 듯 보이는 말이나 행위로써 자신의 의사를 전하는 소통의 한 방법일 수 있다. 그러므로 이는 끊임없이 타자를 일깨우는 방식이며 상대방과 자신과의 관계를 재정립해가면서 후안무치함에 지속적으로 말을 거는 행위일 것이다. 이런 행위가 자기의 내면을 향한 반성적 성찰과 더불어 진행되어야 함은 물론이다. 그 까닭은 후안무치함에 대하여 또 다른 종류의 **뻔뻔함**으로 대응하는 것이 비아냥의 수준에 머무르면서 마치 '실천적 태도'로 보여서는 안 되기 때문이다. 맹자에 따른다면 후안무치함을 벗어나고자 하는 노력은 인간 됨의 기본이다. 인간 됨의 기본이 어떤 인격적 고결함이나 사회와 체제를 통찰하는 지성적 태도와 즉자적으로 동일시된다면 그런 공동체는 오히려 퇴행하고 있다고 말할 수 있을 것이다. 우리가 후안무치함을 **뻔뻔**스럽게 조롱하면서도 끊임없이 자기 내면을 향한 진지한 성찰과 냉철한 이성을 벼려야 하는 까닭이 여기에 있는 것이다. 우리의 문학 전통에 축적되어온 해학과 풍자가 바로 좋은 전범이 되지 않을까 생각한다.

참고문헌

『논어』
『도덕경』
『중용』
『맹자』
『장자』
『순자』
곽상, 『장자집석』, 중화서국, 1989.
谷衍奎 編, 『漢字源流字典』, 語文出版社, 2008.
김충열, 『김충열 교수의 노장철학강의』, 예문서원, 1999.
안데르센, 윤후남 옮김, 『어른들을 위한 안데르센 동화전집』, 현대지성사, 1999.
장 클로드 볼로뉴, 『수치심의 역사』, 에디터, 2008.
최상진, 『한국인의 심리학』, 학지사, 2011.
페터 슬로터다이크, 『냉소적 이성비판 1』, 에코리브르, 2005.
프리드리히 니체, 김정현 옮김, 『선악의 저편·도덕의 계보』, 책세상, 2002.
한나 아렌트, 김선욱 옮김, 정화열 해제, 『예루살렘의 아이히만』, 한길사, 2006.
_____, 이진우·태정호 옮김, 『인간의 조건』, 한길사, 1996.
소병일, 「생리학적 욕망과 기하적 이성 간의 갈등:『정념론』을 중심으로 본 데카르트의 욕망관」, 『범한철학』 제55집, 2009.
연효숙, 「헤겔의 자기의식에서의 욕망과 인정 그리고 타자」, 『헤겔연구』 15집, 2004.
이진우, 「욕망의 계보학: 니체와 들뢰즈를 중심으로」, 『니체연구』 제6집, 한국니체학회, 2004.
이행훈, 「근대 이행기 타자이해와 소통구조」, 『개념과 소통』, 2009.
Williams, Bernard, *Shame and Necessity,* University of California Press, 1994.
Nussbaum, Martha, *Hiding from Humanity: Disgust, Shame and the Law,* Princeton University Press, 2004.

생존지속 욕망에 대한 불교적 검토
- 뇌사자의 장기이식을 중심으로 -

조준호

1. 들어가는 말

생로병사는 당연한 자연의 이치인데도 죽음을 인정하지 않고, 순순히 받아들이지 않는 이유는 무엇일까? 더 나아가 무의미한 연명치료와 장기이식의 방법까지도 동원하는 이유는 무엇인가? 생존지속의 욕망이요, 죽음연장의 욕망이라 할 수 있다. 이러한 죽음연장의 욕망은 자연스러운 것을 자연스럽게 받아들이지 못하게 하는 과잉욕망 또는 병리적 욕망이라 할 수 있다. 이러한 극대화된 욕망 또는 과잉욕망의 결과는 편한 임종을 맞이하지 못하고 불행하게 죽음을 당하게 한다. 그러므로 우리 삶은 이제 well-being 차원에서 다시 well-dying을 거론하는 것으로 치닫고 있다. 누구나 '편안한 죽음', '좋은 죽음'으로서의 '아름다운 마무리'는 중요 화두가 되었다. 현대의 죽음학의 등장이 바로 그것을 말해준다.

현대사회에 있어 죽음과 관련한 과잉욕망은 뇌사자의 죽음판정을 통해서도 잘 드러난다. 다른 이의 죽음을 통해 이식받은 장기는 자신의 생존지속과 죽음연장을 가능하게 한다. 하지만 과연 뇌사자의 장기 적출은 생명윤리에 있어 문제가 없는가, 이는 뇌사를 완전한 죽음으로 인정할 수 있는지에 대한 문제에 있다.

따라서 이 글은 불교적 입장에서 뇌사를 완전한 죽음으로 볼 수 있는지를, 그리고 현대사회에 있어 뇌사자의 장기이식을 중심으로 펼쳐지는 생존지속 욕망과 죽음연장 욕망을 살펴보려 한다. 뇌사와 장기이식에 관한 문제는 불교적 의미에서 죽음은 진정 무엇을 의미하는지, 그리고 인간으로서 존엄한 죽음은 어떤 죽음이어야 하는지의 문제 또한 재고하게 한다.

궁극적으로 이 글은 뇌사자를 '죽은 자'로 성급하게 수용하려는 경향은 살아있는 자를 중심으로 하는 또 다른 인간욕망에 지나지 않는다는 것을 보여주려 한다. 죽음은 어디까지나 편안한 임종을 맞이할 수 있도록 산자가 아닌 죽어가는 자의 마지막 인권에 초점을 맞추어야 한다는 것이다. 사실 죽음은 장기이식을 위한 욕망에서 벗어나 정의되어야 할 여러 차원의 의미를 함의하고 있다.

2. 뇌사는 완전한 죽음인가

1) 선행연구 검토

뇌사는 뇌 전체가 비가역적으로 기능을 정지하여 자발적 호흡이 불가능하나 인공호흡기나 중환자 관리로 호흡을 하고 심장이 박동하는 상태를 뇌사라고 한다.[1] 이처럼 뇌사 상태에서도 심장과 폐의

---

1) 서울대학교 의과대학 의학교육연수원, 『임상윤리학』, 서울: 서울대학교 출판부, 1999, p.288.

기능은 계속 유지될 수 있다. 문제는 뇌사 이후 의료기술의 발달로 연명 치료장치가 가능하여 생명현상이 지속된다는 점이다. 예를 들면, 뇌사의 신체도 체온을 유지하고 피부색은 물론 남성의 경우 자발적 포옹도 하고 발기와 사정을 하며,[2] 임신한 뇌사 여성의 경우에 5주 후 유산을 하고 고열과 폐렴 감염 징후가 있었고, 또 다른 경우는 4일 후에, 그리고 3주 후에 출산까지 한 사례가 있다.[3] 이를 통해 알 수 있는 것은 뇌가 전적으로 우리 신체기능의 중추가 아니라는 것이다. 특히 심박동의 중추는 일차적으로 심장 자체에 있다는 사실이다.[4] 하지만 죽음의 과정에 있어 뇌사는 심장사로 이어진다. 그리고 이때 뇌사와 심장사의 시간 차를 이용하여 아직 죽지 않은 장기를 적출하여 이식하는 것이 가능하다. 때문에 장기이식이 가능한 실용주의적인 입장에서 기존의 죽음기준인 심폐사설에서 뇌사설로 바뀌고 있는 것이 세계적인 추세이다. 뇌사설을 수용해야 하는 중요한 동기는 신선한 장기의 재활용이라는 필요성이다.

하지만 뇌사를 완전한 죽음으로 볼 수 있는가? 뇌사가 완전한 죽음이라는 입장은 중요한 의미를 갖는다. 완전히 죽었을 때라야 적출한 장기를 이식시킬 수 있기 때문이다. 완전하게 죽지 않은 상황에서 장기 적출이라는 의미는 곧바로 살인을 의미하기 때문이다. 때문

---

2) 구인회, 『생명윤리, 무엇이 쟁점인가』, 서울: 아카넷, 2005, p.39.

3) 이인영, 『생명의 시작과 죽음: 윤리논쟁과 법 현실』, 서울: 삼우사, 2009, pp.397, 408.

4) SBS스페셜 "심장의 기억"(6월 19일 SBS 밤 11시): 이와 더불어 심장에 관한 최근의 연구추세는 이 같은 문제를 더욱 혼란스럽게 한다. 현재 의학계는 기존의 심장기능의 이해에 있어 '온몸에 혈액을 공급하는 펌프 정도'로 인식하는 데서 심장은 인간의 감정에 깊이 관여하는 기능을 가지고 있다고 밝히고 있다. 특히 뇌파와 함께 심전도나 심박전이도 실험결과, 심장은 사랑, 슬픔, 분노, 공포 등과 같은 감정에 깊이 관여하고 있다는 새로운 연구와 실험이 진행되고 있다. 그래서 많은 나라에서 심장이식 후 성격이나 취향, 식성 등이 기증자의 것과 똑같이 변한 사례들이 보고되고 있다. 심장에는 신경세포들로 이뤄진 작은 뇌가 있어 두뇌의 명령과 통제 없이도 스스로 박동하며 기억과 감정까지 인지할 수 있다고 주장하기까지 한다.

에 세계적으로 뇌사자의 장기 적출은 법적, 윤리적인 문제로 논란이 계속되고 있다. 국내에서는 장기 적출에 찬성하는 것이 대세로 2003년 2월부터 우리 사회는 이미 뇌사 상태에서 장기 적출을 합법적으로 시행하고 있다.5) 종교계에서는 불교는 물론 개신교나 천주교 또한 뇌사를 죽음으로 인정하고 장기이식을 권유하고 있다.

뇌사자는 식물인간과 마찬가지로 성적인 반응을 보일 정도로 감각은 살아있다고 한다. 양자의 차이는 호흡기에 의존하고 있느냐 그렇지 않으냐이다. 하지만 회생불능이라는 이유로 장기를 적출하는 것은 살아있는 자들의 욕망을 위한 폭력일 수 있다. 인권은 강자보다는 약자를 먼저 배려하기 위한 논의이다. 그럼에도 불구하고 장기이식에 대한 충분한 이해 없이 일반인들에 장기이식 서약을 하게 하는 것은 재고되어야 할 문제이고, 또한 죽어가는 당사자가 아닌 의사나 친족들의 권유에 의한 장기 적출 또한 존엄한 죽음을 위한 인권 차원에서 심각하게 재고될 필요가 있다.

인간들의 욕망에 의해 사실이, 진실이 어떻게 조작 왜곡될 수 있는가를 뇌사의 장기이식을 통해서도 들여다볼 수 있다. 우리나라의 '장기 등 이식에 관한 법률'에 의하면, 유족이 장기기증을 전제로 하는 경우에만 죽음으로 인정해주고 장기 적출을 하는 반면에, 장기기증을 원치 않는 경우는 뇌사자가 아직 죽지 않은 것으로 되어

---

5) 뇌사인정에 대한 국민인식에 있어 2003년은 뇌사를 죽음으로 인정한다고 응답한 경우가 조사 대상자의 64.8%, 죽음으로 인정하지 않는다는 입장은 30.7%, 그리고 생전에 장기기증의사를 밝히지 않는 경우에도 뇌사 후 가족에 의한 동의로 해도 좋다고 답한 경우는 77.5%라고 한다. 2005년에 일반 국민을 대상으로는 뇌사를 죽음으로 인정한 경우는 58.4%라고 한다(이인영, 『생명의 시작과 죽음: 윤리논쟁과 법 현실』, 서울: 삼우사, 2009, pp.406, 418). 나아가 뇌사자의 장기이식 현황은 꾸준히 늘어가는 추세이며, 주로 신장, 간장, 췌장, 심장, 폐, 그리고 각막 등으로 나타난다(이을상, 『죽음과 윤리: 인간의 죽음과 관련한 생명윤리학과 논쟁들』, 서울: 백산서당, 2006, 140).

스스로 심장이 멈출 때까지 심폐소생장치를 제거할 수 없다고 한다.[6] 때문에 유족은 심폐소생장치 등의 큰 비용부담 때문에 장기적출을 신청하기도 한다는 것이다. 이보다 더 큰 문제는 뇌사자를 죽도록 놓아주는, 그래서 편한 임종을 맞이할 인권마저 박탈당한다는 것이다. 즉 자연스럽고 평온하게 죽을 권리마저 억지로 생명을 지속시키는 기계적인 장치로 죽어가는 사람의 존엄성을 해치게 된다는 것이다.[7] 실제로 양식 있는 병원의사들의 고백에 의하면 연명치료 때문에 환자들이 엄청난 고통을 느낀다고 증언한다.[8] 이는 인간들의 욕망에 의해 생명인권의 문제마저 어떻게 편의적으로, 실용적으로 적용되는지를 보여주는 대목이다.

한국불교계와 불교학계 또한 뇌사를 완전한 죽음으로 이해하는 방향으로 정리하고 있다. 이러한 연구결과는 철학자, 법학자, 생물학자, 윤리학자, 그리고 불교학자가 참여하여 불교생명윤리 정립을 위한 연구결과 보고서로『현대사회와 생명윤리』를 내놓기에 이르렀다.[9] 이 결과물은 대표적인 불교계의 공식적인 입장으로서 현대사회의 윤리적인 주요사안인 생명 문제, 예를 들면 낙태, 안락사, 장기이식, 그리고 사형제도 등에 대한 일종의 지침서로서 불교적 관점과 근거를 제공하고 있다. 여기에서 뇌사는 완전한 죽음으로 장기이식은 하등의 문제가 될 것이 없다는 점을 반복적으로 역설하고 있다. 더 나아가 장기이식은 작복(作福)의 원인이고, 이타적인

6) 구인회,『생명윤리, 무엇이 쟁점인가』, 서울: 아카넷, 2005, p.48.

7) 구인회, 앞의 책, p.48.

8) KBS1 다큐멘터리 10년 3월 23일 밤 10시 <아름다운 마무리>.

9) 불교생명윤리정립연구위원회,『현대사회와 불교생명윤리: 불교생명윤리 정립을 위한 연구결과 보고서』, 서울: 조계종출판사, 2006.

숭고한 보살정신으로까지 장려하고 있다.

뇌사에 따른 장기이식의 긍정적인 논의는 윤호진의 「불교에서의 죽음의 의미」로부터 시작한다.[10] 이후 불교생명윤리정립연구위원회에 의하면 뇌사는 "의식을 비롯한 지각이나 느낌이나 사고작용 등 정신들이 완전히 파괴된 상태에 해당"한다고 본다.[11] 따라서 뇌사는 완전한 죽음으로 보기 때문에 뇌사자의 장기이식은 "불교적 입장에서 볼 때 아무런 윤리적 문제가 없는 것이다. 오히려 초기불교적으로 불살생을 지지하고 대승불교적으로 보시와 방생을 실천하는 것"[12]으로 권장하고 있다. 최종적으로 "불교의 죽음관은 뇌사를 죽음으로 봄으로 말미암아 장기이식의 길을 열게 될 것"으로 천명하고 있다.[13] 이에 반해 윤종갑은 '사신(捨身)과 자기결정권을 중심으로' 불교생명윤리정립연구위원회의 입장을 비판적으로 검토하고 있다.[14] 그는 불교의 기본적인 생명윤리 차원에서 볼 때 뇌사를 사망으로 판정할 수 없다는 대략의 주장과 함께 장기이식의 불교적 사례로 보는 사신(捨身)을 통해 "일반인들에게 사신의 장기이식을 권장"할 수 있는 교리적 근거로도 미흡하다고 한다.[15] 더 나아가 미국의 통계를 들어 장기이식의 효용성도 기대 이하이며, '죽음의 자기결정권'의 문제를 지적하면서 적극적으로 장기이식을 권하

---

10) 東國大學校 佛教文化 研究所 編, 『뇌사문제, 그 불교적 조명』: 서울: 東國大學校 佛教文化 研究所, 1993, pp.5~15.

11) 불교생명윤리정립연구위원회, 『현대사회와 불교생명윤리: 불교생명윤리 정립을 위한 연구결과 보고서』, 서울: 조계종출판사, 2006, p.49.

12) 불교생명윤리정립연구위원회, 앞의 책, p.50.

13) 불교생명윤리정립연구위원회, 앞의 책, p.199.

14) 윤종갑, 「불교의 사생관과 생명윤리-捨身과 자기결정권을 중심으로 -」, 『哲學研究』 Vol.105, 대한철학회, 서울: 형설출판사, 2008, pp.27~47.

15) 윤종갑, 앞의 논문, p.45.

는 것은 극히 무책임한 것으로 불교생명윤리정립연구위원회의 연구결과와 입장표명을 심히 우려한다고 자신의 입장을 밝히고 있다.[16] 저명한 불교윤리학자 키온 또한 "불교에서 뇌는 의식의 기관이지만 불교는 죽음을 의식의 상실로 정의하지 않는다"며 불교죽음의 기준은 통합기능의 상실이기에 인간존재가 뇌와 동일시되거나 뇌로 환원할 수 있다고 보는 것이 아니라는 것이다.[17] 그러나 그는 아직 뇌사와 관련한 장기이식에 대한 문제를 분명하게 거론하지는 않는다.

또한, 불교권 밖에서의 뇌사자의 장기이식에 대한 찬반논의를 살펴보면 다음과 같다. 먼저 죽음학과 관련해 알폰스 디켄(Alfons Deeken)은 뇌사를 죽음으로 인정하고 '죽음에 대한 준비교육'의 역할로 장기이식을 권유하고 있다.[18] 하지만 피터 싱어는 뇌사를 죽음으로 생각하는 것은 "속임수로, 의학적 사실로 가장한 일종의 윤리적 선택"으로 뇌사를 통한 죽음의 정의를 반대한다.[19] 그는 미국에서 무뇌아 딸을 출산한 부모가 장기를 적출할 수 있도록 법원에 의뢰했다가, 어느 누구의 다른 아이를 살리기 위해 테레사의 생명을 희생시킬 권리는 없다는 판결문 가운데 "죽음은 의견이 아니라 사실이다. 테레사의 삶이 아무리 짧고 만족스럽지 못할 것이라도"

---

16) 윤종갑, 앞의 논문, pp.37~45.
17) 데미언 키온(Damien Keown), 허남결 옮김, 『불교와 생명윤리학』, 서울: 불교시대사, 2000, pp.261~262.
18) 알폰스 디켄(Alfons Deeken), 전성곤 옮김, 『인문학으로서의 죽음교육』, 고양: 인간사랑, 2008, pp.74~75.
19) 피터 싱어(Peter Singer), 장동익 옮김, 『삶과 죽음: 생명 의료 윤리의 도전』, 서울: 철학과 현실사, 2003, p.72.

라는 의미심장한 문구를 소개하고 있다.[20]

국내에 있어 유호종은 현대에서 제기되는 실천적 물음으로서 어느 시점부터 죽음으로 간주할 것인가 그리고 뇌사 상태를 죽은 것으로 볼 것인가, 더 나아가 뇌사자로부터 장기 적출은 가능한가라는 철학적 논의를 진행하고 있다.[21] 여기에서 그는 한국철학계의 많은 학자가 죽음의 문제들을 객관적으로 입증하거나 해결할 수 없는 것으로 보고 외면하고 내버려두고 있다고 지적한다. 하지만 그는 죽음은 인간 이성을 통한 공동의 논의를 통해 철학의 사회적인 존재의의를 분명히 할 수 있어야 한다고 강조한다.[22] 그래서 "철학자의 죽음이 따로 있는 것이 아닌 한 철학으로서도 이러한 현실을 외면할 수 없다"라며, 동서양 철학자들의 죽음관을 논의하는 데 있어, 그 시작으로 뇌사와 장기이식 등의 문제를 마찬가지로 제기하고 있다.[23] 그는 "죽음의 실천적 의미를 충족시켜주는 기준"은 뇌사가 아닌 '심폐사'만이 적절하다는 결론을 내린다.[24]

위와 같은 국내외의 기존 논의 가운데에 불교의 죽음관과 관련하여 뇌사를 완전한 죽음으로 볼 수 없다는 그럴듯한 반론은 찾아보기 힘들다.[25] 하지만 불교생명윤리 차원과 인권의 문제에 있어

---

20) 피터 싱어(Peter Singer), 장동익 옮김, 앞의 책, pp.75～76.

21) 유호종, 『떠남 혹은 없어짐: 죽음의 철학적 의미』, 서울: 책세상, 2001.

22) 유호종, 앞의 책, pp.23～28; 정동호 외, 『철학, 죽음을 말하다』, 서울: 산해, 2004, pp.5～11에서도 비슷한 문제의식으로 동서양 철학자들의 죽음관을 소개하고 있다.

23) 유호종, 『철학, 죽음을 말하다』, 서울: 산해, 2004, pp.23～31.

24) 유호종, 앞의 책, pp.122, 132.

25) 불교의 죽음 논의에 대한 선행연구는 정승석, 「죽음은 곧 삶이요 열반」, 한국종교학회 편, 『죽음이란 무엇인가: 여러 종교에서 본 죽음의 문제』, 서울: 창, 2009, pp.75～99; 윤호진, 「불교에서의 죽음의 의미」, 東國大學校 佛敎文化 硏究所 編, 『뇌사문제, 그 불교적 조명』: 서울: 東國大學校 佛敎文化硏究所, 1993, pp.5～15; 곽만연, 「불교의 죽음관」, 『未來佛敎의 向方』, 彌天睦楨培博士恩法學人會, 합천: 藏經閣, 1997, pp.101～114; 문상련(정각), 「대승

뇌사와 관련한 불교의 죽음관의 검토는 매우 중요하고 필요하다. 왜냐하면, 불교적 입장에서는 뇌사자의 장기이식이 정당화되려면 뇌사자가 완전히 죽은 존재라는 죽음판정이 가장 중요한 문제이기 때문이다. 따라서 이 글은 뇌사자의 장기이식이 갖는 현대사회의 생존지속 욕망과 죽음연장 욕망이라는 문제를 불교의 죽음판정과 관련하여 검토해본다.

2) 불교의 기본생명윤리

뇌사자의 장기이식을 적극적으로 권장할 수 있는가? 불교는 불살생이라는 생명윤리를 최고 상위의 도덕 개념으로 내세운다. 기본적으로 자기 생명은 물론 초목을 포함한 어떠한 다른 생명을 죽이는 폭력을 가해서는 안 된다는 점을 강조한다. 때문에 생계수단과 관련한 계율로서 무기나 독극물 생산과 판매도 그리고 생명을 매매하는 정육점 등의 직업도 규제하고 있다. 이처럼 불교윤리의 중심은 오계(五戒)의 불살생계(不殺生戒)로부터 시작한다. 마찬가지로 다른 생명을 죽이는 것도 살생죄이지만 자살도 또한 바라이죄로 간주한다. 세상을 향한 또는 자신을 향한 증오와 분노에 따른 자살이라 하더라도 다음 생을 더욱 나쁜 방향으로 악화시키는 과보의 업인(業因)으로 보기 때문이다. 그렇지만 인과에서 벗어난 존재의 자살은 허용된다.26)

불교에 있어 출생과 죽음의 과정에 대한 기술」, 『불교학연구회』 제15호, 불교학연구회 2006.12. 등을 찾아볼 수 있다.
26) 인과에서 벗어난 존재는 열반을 성취한 아라한을 말한다.

마찬가지로 구체적인 전거를 들 필요가 없을 정도로 많은 경전과 율장에서 생명에의 계율조항으로서 폭력을 금하고 있다. 예를 들면, 오랜 병고를 견딜 수 없어 대신 죽여 달라고 하여 죽여주는 행위나, 죽음을 부추기고 찬탄·권유하는 것으로, 칼과 약을 주는 것으로, 남을 시켜서, 그리고 어떤 기구나 장치 등의 여러 방법으로 남을 죽게 하는 일을 하나하나 구체적인 사례를 들어 모두 금지시키고 있다. 키온은 이러한 사례분석을 통해 "죽음 자체는 수단으로서든 목적으로서든 결코 직접적으로 의도되어서는 안 된다"라는 것이 죽음과 관련한 불교생명윤리의 기본입장이라고 요약하고 있다.27) 그러한 점에서 주목해야 할 점은 '오랜 병고를 견딜 수 없어 대신 죽여 달라고 하여 죽여주는 행위' 또한 죄업으로 간주된다는 것이다. 이는 당사자의 자기결정권에 의한 살해인데도 죄업으로 보는 것이다. 뇌사자의 장기이식은 '자기결정권'이라 하더라도 문제가 됨을 의미한다. 더욱 심각한 문제는 완전한 죽음이 아닌 경우이다. 완전한 죽음이 아닌 경우는 살생에 해당된다. 이 경우는 시술자의 살생행위와 수술칼에 시술당하는 비명횡사로 다음 생의 업인(業因)이 되어 악영향을 미칠 수 있다는 것이다.

다음으로 적극적인 생명윤리실천으로 불교문헌을 보면 장기이식 기증의 모범처럼 여겨지는 사례가 많이 나타난다. 예를 들면, 죽을 지경으로 굶주린 이를 위해 자신의 살까지 베어서 주는 경우, 몸을 던져 새끼 있는 굶주린 암호랑이를 살린 이야기, 한쪽 눈을 요청하는 맹인에게 두 눈 모두 빼준 이야기 등등이다. 현재 이러한 이야

---

27) 데미언 키온(Damien Keown), 앞의 책, p.288.

기는 한국불교계에서 뇌사와 관련한 장기이식 실천에 적극적으로 나서야 하는 불교사례로 제시되기도 한다.[28] 하지만 이러한 경우는 엄격히 말해, 죽음을 전제한 사체이식이 아닌 생체이식의 개념에 가깝다.[29] 또한, 이러한 이야기는 분노와 욕망하는 보통사람의 이야기가 아니다. 자기보존의 욕망으로부터 얼마나 자유로운 무집착이 확립되었는지 강조하는 차원, 그렇기에 인과로부터 자유로운 보살도로 나타난다는 점을 구별해 생각할 필요가 있다.

3. 불교의 생사관과 욕망

1) 생존지속 욕망과 죽음연장 욕망

죽음학(Thanatology)은 좋은 죽음을 위해 삶과 죽음의 문제를 학제적으로 연구하는 분야이다. 욕망과 관련한 죽음학의 목표는 바로 '좋은 죽음'(well-dying)이라는 말로 압축된다. 다시 좋은 죽음이란 '아름다운 죽음', '행복한 죽음', '편한 죽음', '건강한 죽음', '품위 있는 죽음', '고통 없는 빠른 죽음', 잠자는 것과 같은 '평화로운 죽음', '가벼운 죽음', '깨끗한 죽음', 그리고 '존엄한 죽음' 등으로 학자들에 따라 다양하게 표현된다. 이렇게 현대 죽음학의 목표는 편안한 임종을 맞이하게 하는 데 있다.

---

28) 불교생명윤리정립연구위원회, 앞의 책, pp.216~218.

29) 이러한 점에 있어 불교생명윤리에서 일차적으로 허용될 수 있는 장기이식은 기증자가 살아있는 경우와 두 개의 장기 중 하나를 나누는 경우일 것이다. 그리고 인공장기이식의 경우 하등의 문제가 없겠지만, 이종이식의 경우는 또 다른 논의의 대상이 될 수 있다.

불교 또한 좋은 죽음과 관련한 생사(生死) 문제를 중요문제로 다루고 있다. 중심사상인 십이연기와 사성제 그리고 삼법인 등의 기본 가르침이 그 바탕이라 할 수 있다. 여기서 죽음은 항상 욕망의 상관관계 속에서 설명된다. 십이연기의 여덟 번째는 세 가지 종류의 욕망과 마지막 항목인 '노병사'(老病死)로 상관관계가 나타나 있고, 사성제의 첫 번째인 고성제에서 마찬가지로 생로병사(生老病死)와 두 번째인 집성제에서 세 가지 종류의 욕망이 서로 어떠한 관계를 가지고 있는가, 마지막으로 삼법인의 일체개고(一切皆苦)에서 사고(死苦)가 나타난다. 이렇게 죽어야만 하는 인간의 중심에는 욕망이 자리하고 있으며, 인간은 '욕망의 화살'(taṇhā-salla)을 맞아[30] 욕망에 끌려다니며, 욕망의 지배를 받는[31] '욕망의 노예'(taṇhādāsa)[32]라고, 그리고 세상은 욕망의 연기에 휩싸여 있다고 극명하게 표현하기도 한다.[33] 이러한 불교는 욕망을 여러 범주로 설명하고 있지만 죽음과 관련하여 기본적으로 욕애(欲愛), 유애(有愛), 무유애(無有愛)를 들 필요가 있다.[34]

첫째의 욕애(欲愛: kāmataṇhā)는 성적 욕망을 비롯한 모든 '감각적 욕망'을 말한다. 두 번째의 유애(有愛: bhavataṇhā)는 죽지 않고 생존을 지속시키려는 욕망을 말한다. 욕망하는 존재를 계속 지속시키고자 하는 '생존지속욕망'이라 이름할 수 있다. 인류는 죽음이 정

---

30) Theragāthā, 223, 514. 448 게송.

31) Saṁyutta Nikaya Ⅰ, p.39.

32) Majjima Nikaya Ⅱ, p.72.

33) Saṁyutta Nikaya Ⅰ, p.40.

34) 다양한 논의는 David Webster, *The Philosophy of Desire in the Buddhist Pali Canon*, London and New York: RoutledgeCurzon, 2005, pp.129~140을 참조.

지된 불사(不死)와 영생은 고대로부터 현재까지 간절히 추구하는 욕망이다. 많은 종교가 죽음의 공포로 발생한 것으로 설명하기도 하듯, 현재까지도 죽지 않는 영생을 최고의 가치나 목표로 제시하고 있는 종교가 여전히 힘을 발휘하고 있다. 마찬가지로 생명연장과 불로장생 그리고 영생의 염원은 과학적으로는 '장기이식'과 '냉동인간',[35] '복제인간',[36] 그리고 '뇌 업로드'[37] 등이 다양하게 이미 시행되고 있거나 연구되고 있다. 이처럼 완전한 생명연장과 죽음연장을 꿈꾸는 것은 과거에서 현재 그리고 미래에도 계속될 인간의 집요한 욕망이 될 것이다.

셋째의 무유애(無有愛: vibhavataṇhā)는 비생존욕, 생존을 부정하고 파괴하려는 욕망이다.[38] 때문에 '자기파괴욕망'이나 '죽음의 욕망'이라 할 수 있다. 자살이 대표적인 무유애이다. 자살이나 자학의 욕망은 앞의 욕애와 유애가 충족되지 않을 때 일으키는 반동적인 욕망이다. 따라서 병리적이고 뒤틀린 욕망이라고도 할 수 있다.

이러한 세 가지 욕망[三愛]은 각각 십이연기와 사성제의 집성제에서 인간의 괴로움을 야기하는 조건으로 제시된다. 삼애는 인생고의 근본원인으로 끊임없이 고통의 악순환을 일으키는 힘으로, 쉬지 않고 "이것은 자신이 좋아하고 탐하는 것에 따라 여기저기를 찾아다닌다"라는 정형적인 표현이 반복된다.[39] 때문에 십이연기 등의

---

35) 현재 미국에 미래에 재생을 위한 영하 190도 속의 '냉동인간'들이 과연 깨어날 수 있는지는 나노기술 발전에 달려 있다고 한다.

36) 클론들을 양산하는 방법으로 클론의 건강한 장기와 신체 부위를 이식 또는 교체하는 방법이다.

37) 특이점의 시점이 오면 인간을 초월하는 인공지능이 활용되어 생명이 3개월마다 1년 정도씩 연장되어 죽음으로부터 해방된 생명연장이 가능하다는 것이다.

38) 쇼펜하우어나 프로이트 등의 서양사상과 불교의 욕망론에 대한 비교적 논의 그리고 무유애에 관한 논의는 David Webster, *The Philosophy of Desire in the Buddhist Pali Canon*, London and New York: Routledge Curzon, 2005, pp.18~48, 133~140 참조.

가르침은 욕망과 고통과 죽음이 서로 의존관계임을 잘 보여준다. 그렇지만 인간은 욕망을 포기하지 않은 채 갖가지 방법으로 죽지 않으려는 부단한 욕망을 펼친다. 경우에 따라 욕망이 충족되지 않을 때는 자학적이 되며 극단적으로 죽음과 같은 자기파괴의 길로 치닫기도 한다. 하지만 어떠한 경우이든 세 가지 욕망의 종착역은 항상 죽음일 수밖에 없으며, 그러한 죽음은 역설적으로 다시 욕망에 의해 다시 되살려진다고 한다.

2) 죽음과 욕망의 상관관계

불교의 생사관에 있어 새로운 존재의 탄생은 반드시 삼사(三事)를 성립 조건으로 한다. 즉 부모의 성행위와 여성의 가임기, 그리고 일종의 업식(業識)으로 중음신(中陰身: gandhabba)이 그것이다.[40] 이러한 세 가지 조건 가운데 하나라도 충족되지 않으면 임신이 불가능하다고 한다. 존재는 그 바탕에서부터 성적 욕망이 기초하고 있음을 말한다. 그래서 욕생(欲生)이나 욕유(欲有) 그리고 그러한 존재들이 구성하는 세계를 욕계(欲界)라고 한다. 다시 한 존재가 중유 상태에서 다음 존재로 생이 결정되기까지의 전 과정을 사유(四有)로 구분하여 설명한다.[41] 사유는 생유(生有) · 본유(本有) · 사유(死有) · 중유(中有)를 말하며, 여기서 유(有)는 바로 '존재'를

39) Saṁyutta Nikāya V., pp.421~424; The Vinaya Piṭaka I, p.10: "yāyaṁ taṇhā ponobhavikā nandirāgasahagatā tatra tatrābhinandinī, seyyathīdaṁ: kāmataṇhā bhavataṇhā vibhavataṇhā."

40) 『중아함』(大正 1, 579下); 『증일아함』(大正 2, 602下~603上); 『장아함』(大正 1, 61中); Majjima Nikāya I, pp.265~267.

41) 『구사론』(大正 29, 51中21~22)

의미한다. 생유(生有)는 태어남의 순간을, 본유(本有)는 태어남의 시간부터 죽음의 순간까지를, 사유(死有)는 죽음의 순간을, 그리고 중유(中有)는 사유부터 생유까지의 존재 기간을 말한다.

그런데 여기서 죽음의 문제와 관련한 사유에 있어 '3가지 종류의 죽음'을 말한다. 첫째, 시사(時死)는 수진사(壽盡死)라고도 하는데 업력이 다하여 맞는 자연사를 말하고, 둘째, 비시사(非時死)는 불피불평등사(不避不平等死)라 하여 업력과 관계없는 불의의 사고사를 말하고, 마지막으로는 복진사(福盡死)라 하여 재물복과 같은 조건에 의한 생존에 있어 그 조건이 다해 맞는 죽음을 말한다. 즉 좋은 음식과 의약품으로 건강과 좋은 주거환경과 위생 등에 따른 연장된 수명이 맞이하는 죽음을 말한다. 현대인이 과거 사람에 대해 평균 수명이 늘어나고, 같은 시대이지만 빈부국 등에 따라 평균수명이 다른 것을 말할 것이다.

더 나아가 '죽음의 형태'에 있어서는 선심사(善心死), 악심사(惡心死), 그리고 무기심사(無記心死)로 나누어서 설명하고 있다.[42] 선심사는 선심과 선업의 결과로 고통 없는 안락한 죽음[安樂死]을,[43] 악심사는 악업의 결과로 고통스러운 죽음으로 고뇌사(苦惱死)라고 한다. 대표적으로 고뇌사 가운데 큰 고통과 함께 나쁜 죽음을 맞이하는 것을 단말마고(斷末摩苦)라고 한다. 우리말에서 단말마의 고통, 단말마의 비명이란 바로 여기서 유래한다. 마지막으

---

42) 『유가사지론』(大正 30, 281中15~27)

43) 앞의 책: "무엇이 선심사인가 하면, 마치 어떤 한 사람이 목숨을 마치려 할 때, 스스로 전번에 익혔던 착한 법(善法)을 기억하거나 혹은 다시 다른 이가 그에게 기억하도록 하거나 하면, 이 인연으로 말미암아, 그때에 믿음 등의 착한 법이 마음에 일어나고, 내지는 거친 생각(麤想)이 일어나게 된다. … 또한, 선심사로 죽을 때에는 편안하고 즐거워하면서 죽는다(安樂而死)."

로 무기심사는 앞의 선심사도 악심사도 아닌[非善非惡無記] 초연하고 평온한 죽음을 말한다. 즉 욕망의 극복으로 선악과 같은 상대적인 분별조차도 떠난 편안한 임종을 말한다. 또한, 다른 곳에서는 좋은 죽음과 나쁜 죽음을 분단사(分段死)와 변이사(變異死)로 설명하기도 한다. 분단사는 탐진치와 같은 번뇌와 장애와 함께 맞이하는 죽음을, 변이사는 무분별의 지혜로 아집을 넘어선 편안한 죽음을 말한다.44) 따라서 무기심사와 변이사는 가장 이상적인 임종으로 불교 죽음학의 목표로 제시될 수 있다.

심리학적으로 죽음은 유분심(有分心: bhavaṅga)을 통해 설명된다.45) 유분심은 생존 시의 최후의 의식으로 죽음은 바로 유분심으로부터 일어난다. '존재지속심'으로도 옮길 수 있으며, 이는 죽는 순간에 다음 생으로 재생하게 하는 욕망의 추진력이기도 한다. 달리 의지적인 잠재세력으로 업력(業力)이라고도 표현한다. 업설에 따라 유분심이 욕망과 선악과 같은 상대성을 떠나 있으면, 더 이상의 존재의 악순환이 일어나지 않는 죽음이라 한다. 즉 욕망을 벗어나지 못한 유분심은 '세 가지 욕망 가운데 존재지속 욕망인 욕애와 유애의 힘이라 할 수 있다. 더 직접적으로는 임종에 임해 욕애인 성적 욕망을 말한다. 즉 죽고 난 후 다시 태어날 수 있는 재생의 동력 또는 추진력은 성적 욕망이라는 오랫동안의 경향성이라는 것이다. 임종에 임해 업식[유분심 또는 아뢰야식]은 중유(中有)라는 존재로 형태를 바꾸어 다른 이성 간의 성적 교합을 보게 되면 마치

---

44) 참조, 문상련(정각),「대승불교에 있어 출생과 죽음의 과정에 대한 기술」,『불교학연구회』제 15호, 불교학연구회, 2006.12., p.20.
45) 유분심은 죽는 순간의 마지막 의식을 의미하는 '죽음의 마음[cuti-citta]' 등의 여러 전문용어와 함께 설명된다.

자신의 행위로 착각하고 새로운 모태에 들게 된다고 한다.46) 이로써 새로운 생명체가 다시 시작하는 조건으로서 삼사화합(三事化合)이 이야기된다.

하지만 이렇게 삼사를 조건으로 화합한 존재인 인간은 다시 태어나면 누구라도 생로병사(生老病死)의 유전을 면할 수 없다고 한다. 이러한 과정에 있어 생존지속의 힘 또는 생명력은 수행(壽行: āyu-saṅkhāra)이라는 말로 설명한다. 죽음은 이 수행의 단절을 의미하는데, 붓다와 같은 수행자는 의지에 따라 생명지속을 연장할 수도 있고, 거둘 수도 있다고 한다. 붓다의 반열반과 관련하여 붓다는 생존을 멈추겠다는 의미에서 "수행(壽行: āyu-saṅkhāra)을 포기했다"는 표현을 찾아볼 수 있다.47) 여기서 수(壽: āyu)는 명근(命根: jīvita)이라고도 하며,48) 궁극적으로 '생존지속욕망과 집착의 마음'(jīvitanikantiyā cittaṃ)을 극복 대상으로 말한다.49) 명근은 다시 '육체적 명근'(rūpajīvita)과 정신적 명근으로 구분한다.50) 그리고 양자는 상호의존적인 관계이기에 하나가 사라지면 다른 것도 사라진다고 한다.51) 이러한 분석적 설명은 뇌사와 관련하여 장기 등의 신진대사가 가능하다는 것은 정신적인 명근까지도 아직 떠나지 않고 살아있다는 것을 의미한다.

마찬가지로 가장 이상적인 죽음으로 반열반을 말한다. 보통사람

---

46) 『유가사지론(瑜伽師地論)』; 『섭대승론석』(大正 31, 332上3); 『섭대승론석』(大正 1, 393下2~3).
47) Dīgha Nikaya Vol. Ⅱ, p.108.
48) 『성유식론』 권2(大正 31).
49) Aṅguttara Nikaya Vol.Ⅳ, pp.48~49.
50) Papañcasūdanī 2, p.350.
51) Samantapāsādikā 2, p.438.

의 죽음을 의미하는 임종과 성인의 반열반(parinibbana)은 달리 구분되어 사용된다.[52] 범부가 욕망과 번뇌를 종식시키지 못한 상태로 죽는 것을 "kalam karoti"라는 말이 사용된다. 기본 어의에 있어 '시간을 다했다'이며, 반열반은 욕망과 번뇌를 다한 존재의 임종을 말한다. 때문에 반열반의 기본어의는 '완전하게 욕망의 불꽃을 끄다'라는 의미이다. 붓다와 아라한들과 같은 성자들의 마지막을 표현하는 말로 반열반이 사용되는 것은 이 때문이다.[53] 또한, 붓다의 경우 반열반은 '또렷하게 깨어있으면서'[sato sampajāna] 맞이하는 임종이라 하며,[54] 또한 3개월 전에 반열반을 세상에 공포하는 것은 '당하는 죽음'이 아니라, '맞이하는 죽음'이라는 죽음관을 보여준다. 현대 생사학의 핵심은 well-dying에 있다. 욕망이 극대화된 현대자본주의 삶에서 어떻게 하면 '편안한 죽음', '좋은 죽음'으로서의 '아름다운 마무리'를 할 수 있는가를 중심문제로 둔다. 이러한 점에서 욕망의 초극 상태야말로 초연한 죽음의 길임을 보여준다. 이렇게 죽음을 두려워하지 않고 자유롭게 그리고 대범하게 수용하는 죽음문화의 예는 동아시아전통에서도 찾을 수 있다.[55]

3) 장기이식과 과잉욕망

장기이식은 한 사람을 살리기 위해 다른 사람의 죽음을 강요 또

---

52) 국내 죽음학의 선도연구자인 오진탁은 육체 중심의 죽음이해에서 벗어나 다른 바람직한 죽음 정의를 위한 차원에서 양자의 개념 차이를 논하고 있다(참고, 오진탁, 「죽음, 어떻게 정의(定義)할 것인가—생사학과 불교의 관점을 중심으로」, 『불교학연구』 24호, 불교학연구회, 2009.12., pp.589~592).

53) Dīgha Nikaya Vol. Ⅱ, p.159.

54) Dīgha Nikaya Vol. Ⅱ, p.108.

55) 김영욱, 「선사들의 죽음과 열반」, 『불교평론』 25호, 서울: 불교시대사, 2006.12. 참고

는 요구한다는 점에서 문제를 낳는다. 최근 신문에 의하면 돈을 받고 장기이식 대상자로 우선 선정해준 혐의(장기 등 이식에 관한 법률 위반 등)로 국내 최대 장기기증단체인 한 종교지도자가 정부보조금 및 후원금 횡령죄로 구속되었다고 한다. 2011년 7월 5일 MBN 뉴스 가운데 병원 관계자가 낀 장기 매매단의 소식을 알리고 있다. 여기에는 사회복지사도 개입해 있고 브로커에만도 건당 2,500만 원에서 3,000만 원이 언급된다. 장기 매수자와 매도자는 인터넷 카페를 통해 서로 연결이 되었다고 또한 전한다.

인터넷에 장기이식이라는 검색어를 치면 바로 '장기매매알선', '신장매매사이트', '돈 필요하신 분 신장기증가격', '신장가격', '신장매매', '신장 장기기증', '신장판매', '간이식', '신장이식', '장기이식', '장기알선' 등의 말들이 바로 나타난다. 다시 2011년 7월 1일 Good tv의 뉴스에도 한국의 민간장기알선업체들이 장기제공을 해준 유족들에게 위로금 명목으로 740만 원가량의 금전적인 보상금을 지급해왔음에 국제기관인 THW 소속 기관으로부터 지적을 받자 보건복지부가 일임한다는 등의 소식을 전하고 있다. 즉 장기기증이 대가 없는 선행으로서 기증이 아니라 일정 금액이 지급되어왔다는 사실을 전하고 있다. 다시 경향신문 2011년 1월 6일 자에 의하면 '영국, 장기 매매 합법화 논쟁 가열'이라는 제하에 "영국의 저명한 외과 의사들이 정부에 장기이식 수술을 위한 장기 매매의 합법화"를 촉구한 기사나, 다른 곳에서는 "호주의 한 대학교수가 정부에 장기 매매 합법화를 요구"하고 나섰다는 기사들을 쉽게 접할 수 있다. 이러한 기사와 함께 언급된 것은 장기 매매의 도덕적인 문제와 합법화가 되면 결국 가난한 사람들을 비롯한 취약계층이 돈을 구하기 위해 신체를 팔게 될 가능성이 높다는 점을 지적했다. 실제로 중국과 인도 그리고 여러 동남아 국가에서의 장기 매매에 관한 기사들이 많다. 자국 내에서는 물론 부자 나라의 구매자에 의한 원정 장기 매매 사례들이, 그것도 나이 어린 어린이의 장기가 몇 푼의 돈에 매매되었다는 기사는 그야말로 참혹하기 그지없다. 나아가 세계에서 유일하게 중국은 사형수 장기이식 제도가 시행된다거나, 인도에서는 수도인 뉴델리 인근 지역에서 지난 6년간 500여 건의 장기 불법매매를 알선한 의사 4명 등이 조사받고 있다는 기사도 있다. 마찬가지로 인도의 체나이 외곽지역은 가난과 맞물려 장기 매매가 성행하는데 매매조직은 경찰, 공무원, 중개인, 의사로 구성되어 있다고 한다.

정도의 차이이지만 비슷한 상황은 우리나라에서도 터미널과 기차역 그리고 화장실 등에서 장기 매매의 스티커를 흔하게 볼 수 있다. 자기 살겠다고, 자식, 남편, 부인 살리겠다고 다른 사람의 생명을 돈으로 사는 충격적 현실이 펼쳐지고 있는 것이다.

4. 불교의 죽음 판정기준과 뇌사

1) 죽음에 대한 기본 정의를 통해서

아주 이른 시기의 불교문헌에서부터 죽음 판정의 기준과 관련하여 3가지 조건[三事]이 언급되는데, 수(壽)·난(暖)·식(識)이 그것이다.

수명[壽: āyu]과 체온[暖: usmā] 또 의식[識: viññāṇa]은 몸을 버릴 때 함께 버려지기에 그 몸을 저 무덤에다 버리면 마음이 없어 마치 나무나 돌과 같다. …… 수명과 체온을 버리면 모든 근(根: indriyāni)은 다 허물어져 몸과 목숨은 갈라지게 되나니, 이것을 죽음이라 한다.[56]

흔히 현대학자들은 이러한 3가지 죽음의 조건을 각기 호흡과 체온 그리고 의식과 관련한 뇌 기능 문제로 대비하여 설명한다. 이러한 3가지는 살아 있는 몸과 죽은 몸을 구별할 수 있는 것으로 수와 난 즉 수명과 체온은 등잔과 그 불빛에 비유되는 것처럼 서로 유기적인 관계에 있음을 설명한다.[57] 여기서 수명[壽: āyu]은 우리나라에서 '호흡'이라는 말로 한정하여 이해하려는 경향이 있다.[58] 영역으로는 vitality나 life 또는 longevity 등으로 옮겨지는데 생명력을 의미하는 생존지속의 힘을 의미한다고 보는 것이 타당하다. 이는 수행(壽行: āyu-saṅkhāra)이라는 말이 명근(命根: jīvita)의 동의어로 나타나는 것으로도 알 수 있다. 따라서 호nh흡만을 지칭한다기보다는 전체적으로 생리적 활동의 신진대사를 의미하는 말로 받아a들이는 것이 적절할 것이다. 즉 수의 생리적 활동은 체온을 유지시킨다. 그렇지만 엄격하게 보

---

56) "āyu parikkhīṇaṃ usmā vūpasantā, indriyāni viparibhinnāni"; 한역은 "壽暖及與識 捨身時俱捨 彼身棄塚間 無心如木石…捨於壽暖. 諸根悉壞. 身命分離. 是名爲死."(大正 2, 150中)

57) Majjima Nikaya Vol. Ⅰ, p.295; 『대구치라경(大拘絺羅經)』(大正 1, 791中~下): "수명과 체온, 이 두 법은 합해지는 것이지 갈라지는 것이 아니다. 또 이 두 법은 따로 주장할 수 없는 것이다. 왜냐하면, 수명으로 인하여 체온이 있고, 체온으로 인하여 수명이 있기 때문이다. 따라서 만일 수명이 없으면 곧 체온이 없고, 체온이 없으면 곧 수명이 없다. 이는 마치 기름과 심지로 인하여 등불을 켤 수 있는 것과 같다."

58) 東國大學校 佛敎文化 硏究所 編, 『뇌사문제, 그 불교적 조명』: 서울: 東國大學校 佛敎文化 硏究所, 1993, p.12; 尹炳植, 「불교에서의 죽음의 의미」, 동국대학교 불교문화연구원 편, 『새로운 정신문화의 창조와 불교』, 서울: 우리출판사, 1994, p.207; 고영섭, 「儒佛의 생사관」, 한국교수불자연합회, 『어울림과 나눔의 세상: 대화 문명시대의 아시아 문화와 종교』, 서울: 푸른세상, 2004, p.667.

면 둘이 바로 하나의 현상이라기보다는 수명을 바탕으로 온기 또는 체온이 발생한다. 따라서 신진대사의 활동이 멈추었다는 것은 체온이 없는 것으로도 알 수 있다. 이는 몸이 식어가는 것은 죽음으로 가는 것을 의미한다. 즉 죽음의 정의에 있어 수(壽)·난(暖)·식(識)이라는 세 가지 조건 모두가 충족되어야 한다는 것을 의미한다. 수·난·식이라는 세 가지가 전체조건으로 기능정지와 완전한 질적인 변화를 말하는 것이지 식과 연관하여 뇌 기능의 뇌사만으로 결정적인 죽음으로 보지 않는다는 것이다. 이는 이후 설명될 같은 시기에 성립된 다른 경전의 죽음 정의와도 일치한다.

수·난·식과 관련한 죽음의 정의에 이어 좀 더 구체적으로 죽음에 대한 설명에서 한역아함은 대략 아홉 가지의 말이 부가된다.[59] 그리고 빠알리 경전은 여덟 가지이다.[60] 그런데 자세히 들여다보면 완전한 죽음 그리고 결정적인 죽음을 설명하기 위해 사용된 표현은 '체온이 식는 것[火離]'과 '시간을 다한'(kālakiriyā), '오온의 분리'(khandhānaṃ bhedo), '시신으로 처리되는 것'(kalebarassa nikkhepo) 그리고 '명근(命根)의 파괴'(jīvitindriyassa upacchedo)라는 말 등이다.

이처럼 죽음에 대한 가장 정형적인 설명은 분리나 파괴라는 말에 기초하고 있다. '존재의 분리와 해체'는 몸으로부터 온기가 떠나는 것과 오온의 분리 그리고 신진대사를 담당하는 명근의 파괴가 그것이다. 여기서 명근을 신체적인 또는 정신적인 것으로 구분하는 것은 오온에 있어서도 감각과 의식이 포함되어 있다는 것과 서로

---

59) (大正 2, 85中): "云何爲死, 彼彼衆生, 彼彼種類, 沒·遷移·身壞·壽盡·火離·命滅, 捨陰時到, 是名爲死."

60) Saṃyutta Nikāya Vol. Ⅱ, p.3: "Katamañca bhikkhave, maraṇaṃ? Yā tesaṃ tesaṃ sattānaṃ tamhā tamhā sattanikāyā cuti cavanatā bhedo antaradhānaṃ maccumaraṇaṃ kālakiriyā khandhānaṃ bhedo kalebarassa nikkhepo jīvitindriyassa upacchedo. Idaṃ vuccati maraṇaṃ."

통한다. 따라서 완전한 죽음은 개개의 육체적 정신적인 구성이 분리되고 해체되고 파괴된 상태임을 나타낸다. 심신의 유기적인 기능이 완전히 정지해 있는 상태를 의미한다. 앞의 인용문에 나타난 죽음 정의에서 '마치 나무나 돌과 같게 된 상태'로 비유한 것이 여기에서는 '시신으로 처리되는 것'이라는 다른 말을 쓰고 있다. 이는 뇌사와 심폐사에 이은 '세포사'로서 모든 세포의 기능이 상실되어 육체가 마치 널브러져 있는 모습처럼 보이는 단계이다.

이런 점으로 보면, 불교의 죽음 정의는 육체와 정신의 구성이 분리되고 해체되어 다시는 분리와 해체 이전으로 되돌아갈 수 없는 상태를 말한다고 할 수 있다. 이러한 죽음 정의로 본다면, 장기이식을 위해 뇌사자의 죽음 판정은 분명히 너무 빠르고 성급한 것으로 볼 수 있다. 아직 체온과 심장 기능이 멈추지 않고 있다는 것은 결코 '명근의 파괴'로 볼 수 있는 것이 아니기 때문이다.

이는 현대에 있어 죽음 판정의 의학적, 법적, 윤리적 문제를 다루고 있는 관점과 닮아있음을 알 수 있다. 미국 대통령특별위원회 보고서는 죽음의 정의에 있어 '어떠한 정의가 채택되어야 하나'라는 문제에 있어 "인간이 '죽었다고' 선언할 때에 의사는 이 진단의 얼마 시점에서 이 인간이 '생존하여 있는 상태'에서 '사망한 상태'로 옮겨갔다는 것으로 '죽음은 과정으로 보아서는 안 되며 죽어가는 것을 붕괴와 분리하는 사건'"으로 보아야 한다는 것이다.[61] 때문에 "죽음의 판정은 즉시 살아있는 사람들이 인간이다가 시체가 되어버린 육

---

61) 이영균 옮김, 『죽음의 정의: 心肺死 및 腦死』, 서울: 고려의학, 1992, p.87: 이 역서는 죽음의 판정에서의 의학적, 법적, 윤리적 문제를 다루고 있는데, 1981년 7월 미국 "의학, 생체의학 및 행동과학 탐구에 있어서의 윤리적 문제 연구를 위한 대통령 위원회" 보고서를 번역한 것이다.

체에 대한 태도와 행동을 변화하게 한다"라고 부연설명을 하고 있다.[62] 양자는 죽음을 과정으로 보지 않는 맥락에서 '붕괴'와 '분리' 그리고 '파괴'라는 개념과 함께 나무나 돌과 같이 '시신으로 처리된 것'과 '인간이다가 시신'이라는 표현이 서로 통하고 있음을 알 수 있다. 더 나아가 '오온의 분리'는 죽음은 '유기체 전체의 죽음'이라는 '단일현상'으로 보아야지 '세포조직' 혹은 '기관의 죽음'만을 죽음으로 보아서는 안 된다는 것을 시사하고 있다.

2) 멸진정의 문제를 통해서

죽음과 관련한 불교수행은 먼저 죽음에 대한 단계적인 성찰로서 사상(死想: maraṇa-saññā) 또는 사념(死念: maraṇa-sati)이 제시된다. 이러한 수행을 전후로 시체가 버려진 묘지 등지에서 실제로 시신의 단계적인 부패과정을 계속적으로 지켜보게 한다. 이처럼 외부적으로는 다른 이의 죽음 과정을 관찰해야만 하는 환경과 함께 선정체험을 통해 마치 죽음으로 여겨질 정도의 심신의 상태를 스스로 체험하기도 하고 또는 다른 사람의 상태를 지켜볼 수도 있었다. 이러한 과정에서 죽음과 외관상 같은 정도의 가수(假睡) 상태나 가사(假死) 상태를 경험한다. 이때는 한동안 호흡이 정지하고 심장박동 등의 장기활동은 물론 여타의 신진대사마저 완전히 멈추고 더 나아가 의식활동까지 정지상태를 경험하는 경우로 설명된다.

예를 들면, 숲 속에서 어떤 수행자가 멸진정에 들었는데 사람들은

---

62) 이영균 옮김, 같은 책.

모두 이미 죽은 사람으로 여기고 사후처리를 하였는데 다음 날 완전히 되살아난 그를 다시 볼 수 있었다는 등등의 이야기가 많다.[63] 깊은 선정에 들면 의식 활동이 완전히 멈추고, 호흡도 끊기고, 체온도 내려가 일종의 동면상태나 죽음 직전의 빈사상태처럼 된다는 것이다. 이런 지경이 되면 죽었는지 살았는지를 판정하는 것이 혼란스럽고 어렵다는 것이다. 그래서 일찍부터 이러한 선정상태와 죽음과는 무엇이 같고 다른지에 대한 논의가 비교적으로 진행되었다.

멸진정과 죽음에 이르면 모든 신체적, 언어적, 그리고 의식활동까지 멈춘다고 한다. 하지만 양자의 차이는 죽음에 있어서는 '수명'(Āyu)과 '체온'(Usmā)이 완전히 끝나고 '모든 기관'(indriyāni)이 허물어진 반면에 멸진정은 수명과 체온이 아직 남아있으며 모든 기관 또한 허물어지지 않은 것으로 비교한다. 결국, 죽음 판정에 있어 결정적인 기준은 뇌와 관련한 '의식'이나 '호흡'의 유무가 아니라 '체온'이라는 것이다. 이런 경우가 아니더라도 실제로 죽었다고 판정된 사람이 오랜 시간 후에도 회생한 경우는 그저 만들어낸 이야기는 아니다.

불교생명윤리정립연구위원회에서 뇌사를 "의식을 비롯한 지각이나 느낌이나 사고작용 등 정신들이 완전히 파괴된 상태에 해당"하기 때문이라는 주장은 그렇게 안전한 지침이 될 수 없음을 분명히 보여준다.[64]

---

63) Majjima Nikaya Ⅰ, pp.333~334; Visuddhimagga, p.380; 마찬가지로 Visuddhimagga의 p.706 등의 논서와 주석서에도 나타난다.

64) 불교생명윤리정립연구위원회, 『현대사회와 불교생명윤리: 불교생명윤리 정립을 위한 연구결과 보고서』, 서울: 조계종출판사, 2006, p.49.

3) 삼행의 단계적 정지과정을 통해서

마찬가지로, 인간의 총체적 활동을 나타내는 삼행(三行)을 통해서 불교의 죽음 판정기준을 재고해 볼 수 있다. 삼행은 신체적 활동[身行], 언어적 활동[口行]과 의식 활동[意行]이다. 그런데 여기서 죽음과 멸진정에 들어가는 데는 삼행이 단계적으로 구행 ⇒ 신행 ⇒ 의행의 순서로 활동을 멈춘다는 것이다. 반대로 깨어날 때는 의행 ⇒ 신행 ⇒ 구행의 순서라 한다.[65] 이러한 삼행의 단계적인 작용 또는 활동의 멈춤에 있어 첫 번째인 구행은 '언어적 활동을 통한 분별사유'[尋伺]를 그 내용으로 한다. 다음 신행은 '신체적 활동으로 호흡'을 대표적으로 말하며, 마지막 의행은 심리적 활동으로 감각과 표상작용[受想]을 말한다. 이러한 차제관계를 도식화하면 다음과 같다.

구행(언어활동의 단절): 무심무사(無尋無伺) - 사선(四禪)의 제이선(第二禪).
⇓   눈·귀·코·혀·몸에 기초한 분별사유
신행(육체활동의 단절): 호흡(呼吸) 단절 - 사선의 제사선.
⇓
의행(마음활동의 단절): 표상[想]과 감각[受]의 단절 - 제구(第九)의 상수멸정(想受滅定).

이로써 완전한 죽음에 이르기까지의 관계가 어떻게 진행되는지 분명히 말하고 있다. 즉 인간이 죽어가는 단계에 있어, 먼저 눈·

---

65) Saṁyutta Nikāya Vol.Ⅳ, p.293; Majjhima Nikāya Vol.Ⅰ, p.301; 『雜阿含經』 第二一卷 『伽摩經』.

귀·코·혀·몸과 같은 감각기관과 언어활동에 의지한 사려 분별이 멈추어지고, 다음으로 신체에 의지한 호흡활동이 멈추어지고, 마지막 단계로서 호흡활동의 멈춤에 의지하여 정신 또는 심리 활동인 감각과 인식작용까지 멈추는 것으로 완전한 죽음을 말한다. 즉 완전한 죽음에 이르는 것은 삼행의 순차적인 이행을 통해 이루어진다. 마찬가지로 죽음 또는 가사(假死) 상태[66]에서 깨어날 때는 거꾸로 의행 ⇒ 신행 ⇒ 구행의 과정을 거친다는 것은 멸진정(滅盡定)의 순서와 일치한다.

이는 뇌사와 관련하여 무엇을 의미하는가? 심사는 눈·귀·코·혀·몸과 같은 감각기관이 형태, 소리, 냄새, 맛, 촉감에 반응하는 욕망[五欲樂]의 분별사유를 말하는 것으로 오온(五蘊) 가운데 의지활동의 행온(行蘊)의 범주 속에 포함된다. 그래서 선정론에 있어 초선까지는 감각기관에 기초한 분별적 사유로서 심사가 있으나[有尋有伺], 제이선으로 올라가는 단계에서는 그러한 활동이 멈춘다고 하는 것이다. 흔히 사람들이 교통사고 등의 사고로 보지도 듣지도 못하는 말도 못하는 '의식불명'은 바로 구행의 정지를 말한다.

여기까지를 뇌사에 견주면 의식불명과 심폐기능의 정지라고 할 수 있다. 즉 언어활동을 통한 분별의식과 호흡의 그침을 말한다. 하지만 처음의 구행으로서 심사활동, 즉 보지도 듣지도 못하고 말도 못하고 호흡이 멈춰있다 하더라도 세 번째 마지막 단계인 의행인 감각활동과 언어를 매개하지 않는 표상작용까지 정지를 말하는 것이 아니다. 의행은 아직 살아있다는 것이다. 완전히 죽지 않았다는

---

66) 생리적 기능이 약화되어 죽은 것처럼 보이는 상태. 정신을 잃고 호흡과 맥박이 거의 멎은 상태이나, 동공 반사만은 유지되므로 죽은 것이 아니며 인공호흡으로 살려낼 수 있다.

것이다. 이는 앞서 뇌사자의 생명현상 가운데 남성의 경우 자발적 포옹, 발기와 사정, 그리고 여성의 경우 유산과 출산, 고열과 폐렴 감염의 사례와 상통함을 알 수 있다. 즉 뇌사자에 있어 의행의 표상까지는 증명하기 힘들다 하더라도 적어도 감각활동은 지속되고 있음을 분명히 보여준다. 따라서 뇌사는 완전한 생명활동의 단절이라 할 수 없다. 이를 통해 알 수 있는 것은 뇌가 전적으로 우리 신체기능의 중추도 아니라는 것이다. 이러한 삼행의 점차적인 진행을 통해 완전한 죽음을 이야기하는 것과 관련하여 잘못 죽음을 판정한 유명한 이야기가 있다. 그것은 붓다가 죽음에 이르는 과정에 있어 멸진정에 있었던 것을 오랫동안 그림자처럼 돌보았던 시봉조차도 붓다의 죽음을 잘못 선언하였다는 것이다. 붓다의 시봉은 호흡의 정지인 신행단계를 완전한 죽음으로 잘못 오인한 것으로 의행까지 포착할 능력이 되지 못했기 때문이다. 결론적으로 앞에서 언급한 것처럼 불교의 세 가지 죽음의 조건과 관련해 학계에서 수명[壽]을 '호흡'만으로 보고서 뇌사를 완전한 죽음이기에 장기이식이 가능하다는 근거를 내세우고 있는 것도 옳지 않음을 알 수 있다.

마찬가지로, 앞서 지적한 대로 불교생명윤리정립연구위원회에서 뇌사는 "의식을 비롯한 지각이나 느낌이나 사고작용 등 정신들이 완전히 파괴된 상태에 해당"되기 때문에 "뇌사자의 장기이식은 "불교적 입장에서 볼 때 아무런 윤리적 문제가 없는 것"이라는 결론과 정면으로 배치된다.[67]

---

67) 불교생명윤리정립연구위원회, 『현대사회와 불교생명윤리: 불교생명윤리 정립을 위한 연구결과 보고서』, 서울: 조계종출판사, 2006, pp.49~50.

4) 뇌사는 제7·제8의식까지의 정지라고 볼 수 있는가

유식철학에 의하면 제6의식(意識)은 눈, 귀, 코, 혀, 몸 등의 작용을 통제하고 유지시키는 역할을 한다. 따라서 오관(五官)과 관련한 제6의식이 불명되었다 하더라도 문제는 남는다. 즉 무의식과 심층의식인 제7말라식과 제8아뢰야식의 문제가 그것이다. 제7말라식과 제8아뢰야식의 문제가 제기된 것은 바로 멸진정이나 제6의식의 불명 등의 상황에서도 끝내 생명이 단절되지 않고 회생되는 체험에 따른 설명이기 때문이다. 즉 유식의 생명탐구는 오관의 표층의식세계를 넘어 모든 심식을 유지시켜 주고 생명과 수명도 유지시키는 제7말라식과 제8아라야식을 발견하기에 이른 것이다. 여기서 제7말라식과 제8아라야식이 아니더라도, 제6의식에서조차 전오식[五官]과 함께 작용하느냐 그렇지 않으냐에 따라 오구의식(五俱意識)과 불구의식(不俱意識)으로 구분한다. 다시 말해, 현대의학에서 뇌사를 판정하는 뇌파측정은 유식의 관점으로 보면 단지 오구의식에 한정된 결과에 지나지 않을 수 있다는 것이다. 더 나아가 유식은 오위무심(五位無心)을 말한다. 제6의식이 작용하지 않는 다섯 상태로서, 예를 들면 멸진정과 함께 극민절(極悶絶), 극수면(極睡眠) 등을 말하고 있다. 극민절은 마치 기절한 것과 같이 의식활동이 정지된 의식불명 상태를 말한다. 그러나 이러한 의식불명의 상태는 완전한 죽음이 아닌 다시 의식을 회복할 수 있는 경우이다. 제6의식은 이렇게 경우에 따라서 의식활동이 끊어질 수도 있는 반면에 끊어지지 않고 회생될 수 있는 더 깊은 층의 기반이 있다는 것을 유식은 말한다. 그것은 제6의식의 흐름이 끊기는 것과 상관없이 지속

적으로 항상 작용하는 심층의 제7·제8의식이라는 것이다. 특히
제6의식과 달리 제7의식은 자기중심적이고 이기적인 생존지속 욕
망과 죽음연장 욕망을 의미한다. 욕애와 유애가 의지적 측면이라면
제7말라식은 의식적인 측면의 생존지속 욕망이다. 쉬지 않고 자신
의 생존을 위해서 집요하게 대상세계를 조작 왜곡하는 아집의 잠
재의식을 말한다. 그리고 그렇게 조작 왜곡한 정보[心種子]를 후일
기억을 위해 제8아뢰야식에 저장시키는 기능을 한다. 이렇게 인간
심연(深淵)에 어둡게 도사리고 있는 욕망과 아집의 의식기반을 유
식은 항심사량식(恒審思量識)이라 이름하기도 한다. 임종 시 피가
낭자한 가운데 의사들에 의해 자신의 장기가 적출된 기억의 문제
는 단지 다음 생의 과보문제뿐만이 아니라 현생의 마지막을 그렇
게 장식하는 것이 생명윤리 또는 인권 그리고 죽음학과 관련해서
재고의 여지가 많다는 것이다. 왜냐하면, 뇌사와 관련한 여러 연구
성과를 들어 "뇌사를 죽음의 기준으로 주장하는 가장 중요한 근거
는 '뇌'의 불가항력적 정지로 더 이상 의식이 남아 있지 않다"라고
주장하기 때문이다.[68] 하지만 유식의 죽음판정은 수명[壽]과 체온
[暖]을 지속시키는 아뢰야식이 최종적으로 몸과 분리됨을 죽음으
로 말한다.[69] 즉 신진대사와 같은 생리적 활동과 체온이 있다는 것
은 살아있는 자로 본다는 것이다. 뇌사의 중요한 판정은 뇌파검사
에서 30분 이상의 평탄뇌파에 따른 결정이다.[70] 사람의 뇌 신경세

---

68) 불교생명윤리정립연구위원회, 『현대사회와 불교생명윤리: 불교생명윤리 정립을 위한 연구결과
    보고서』, 서울: 조계종출판사, 2006, p.192.

69) 문상련(정각), 「대승불교에 있어 출생과 죽음의 과정에 대한 기술」, 『불교학연구회』 제15호, 불
    교학연구회, 2006.12., p.25.

70) 참조, 이인영, 『생명의 시작과 죽음: 윤리논쟁과 법 현실』, 서울: 삼우사, 2009, p.416; 이을상,
    『죽음과 윤리: 인간의 죽음과 관련한 생명윤리학과 논쟁들』, 서울: 백산서당, 2006, pp.107,

포의 전극활동을 머리표면에 전극을 설치하여 그 변화를 보는 것이다. 과연 뇌파측정기기에 의한 뇌사가 제7·제8의식까지의 정지라고 볼 수 있는가? 기계적인 기기에 의해 뇌사를 '완전한 정신적 작용이 정지한 상태'로 판정할 수 있는가는 문제가 될 수 있을 것이다.

5) 뇌를 마음 혹은 의식의 주처(主處)로 볼 수 있는가

뇌사를 완전한 죽음으로 볼 수 없는 이유는 뇌를 바로 마음이나 의식으로 간주하려는 경향에 있다. 초기불교경전에서부터 인체 구성 부위는 머리끝에서 발끝까지 32가지의 이름으로 나열한다. 그 가운데 뇌가 있는데 원어는 matthaluṅga라 하며 뇌근(腦根)이라는 말로 한역되었다. 현대의 불교학자, 특히 뇌사와 장기이식 문제와 관련하여 대부분의 한국학자는 뇌를 마음 또는 의식의 주처(主處)로 받아들이고 논의하고 있다. 하지만 이는 오해이다. 육근설(六根說)은 안이비설신(眼耳鼻舌身)과 같이 인체의 주요 인식기관의 주처를 적시한다. 하지만 마지막인 의식 또는 마음[意]은 경우가 달랐다. 붓다와 붓다 이래 불교 심식 이론가들은 '의근을 바로 뇌'로 한정하여 보지 않았다는 사실이다. 붓다는 성급하게 마음 또는 의식의 주처를 뇌나 심장(가슴)으로 적시하지 않았다.[71] 대신에 의미심장하게도 법(法)이라는 말로 표현하였다. 이는 불교에서 뇌사를

110~112.

71) 흔히 동서양 공통적으로 마음을 바로 심장[心]이나 heart로 간주해왔다. 인도에서도 붓다 전후의 바라문철학, 예를 들면 우파니샤드 등에서도 마찬가지이다; 참고, R. L. Soni, The Seat of Mind: In the 'Brain' or 'Heart'?, (ed.) N.H. Samtani, Amalā Prajñā: Aspects of Buddhist Studies, Delhi: Sri Satguru Publications, 1989.

통해 완전한 의식의 소멸이나 떠남으로 보기 어렵다는 여러 논의 점을 함의하고 있다. 불교 심식론의 입장에서 뇌사를 완전한 죽음으로 볼 수 없는 중요한 이유 중 하나로 들 수 있다.

6) 결정적 죽음판정 기준과 좋은 죽음

불교의 죽음 판정 기준에 있어 궁극적인 죽음으로 귀착되기까지는 의식과 열기와 관련하여 있음을 말한다.

> ······ 임종 시에는 혹은 몸의 윗부분으로부터 의식[識]은 점차로 떠나면서 차가움이 일어나기도 하고, 혹은 몸의 아랫부분으로부터 그러하기도 하여 저 의식이 구르지 아니하는 적이 없다. 그러므로 오직 아뢰야식만이 있어서 몸을 붙잡아 유지하는 줄 알아야 한다. 이것이 만약 버리고 떠난다면, 곧 몸 부분에는 차가움이 있게 되고 몸은 감각이 없을 것이다······[72]

여기서 다시 완전한 죽음은 의식이 심장에서 떠나는 때를 의미한다.[73] 이 점은 현대의학이 죽음을 심폐사로 규정하는 바와 일치한다. 하지만 불교 죽음의 정의가 오온의 파괴라는 측면에서 심폐사만을 한정하는 말이 아님이 분명하다. 즉 생명의 3가지 조건인 수·난·식 등의 모든 조건의 연기적인 관계가 단절과 해체되는 것으로 이해해야 한다. 그런데 대단히 고역스러운 점은 뇌사자의 뇌사 이후라 하더라도 아직 순환과 혈압을 가능하게 하는 '심장기

---

72) 『유가사지론』(大正 30, 579下); 『유가사지론』(大正 30, 282上); 『성유식론』(大正 31, 17上)
73) "當知後識唯心 處捨."

능'이 정지되어 있지 않다는 사실이다. 불교가 말하는 3가지 생명의 기본 조건인 수와 난이 살아있다는 것이다. 달리 말하면, 수와 난까지 정지해 있지 않는 한 완전한 죽음으로 판정할 수 없으며 이 때의 장기이식을 위한 장기 적출은 결국 '요청에 의한 살해'로 '살생계'를 범한 것에 해당된다는 점이다. 이와 함께 최근에는 뇌가 전적으로 신체기능의 중추라는 기존의 이해가 재고되고 있다. 심장의 경우는 뇌의 명령과 통제 없이도 인간의 감정에 깊이 관여하는 기능을 가지고 있음이 밝혀지고 있다.

다음으로 임종 시의 체온 또는 온기의 변화에 있어 선업자(善業者)는 차가움이 다리에서부터 위로 이동하고, 악업자는 차가움이 머리에서부터 아래로 이동한다고 한다. 죽음학과 관련하여 죽음을 맞는 사유(死有) 시의 의식에 더 흥미로운 점을 전한다. 즉 사람이 목숨을 마치려고 할 때 오랫동안 습(習)으로 자리 잡고 있는 나(我)라는 애착이 일어난다(제7식의 움직임)는 것이다. 그리고 수행 정도에 따라 사과(四果) 가운데 예류과(預流果) 성취자와 일래과(一來果) 성취자는 임종 시 '나'라는 애착이 일어나지만, 지혜의 힘으로 제어할 수 있다고 한다. 하지만 불환과(不還果) 성취자부터는 '나'라는 애착은 일어나지 않는다고 한다.[74] 즉 사과 중 수행 정도에 따라 임종 시에 욕망으로부터 자유롭지 못한 존재와 자유로운 존재를 구분하여 설명하고 있다. 이유는 불환과부터 욕망의 세계 [欲界]의 오하분결(五下分結)을 모두 끊은 경지로 말하기 때문이다. 오하분결 가운데 유신견(有身見)은 몸에 대한 실체적 욕망과

---

74) 『유가사지론』(大正 30, 281下~282上)

집착을 말한다. 좋은 죽음은 자신의 몸에 대한 욕망 정도에 달려 있음을 보여준다.

더 나아가 좋은 죽음을 위해 임종을 맞이하는 유족의 자세로서 "슬퍼하고, 울고, 곡하고, 읍하는 소리에 의해 업이 바람과 같이 치밀어서 다른 곳에 태어나게 되므로, 친족·형제들은 임종 시 슬퍼하거나, 읍하거나, 울거나, 곡하지 마라. 업식의 갈 길에 장애가 된다"라고 하여 불교적 생사의례의 단초를 또한 제시하고 있다.[75]

좋은 죽음, 편안한 죽음을 위한 현대 죽음학의 목표처럼 불교는 죽음의 성찰로서 사상(死想) 또는 사념(死念)을 구체적인 실천법으로 제시한다.[76] 이러한 성찰은 지나친 욕망으로 인한 '생명에 대한 집착심'(jīvitanikantiyā cittaṃ)에 떨어지지 않는 것을 목표로 한다. 그리고 이러한 죽음의 성찰을 통해 '이전과 이후의 구별이 있다'라는 분명한 자각[正知: sampajāna]이 있는 반성된 죽음관을 지향해야 한다고 강조한다.[77]

---

75) 『정법념처경』(大正 17, 198上); 붓다의 반열반에 있어서도 욕망지멸의 경지에 도달한 존재와 그렇지 못한 존재들이 붓다의 임종을 맞이하는데 차이를 극명하게 표현하고 있다. 즉 어떤 이는 슬픔에 울고, 머리를 쥐어뜯고 울부짖는 데 반해, 어떤 이는 담담하게 수용하는 모습으로 그리고 있다(Dīgha Nikaya vol. Ⅱ, pp.159, 162); 붓다의 반열반 시 춤과 노래와 꽃과 향수 등으로 장례가 진행되는데 이러한 전통은 동남 또는 남아시아 불교국에 계승되고 있다.

76) Aṅguttara Nikaya Ⅳ, pp.48∼49: "sace pana bhikkhave bhikkhuno maraṇasaññāparicitena cetasā bahulaṃ viharato jīvitanikantiyā cittaṃ paṭilīyati paṭikuṭati paṭivaṭṭati na sampasārīyati upekhā vā pāṭikkūlyatā vā saṇṭhāti veditabbam etaṃ bhikkhave bhikkhunā bhāvitā me maraṇasaññā atthi me pubbenāparaṃ viseso pattaṃ me bhāvanāphalan ti iti ha tattha sampajāno hoti, maraṇasaññā bhikkhave bhāvitā bahulīkatā mahapphalā hoti mahānisaṃsā amatogadhā amatapariyosānā ti."

77) 앞의 경전, "atthi me pubbenāparaṃ viseso pattaṃ me bhāvanāphalan ti iti ha tattha sampajāno hoti."

5. 마치는 말

사람은 존엄하게 죽을 권리가 있다. 죽음에 있어 인권은 '자연스럽게 죽을 권리'와 '평온하게 죽을 권리'가 있다. 불교도 욕망으로부터 자유로운 죽음이 편한 죽음, 좋은 죽음이라 한다. 반대로 욕망 또는 욕망과 연루된 죽음은 나쁜 죽음이라고 구분한다. 이는 현대 죽음학은 '좋은 죽음'을 추구하는 학문이라는 점에서 불교가 추구하는 죽음관과 상통함을 알 수 있다.

이러한 죽음의 문제에 있어 장기이식을 위한 뇌사자의 죽음판정은 중요한 의미를 함축하고 있다. '언제 인간은 죽었다고 볼 것인가' 하는 문제에 있어 뇌사를 완전히 죽었다고 보는 것은 너무 성급하다. 불교적 죽음관으로 볼 때 뇌사자가 완전히 죽었다고 볼 수 없다는 것이다. 아직도 여러 생명활동이 진행되고 있는 살아있는 인간인 것이다. 이러한 인간의 장기를 적출하여 죽게 하는 것은 살인행위와 다를 바 없다. 불교에서 생명을 최고의 가치로 삼고 있는 만큼 생명의 문제를 다루는 데 있어 좀 더 안전하고 조심스럽고 신중해야 할 필요가 있다. 인권 차원에서 살인이나 살해가 아닌 좋은 죽음을 맞이할 수 있도록 진행시켜야 한다. 이식으로 인한 죽음의 초래는 생명을 의도적으로 살해하는 결과가 될 수 있다. 여기서는 보살도의 헌신과 자비를 이야기하기보다는, 또는 장기를 기다리는 사람도 아닌, 죽어가는 사람에게 초점을 맞춘 논의가 되어야 한다. 뇌사자를 '죽은 자'로 성급하게 수용하려는 경향은 살아있는 자를 중심으로 하는 또 다른 인간욕망에 지나지 않는 것으로 지적될 수 있다. 죽음은 결코 장기이식을 위한 욕망에서 정의되어서는 안 된다.

이 글에서 주장하는 바를 다시 정리하면 다음과 같다.

첫째, 불교의 죽음관에 의하면 현 한국불교계가 제시한 죽음판정은 너무 이르다는 것이다.

둘째, 따라서 뇌사가 장기 적출의 타당한 또는 정당한 이유가 될 수 없다는 점이다.

셋째, 뇌사자의 장기 적출은 불교의 생명윤리기준에 부적합하다는 것이다. 불교의 죽음관을 통해 볼 때, 경우에 따라서는 올바른 생명윤리 정립이 아니라 오히려 '반생명윤리'의 여지를 제공하고 있지는 않은지 재고해 볼 필요가 있다는 것이다.

넷째, 뇌사자의 성급한 죽음판정은 장기의 재활용을 위한 인간욕망의 실용적 동의에 지나지 않는다는 것이다.

뇌사와 장기이식에 관한 문제는 불교적 의미에서 죽음은 진정 무엇을 의미하는지, 그리고 인간으로서 존엄한 죽음은 어떤 죽음이어야 하는지 하는 문제를 잘 보여주고 있다. 뇌사자의 장기이식의 허용은 자칫 불교가 지향하는 '좋은 죽음'이나 '이상적인 죽음' 정신에 어긋날 수 있다. 본문에서 살펴본 것처럼 불교는 좋은 죽음으로 자연사로서 시사(時死) 또는 수진사(壽盡死)와 안락사(安樂死)로서 선심사(善心死)와 변이사(變異死) 그리고 무기심사(無記心死)를 지향한다. 이에 반해 뇌사자의 장기 적출로 인한 사망은 고통스러운 죽음인 단말마와 같은 고뇌사(苦惱死)로, 악심사와 불의의 사고사로서 비시사(非時死) 또는 분단사(分段死) 등으로 설명할 수 있다.

참고문헌

원전류

1. Pāli Text: Pāli Text Society 본에 의거.

Davids, T. W. Rhys, Carpenter J. Estlin(eds.), *The Dīgha Nikāya*. London: Pali Text Society, 1975.

Fausböll V.(ed.), *The Suttanipāta*, London: Pali Text Society, 1948.

Feer, M.L.(ed.), *The Saṁyutta Nikāya*, London: Pali Text Society, 1975.

Morris, R., Hardy, E.(eds.), *The Aṅguttara Nikāya*, London: Pali Text Society, 1955.

Oldenberg, Hermann(ed.), *The Vinaya Piṭaka: one of the principle of Buddhist holy scriptures in the Pali language*, Oxford: Pali text society, 1997.

Trenckner, V., Chelmers, R.(eds.), *The Majjhima Nikāya*, London: Pali Text Society, 1925.

2. 한역본: 大正一切經刊行會의 『新修大藏經』(大藏出版. 1931)에 의거

잡아함(雜阿含) [역] 구나발타라(求那跋陀羅) 한역연대 435.

장아함(長阿含) [역] 불타야사(佛陀耶舍), 축불념(竺佛念) 한역연대 413.

중아함(中阿含) [역] 승가제바(僧伽提婆), 한역연대 397~398.

증일아함(增壹阿含) [역] 승가제바(僧伽提婆), 한역연대 397.

〈2차 자료〉

곽만연, 「불교의 죽음관」, 『未來佛敎의 向方』, 彌天睦楨培博士恩法學人會, 藏經閣, 1997.

구인회, 『생명윤리, 무엇이 쟁점인가』, 아카넷, 2005.

김영욱, 「선사들의 죽음과 열반」, 『불교평론』 25호, 불교시대사, 2006.12.

데미언 키온(Damien Keown), 허남결 옮김, 『불교와 생명윤리학』, 불교시대
　　사, 2000.

동국대학교 불교문화 연구소 편, 『뇌사문제, 그 불교적 조명』: 東國大學校
　　佛敎文化硏究所, 1993.

문상련(정각), 「대승불교에 있어 출생과 죽음의 과정에 대한 기술」, 『불교학
　　연구회』 제15호, 불교학연구회, 2006.12.

불교생명윤리정립연구위원회, 『현대사회와 불교생명윤리: 불교생명윤리 정
　　립을 위한 연구결과 보고서』, 조계종출판사, 2006.

안옥선, 『불교와 인권』, 불교시대사, 2008.

알폰스 디켄(Alfons Deeken), 오진탁 옮김, 『죽음을 어떻게 맞이할 것인가』,
　　궁리, 2002.

_____, 전성곤 옮김, 『인문학으로서의 죽음교육』,
　　고양: 인간사랑, 2008.

오진탁, 「죽음, 어떻게 정의(定義)할 것인가 - 생사학과 불교의 관점을 중심
　　으로」, 『불교학연구』 24호, 불교학연구회, 2009.12.

유호종, 『떠남 혹은 없어짐: 죽음의 철학적 의미』, 책세상, 2001.

윤종갑, 「불교의 사생관과 생명윤리-捨身과 자기결정권을 중심으로-」, 『哲
　　學硏究』 Vol.105, 대한철학회, 서울: 형설출판사, 2008.

이영균 옮김, 『죽음의 정의: 心肺死 및 腦死』, 고려의학, 1992.

이을상, 『죽음과 윤리: 인간의 죽음과 관련한 생명윤리학과 논쟁들』, 백산서
　　당, 2006.

이인영, 『생명의 시작과 죽음: 윤리논쟁과 법 현실』, 삼우사, 2009.

정동호 외, 『철학, 죽음을 말하다』, 산해, 2004.

정승석, 「죽음은 곧 삶이요 열반」, 한국종교학회 편, 『죽음이란 무엇인가:
　　여러 종교에서 본 죽음의 문제』, 창, 2009.

최준식, 『죽음, 또 하나의 세계: 근사체험을 통해 다시 생각하는 죽음』, 동아
　　시아, 2006.

피터 싱어(Peter Singer), 장동익 옮김, 『삶과 죽음: 생명 의료 윤리의 도전』,
　　철학과 현실사, 2003.

Boisvert, Mathieu, *The Five Aggregates: Understanding Theravada Psychology and
　　Soteriology*, Delhi: Sri Satguru Publication. 1997.

Webster, David, *The Philosophy of Desire in the Buddhist Pali Canon*, London and

New York: Routledge Curzon, 2005.

Matthews, Bruce, *Craving and Salvation: A Study in Buddhist Soteriology*, Canadian Corporation for Studies in Religion, Vol.13, Wilfrid Laurier University Press, Ontario:, 1983.

Soniu, R. L., The Seat of Mind: In the 'Brain' or 'Heart'?, Ed. N. H. Samtani, *Amalā Prajñā: Aspects of Buddhist Studies*, Delhi: Sri Satguru Publications, 1989.

생명관리권력과 '욕망인의 계보학'
- 『성의 역사 1. 앎의 의지』를 중심으로 -

허경

1. 『앎의 의지』, 섹슈얼리티와 권력

푸코는 1976년 모두 6권으로 기획되었던 『성의 역사』[1] 중 제1권 『앎의 의지』를 발간한다.[2] 방법론적 측면에서, 이 저작은 기본적으로 그 전해인 1975년의 『감시와 처벌』에서 다루었던 권력의 미시 물리학(la microphysique du pouvoir) 혹은 권력의 해부학(l'anatomie du pouvoir)이라는 관점에서 저술된 것으로, 근대 이후의 **섹슈얼리티**(*la sexualité*) 담론과 권력이 어떻게 결합되었는가를 다루고 있다. 따라서 푸코가 선택한 저서의 제명은 『섹스의 역사』가 아닌 『섹슈얼리티의 역사』(*Histoire de la sexualité*)이다. 이러한 제명이 의미하는 바는 이 책이 어떤 불변하는 실체로서의 고정된 대상으로 이해되는 중립적 자연적인 '성'(性, le sexe)이 존재한다는 가정 아래 이 성이 역사적으로 인식 · 실천되어온 방식의 역사를 기술하는 것이 아

---

1) 『성의 역사』는 원래 모두 6권으로 기획되었으나 푸코의 갑작스러운 죽음으로 3권까지만 발간되었다. 발간된 3권의 제명은 각기 '앎의 의지', '쾌락의 활용', '자아의 배려'이며, 푸코는 4권 '살의 고백'을 일부만을 남긴 채 1984년 사망했다. 한편 1976년 제1권 『앎의 의지』가 발간될 당시 예고된 원 기획의 제명은 각기 제2권 '어린이의 십자군', 제3권 '여성, 모성적인 것과 히스테리적인 것', 제4권 '도착자들', 제5권 '인종과 인구' 등이다.
2) 이 글에 등장하는 모든 번역은 특별한 부기가 없는 한 모두 나 자신의 것이다.

니라, 우리가 오늘날 '성'이라 부르는 이 무엇인가가 각 시대마다의 고유한 사회·역사·정치적 담론에 의해 어떻게 구성·인식되어 왔는가, 곧 '섹슈얼리티'에 대한 역사를 기술하고 있음을 의미한다. 달리 말해 이 책의 목적은— 고정불변한 실체로서의 생물학적 성에 대한 전통적 의미의 관념사 혹은 행위의 역사를 기술하는 것이 아니라— 각 시기와 장소에 있어서의 섹슈얼리티 담론에 대한 역사를 계보학적으로 기술하는 것이다.[3]

2. 생명관리권력과 '욕망인의 분석'

방금 지적한 것처럼 1976년의 『앎의 의지』에 나타난 욕망 및 섹슈얼리티의 문제는 **방법론**의 측면에서 근본적으로 1975년의 『감시와 처벌』의 입론을 따르고 있다. 푸코는 『앎의 의지』에서 욕망과 섹슈얼리티의 문제를 권력 및 생명관리권력의 문제틀 아래 바라보는 것이다. 푸코는 이미 『감시와 처벌』을 통해 권력을 바라보는 기존의 일반적 인식을 구성했던 **억압**(représsion)의 가설을 비판하고, 그에 대한 새로운 자신의 가설로서 **권력 – 지식**(pouvoir-savoir)을 말한 바 있다. 푸코는 이를 확장하여 『앎의 의지』에서 섹슈얼리티 혹은 욕망의 문제와 연관하여 성을 바라보는 당대의 주요한 인식틀

---

3) 푸코는 『광기의 역사』, 『말과 사물』 이후 늘 그래 왔던 것처럼 『앎의 의지』의 탐구 대상·시기를 서구의 근대가 설정된 시기, 특히 **19세기 서구 사회**에로 엄격히 한정한다. 결국, 이 글은 이 1976년의 『앎의 의지』에 나타난 서양 근대의 섹슈얼리티와 권력, 곧 **생명관리정치**(bio-politique) 혹은 **생명관리권력**(bio-pouvoir)의 상관관계라는 문제에 있어 부각되는 다양한 논점들을 명확히 하고 이를 평가하려는 하나의 시도이다.

이었던 프로이트의 **억압－해방**(représsion-libération) 가설을 비판하고 **유럽 17세기 이후의 근대 사회의 내부에** 형성된 **권력－앎－쾌락 체제**(régime de pouvoir-savoir-plaisir)에 대한 분석을 시도한다.

　"우리는 왜 섹슈얼리티에 대해 말했으며, 그것에 대해 무엇을 말해왔는가? 우리가 섹슈얼리티에 대해 말하는 것에 의해 유도되는 권력 효과들은 무엇이었을까? 섹슈얼리티의 다른, 그것의 권력 효과들, 그리고 그것에 의해 둘러싸인 쾌락 사이에는 어떤 관계가 있을까? 그로부터 어떤 지식이 형성되었는가? 간단히 말해, 우리 안에서 인간의 섹슈얼리티에 대한 담론을 지지해주는 권력－지식－쾌락 체제의 기능과 존재 이유를 결정하는 것이 문제이다."[4]

　이를 통해 푸코가 확정하고자 하는 것은 다음의 세 가지이다. 첫째, 성의 "담론화"와 전반적인 "담론적 사실들"(le "fait discursif" global, la "mise en discours" du sexe)을 고찰한다. 둘째, 성 및 섹슈얼리티와 관련된 **권력의 다형적 기술들**(les "techniques polymorphes du pouvoir")을 검토한다. 셋째, 그러한 담론의 결과물들로부터 그것을 지지해주는 동시에 수단이 되는 "앎의 의지"(la "volonté de savoir")를 추출해낸다.[5] 섹슈얼리티와 연관되는 생명관리권력과 생명관리정치의 가설이 푸코의 이론에 도입되는 것은 바로 이러한 배경 아래에서이다.

---

4) VS, 19. 나는 다음의 논문에서 이러한 변화를 다루었다. 「'욕망의 억압'에서 '쾌락의 활용'으로－미셸 푸코의 『성의 역사』를 중심으로」, 『인문과학연구』 제23집, 강원대학교 인문과학연구소, 2009년 12월, 429~452쪽.

5) VS, 19~21. 물론 푸코는 섹슈얼리티에 관한 억압의 가설이 최우선시하는 금지, 거부, 검열, 부정 등의 여러 요소가 중요하지 않다는 것이 아니라, 담론화, 권력의 기술, 앎의 의지의 부분적 요소들에 비해 **부차적일 뿐**이라고 단언한다.

푸코의 주장은 단적으로 성의 부정적 기능에 치중하는 성에 대한 검열의 측면보다는 섹슈얼리티 담론들을 생산·유지·확대하는 기구(appareillage)의 분석에 집중해야 한다는 점이다. 17세기 이래 유럽에서 성에 대해 말한다는 것은 단순한 도덕을 넘어 **합리성**과 **공익**(公益, intérêt public)에 대한 관심과 결합되었으며, 성은 더 이상 단순히 심판의 대상이 아닌 **관리**의 대상이 되었다.[6] 18세기에 성은 **내치**(內治, la police)[7]의 대상이 된다. 이러한 **성의 내치**(police du sexe)로부터 '금지의 엄격함이 아니라 유용하고 공적인 담론에 의해 성을 규제할 필요'가 나타난다. 이러한 기본적 관심에 의해 이제 **인구**(population)가 당대의 중요한 정치경제적 문제로서 부각된다. "인구라는 이러한 경제적, 정치적 문제의 핵심에는 성이 있다."[8] 한편 성에 관한 **의학적 담론화**가 이루어진다. 자위하는 어린이, 히스테리에 걸린 여성, 변태성욕자인 성인 남성, 산아제한을 실천하는 부부라는 네 가지 이미지는 새롭게 등장한 공적 담론으로서의 성이라는 무대에 등장하는 인물들이다. 이러한 성의 의학 담론화는 이미 지적한 공적 담론화 및 동시대의 포르노그래피, 매춘 산업, 정신병리학 등과 맞물리면서, 성에 관한 담론의 폭발적 증가를 불러일으킨다. "쾌락과 권력은 서로를 부정하거나 서로에 대해 대립하지 않으며, 서로를 따르고 겹치며 새로운 활기를 준다. […] 그

---

6) VS, 33~35.

7) 이 la Police라는 용어는 보통 근현대 일본어와 한국어에서 경찰(警察)로 번역되나, 17~18세기 당시의 유럽에서는 그보다 훨씬 광범위한 국가의 안녕(安寧) 전반을 아우르는 공안(公安)·내정(內政) 혹은 내치라는 의미로 사용되었다. 따라서 이 글에서는 그 용어가 보여주는 총체적인 국내정치적 관리의 성격 및 이 용어가 이미 연구자들 사이에서 일반적으로 쓰이는 추세를 따라 모두 '내치'로 통일한다.

8) VS, 36.

러므로 근대 산업사회가 성에 대해 한층 더 억압적인 시대를 열었다는 가설은 분명 폐기되어야 한다."9)

3. 성 학문과 섹슈얼리티 장치

19세기 말 과학은 성에 대해 온갖 추잡함과 더러움이라는 표상을 부여했다. 그에 더하여 과학은 살균이라는 테마와 연관하여 성을 '전 사회에 **위험한 것**'으로서 규정했다. 과학은 이러한 "추잡한 쾌락의 종착지로서 다름 아닌 죽음, 곧 개인의 죽음, 세대의 죽음, 인종의 죽음"을 제시했으며, 생식 생물학(biologie de la reproduction) 및 성 의학(médicine du sexe)은 "생물학적 역사적 위급함의 이름으로 국가의 인종차별을 정당화했다."10) 이러한 과정을 통해 우리가 눈여겨보아야 할 것은 성이 진리와 관계된 문제의 쟁점으로서 규정되었다는 사실, 곧 **진리와 성의 놀이**(jeu de vérité et du sexe)가 등장했다는 사실이다. 이 지점에서 푸코는 성을 바라보는 두 가지 대표적 관점에 대한 이론적 유형화를 시도하는데, 이는 각기 서양 이외의 사회들에 존재했던 에로틱한 기술들(ars erotica), 그리고 서양에 존재해왔던 성에 관한 학문(scientia sexualis)으로 지칭된다. 성 학문에서 중요한 것은 **고백**(告白, aveu)의 기술이다. 고백이란 물론 그리스도교의 고해(告解) 전통에서 잘 드러나는 바처럼 성에 대한 담론화 작업의 하나이며, 프로이트의 자유연상은 그것의 근대적인

9) VS, 67.
10) VS, 72.

형태로서 과학적, 의학적 혹은 탈종교적인 특성을 갖는다. 푸코에 따르면, 성에 관련된 자기 자신의 진실을 고백하는 행위는 권력에 의한 **개인화 과정**(individualisation)의 핵심적 장치 중 하나이다. 푸코는 "고백의 의무는 이제 너무나도 많은 다양한 지점들로부터 우리에게 되돌려지고, 너무나도 깊이 우리와 일체가 되어, 우리는 그것을 더 이상 우리를 구속하는 권력 효과로서 느껴지지 않을 정도이다"라고까지 말하고 있다.[11] "서양에서 인간은 고백하는 동물이 되었"는데, 이는 물론 인간의－예속된 자인 동시에 주체라는 그 말의 두 가지 의미 모두에서－ **예속화**(l'assujettissement des hommes) 과정을 드러내는 것에 다름 아니다.[12]

19세기 이래 성은 의학적 담론의 대상, 곧 국가적 차원의 내치, 관리 대상으로 새롭게 구성되었으며, 이는 "의심의 여지 없이 사회가 개인의 쾌락에 대한 속내 이야기 자체를 촉구하고 듣는 일에 처음으로 뛰어든 것"이다. 동시기에 서양에서는 성에 관련된 쾌락의 거대한 의학적, 행정적, 법률적 기록 보관소가 구성되었으며, 이후 "서양 사회는 그 구성원들의 쾌락에 관한 무한한 기록을 유지했다."[13] 19세기의 의사들, 정신병리학자들, 교육학자들에 구축된 성에 관한 이 방대한 담론의 새로운 점은 더 이상 그것이 죄와 구원, 죽음과 내세가 아닌, **육체**(corps)와 **생명**(vie)에 대해 말하는 하나의 담론, 곧 '과학 담론에 연결되어야만 할 **진리 담론**(un discours de vérité)이었다는 사실이다. 이는 프로이트의 정신분석에서 잘 드러

---

11) VS, 80.

12) VS, 81.

13) VS, 85.

나듯이 서양에 존재하던 전통적 진리 담론 중 하나로서의 고백의 절차들(les procédures d'aveu)이 당시 막 태동한 과학적 담론성(la discursivité scientifique)과 결합된 것으로 보아야 한다. 결코 '있음 직하지 않았던' 고백－과학은 이렇게 해서 탄생한다.[14] 즉 "섹슈얼리티의 역사, 다시 말해 19세기에 특수한 진리 영역으로 기능했던 것의 역사는 무엇보다도 담론의 역사라는 관점에서 다루어져야만 한다."[15] 섹슈얼리티의 역사에 관한 연구는 이러한 앎의 의지에 내재하는 권력의 전략들, 특히 섹슈얼리티라는 구체적 영역에서 앎의 의지의 "정치 경제학"(l'économie politique)을 구성하는 것이다. 따라서 서구 근대 섹슈얼리티의 역사는 **섹슈얼리티 장치**(dispositif de sexualité)에 대한 연구를 그 핵심적 부분으로서 포괄한다.[16]

푸코는 이러한 성 담론 혹은 섹슈얼리티 장치의 분석이 성에 대한 기존의 억압－해방의 가설에 입각해서는 충분히 이루어질 수 없다고 본다. 이른바 억압－해방의 담론은 근본적으로 권력 및 성 담론에 대한 부정적 측면에 집중한 이론으로서 권력－법(pouvoir-loi), 권력－주권(pouvoir-souveraineté)의 가설에 입각해 있다. 이에 대한 푸코의 대안은 권력의 긍정적 생산적 기능에 주목하는 섹슈얼리티 장치의 분석이다. 섹슈얼리티 장치 및 담론의 분석은 곧 18세기 말 19세기 초 이래 의학, 정신의학, 생물학, 법학, 행정학, 정치학 등을 가로지르며 유럽 사회 전반에 나타난 제반 담론, 실천, 기구, 장치에 대한 분석이다. 이는 당시 어린이에 대한 성적 특성의 부여, 여

---

14) VS, 85～86.
15) VS, 92.
16) VS, 102.

성의 히스테리화, 성도착자들의 특성별 분류, 인구 조절이라는 네 가지 방식을 통해 표준화·규범화되었다. 푸코는 섹슈얼리티를 바라보는 당시의 정책이 크게 보아 "금기의 법보다는 일련의 **기술적 장치**(appareil technique)를 이용한 것"이며, 따라서 "성에 대한 억압보다는 오히려 **'섹슈얼리티'의 생산**"에 집중되었다고 주장한다.[17]

이러한 섹슈얼리티 담론 및 장치 혹은 제도의 확립은 더 이상 죽음과 영원한 징벌의 문제, 곧 신학적인 죄를 불러일으키는 '살 혹은 '육욕'(肉慾, la chair)[18]의 관점에서가 아니라, 근본적으로 **유기체**(organisme)**의 생명**(la vie)을 위협하는 요소 곧 **질병**(la maladie)이라는 관점 아래 다루어진다. 1846년 간행된 기념비적 저작 하인리히 칸(Heinrich Kaan)의 『성 정신병학』(*Psychopathia sexualis*)에서 잘 드러나는 것처럼, 성의 문제는 더 이상 방탕과 무절제라는 신학적 혹은 도덕적 관점이 아닌, 도착(perversions)이라는 의학적·심리학적 관심 아래 다루어진다.[19]

한편 이러한 변화는 당대의 국가 정책, 곧 프러시아의 **내치학**(內治學, Polizeiwissenschaft)과 결합되어, 결혼·출산·생존을 총괄 관리하는 **의학적·행정적 국가관리 시스템의 탄생**을 가져온다. 정신의학과 우생학(eugénisme)의 기획이 19세기 후반 이 분야의 두 가지 중요한 혁신이다. 이것이 푸코가 말하는 18세기 말 19세기 초 이래 서양을 지배해온 생명관리권력의 실체이다. 생명관리권력이란 이렇게 18세기 말 이래 유럽에서 발달한 자신의 영토 안에 속하

---

17) VS, 150~151. 인용자 강조.
18) 불어의 la chair의 일차적 의미는 물론 글자 그대로 '살'이나, 이곳에서 사용된 중세 철학적 의미는 '살' 곧 '육체의 정욕(情慾)'이라는 의미가 강조된 용어이므로, 이를 '육욕'이라 번역한다.
19) VS, 155.

는 모든 인민을 대상으로 하여 그 인구, 생명, 건강, 안전을 총괄 관리하는 국가 관리 시스템, 곧 내치 정책을 일컫는다. 내치의 관점은 긍정적인 의미에서 현대의 복지 국가의 이론적 시초이며, 동시에 부정적으로 국가에 의한 인민의 전면적 관리 통제 사회의 시초로서 이해될 수 있다. 물론 푸코의 생명관리권력에 대한 이해는 권력-지식론에 입각한 것으로 그 부정적 측면에 초점이 맞추어져 있다. 그런 의미에서 생명관리권력(le bio-pouvoir)은, 우리가 얼핏 갖게 되는 긍정적 의미의 권력이 아닌, **생명에 대한 관리를 목표로 하는 권력**(le pouvoir sur la vie)을 지칭한다.

4. 생명관리권력: 죽음의 권리와 생명에 대한 권력

푸코에 따르면, 군주권의 특징은 서양에서 오랫동안 생명과 죽음의 권리(droit de vie et de mort)이며, 이는 사실상 "죽게 **만들거나,** 살도록 **내버려두는** 권리"(droit de *faire* mourir ou de *laisser* vivre)이다. 이는 '칼'로써 상징되는 권리로서, 이때의 권력은 주로 징수의 수단, 갈취의 기제, 일부의 부를 전유할 권리, 피지배자들로부터 그들의 생산물, 재산, 봉사, 노동, 피를 강제로 **빼앗는** 역사적 관행으로 이해된다. 이러한 권력은 무엇보다도 물건, 시간, 육체, 생명을 **빼앗을** 수 있는 권리로서 특히 생명을 **빼앗는** 행위에서 그 절정에 달하는 권리이다. 그러나 고전주의 시대 이후, 징수는 더 이상 권력의 주된 기제가 아니며 다만 피지배자들에 대한 선동, 강화, 통제, 감시, 그리고 그들의 생명 및 물자의 최대한의 활용 및 조직화 기능을 하는 여러 요소 중 하나에 지나지 않게 되는 경향이 보인다. 다시 말해 고전주의 시기 이후 서양에서는 여러 세력을 가로막고 축소시키고 파괴하는 것에 중점을 두기보다는, 그것들을 낳고 키우며 조직하는 데 더 몰두하는 새로운 유형의 권력이 탄생한 것이다. 이제 강조점은 죽음의 권리에서 **생명을 관리하는 권력**(un pouvoir qui gère la vie)의 요청에 상응하는 혹은 적어도 상응하려는 경향을 보이는 권리에로 이동한다. 죽음의 권리는 이제 **"생명에 대하여 적극적으로 행사되는 권력, 다시 말해 생명을 관리하고 최대한으로 생명을 이용하여 확장하고, 생명에 대한 정확한 통제와 전체적 조절을 행사하고자 하는 권력"** 곧 **생명 (관리·통제) 권력**, 곧 **생명과 생존, 육체와 종족의 관리자로서의 권력**의 한갓 보조물로서 이해된다.[20] 이러한 논리 아래에서는 사형제도조차 어떤 인권 의식의 발로라기보다는, 차라리 죄인의 잔악성, 교정 불가능성, 그리고 사회의 안녕과 안전을 위한 하나의 불가피한 선택으로서 이해된다. '죽게 만들든가 살게 내버려두는' 이전의 권력은 이제 개인을 '살게 **내버려두든가** 죽음 속으로 **추방하는**' 권력(un pouvoir de *laisser* vivre ou de *rejeter* dans la mort)이 된다. 마찬가지 논리에 의해, 자살조차도 근본적으로 군주와 그를 보증하는 신의 권리를 침해하는 것으로 여겨졌던 이전 시대의 논리를 뚫고 생명에 행사되는 권력의 경계와 틈새를 비집고 나타난 개인적이고 사적인 권리의 일부로서 이해된다.[21] 사형제도와 자살은 이처럼 **근대 생명관리권력**이 가능케 했던 하나의 **사회적이고도 정치적인 현상**이다.

---

20) VS, 179.
21) VS, 182.

푸코에 따르면 17세기 이래 두 가지 주요한 형식으로 전개되어왔는데, 하나는 **기계로서의 육체**(le corps comme machine)에 관심을 두는 것으로서 이는 "육체의 조련, 육체적 특성에 대한 최대한의 활용, 체력의 착취, 육체의 유용성과 순응성의 동시적 증대, 육체의 효율적이고도 경제적인 통제 체제로의 통합 및 이 모든 것의 규율을 특징짓는 권력의 절차" 곧 **인체의 해부정치**(anatomo-politique du corps humain)이며, 또 다른 하나는 **종(種)-육체**(le corps-espèce) 곧 생명의 역학이 스며들고 생물학적 과정의 전반을 통해 주축의 역할을 하는 육체를 중심으로 하는 **인구의 생명관리정치학**(une bio-politique de la population)이다. 이러한 **육체의 규율**(les disciplines du corps)과 **인구의 조절**(les régulation de la population), 혹은 **육체의 조절**(l'administration du corps)과 **생명의 계산적 통제**(la gestion calculatrice de la vie)라는 양대 원리는 서로서로를 형성하며 상보적인 두 개의 형식으로서 **해부정치** 및 **생명관리정치**(anatomo-politique et bio-politique)의 탄생을 가능케 하는 두 결정적 요소들이다.[22] 이런 의미에서 사실상 서구 근대 성의 역사, 혹은 더 정확히는 섹슈얼리티의 역사는 하나의 **생명 역사**(bio-histoire) 곧 '생명을 관리하고 통제해온 담론의 역사'이다.

이러한 생명 역사 혹은 생명관리권력은 **정상화**(正常化, normalisation)라는 중심의 주변을 돈다. "정상화하는 사회는 생명을 중심으로 하는 특정한 권력 테크놀로지의 역사적 효과이다."[23] 우리말의 규범화(規範化)·규준화(規準化)·획일화(劃一化) 등으로 번역되기도

---

22) VS, 182~184.

23) VS, 190.

하는 정상화는 푸코가 생각하는 **부정적 권력 효과들의 총칭**이라 말할 수 있다.24) 정상화 과정에서 정치적 쟁점으로서의 성이 갖는 중요성을 이해할 수 있는 것은 다름 아닌 '본질적으로 정상화하는 권력'이라는 배경 곧 **생명**을 중심으로 한 **육체에 대한 미시권력** (micro-pouvoir sur le corps)이라는 관점 아래에서이다. "일반적으로 말한다면, 육체와 인구의 접합 지점에서 **성**(le sexe)은 죽음의 위협보다는 오히려 **생명의 관리**(la gestion de la vie)를 둘러싸고 조직되는 권력의 중심점이 된다."25)

5. 나가면서: 욕망의 억압에서 쾌락의 활용으로

하지만 하나의 실체로서의 성이 존재하며, 그것이 또 다른 하나의 실체로서의 권력과 조우하고, 그러한 만남을 통해 권력과 성이 다양한 모습을 보이며 서로 결합되거나 혹은 거부되는 것이라 말

---

24) 물론 이러한 표현은 매우 애매한 것으로, 나는 '자기와 자기의 관계'를 의미하는 푸코의 '윤리'에는 이른바 윤리학에서 말하는 도덕적 선악을 나눌 수 있는 기준이 사실상 **부재**한다고 생각한다. 말하자면 예속은 왜 나쁘고, 자유는 왜 좋은 것인지 푸코는 그것이 (아마도) 당연한 것으로서 전제하고 논의를 전개할 뿐, 왜 우리가 그러한 양자택일 중 반드시 규범화 혹은 정상화를 피해야 하는지에 대한 논증이 없다. 그러나 푸코가 이러한 논증을 시도하지 않는 이유는 푸코의 자기의 테크놀로지(technologie de soi) 혹은 주체화(subjectivation)에는 도덕적 의미에서 좋은 혹은 바람직한 주체화와 나쁜 혹은 바람직하지 못한 주체화를 가를 수 있는 **기준**이 부재한다는 사실을 스스로 잘 알고 있기 때문인지 모른다. 1970년대 초반 이후 푸코가 채택한 니체적 의미의 계보학에는 도덕적 담론, 실천 혹은 제도의 구성에 대한 **계보학적 비판**만이 존재할 뿐, 그것에 대한 도덕적 정당화 작업이 부재한다. 푸코는 그러한 도덕적 정당화에의 시도조차 또다시 새로운 계보학적 비판에 의해 최선의 경우에조차 하나의 가능한 보편적 도덕 담론에 불과한 것으로 판정될 것임을 잘 알고 있는 것이다. 이처럼 푸코의 '윤리'는 기존 (영미 철학의) 도덕철학 혹은 윤리학에서 말하는 '자기 및 타인과의 관계에 있어서의 도덕적 가치에 관련된 태도 혹은 학문'이 아니라 '자기와 자기의 관계' 혹은 '자기와 진리의 관계'라는 푸코만의 **독특한 용법**, 사실상의 **고유명사**로 이해되어야 한다.

25) VS, 193. 인용자 강조.

해서는 안 된다. 오히려 성은 "권력이 육체 및 그것의 물질성, 힘, 에너지, 감각, 쾌락을 포착하는 가운데 권력이 구성하는 섹슈얼리티 장치 안에서도 가장 내적이고 가장 관념적이며 가장 사변적인 요소이다."[26] 따라서 우리가 우리를 지배하는 섹슈얼리티 장치를 분석하고자 한다면, 그 지점은 이른바 '생물학적 혹은 자연적이고도 본래적인' **성**과 그것의 **욕망**이 아니라, 역사적 정치적으로 구성된 결과물로서의 **육체**와 그것의 **쾌락**을 분석해야 한다. 따라서 "섹슈얼리티 장치에 대한 반격의 거점은 '성 - 욕망'(le sexe-désir)이 아니라 '육체와 쾌락'(le corps e les plaisirs)이어야 한다."[27]

1976년에 발간된 『앎의 의지』에 등장하는 이 마지막 문장 안에는 이미 8년 후인 1984년 『쾌락의 활용』의 테제들이 배태되어 있었던 것인지도 모른다. 『쾌락의 활용』에서 푸코는 『앎의 의지』와 달리 **진리의 정치적 역사**(histoire politique de la vérité)를 전면에 내세우고, 이제 욕망인의 해석학, 욕망인의 분석학, 욕망인의 계보학에 집중한다. 푸코의 입장에서 '욕망'이란 단어는 정신분석에서 그 단어가 여전히 주요한 개념으로서 사용되고 있는 사실에서 잘 보이는 것처럼 여전히 근본적으로 푸코가 비판하는 프로이트의 억압 - 해방 가설에 입각해 있는 것, '성 - 욕망'의 담론에 기초한 것이다. 자연적 생물학적 성과 욕망이 아니라, 사회적 역사적으로 구성되는 육체와 쾌락이 문제이다. 욕망이 아니라 쾌락이다. 쾌락은 주어진 한 사회와 시기에서 일정한 진리놀이들과 함께 개인이 자신을 주체로 구성하는 주체화 과정의 주요 요소인 동시에, 자기의 테크놀

---

26) VS, 205.
27) VS, 208.

로지를 구성하는 주요한 요소이다. 푸코는 이를 다시 타인에 대한 지배 및 자기 자신에 대한 지배의 관념과 연결시키면서 통치성(gouvernementalité)의 문제와 연관시킨다. 통치성은 이후 푸코의 사유를 **자기와 자기 자신의 관계**(rapport de soi à soi)를 의미하는 윤리라는 새로운 영역에로 이끌게 되는 개념이다. 이렇게 해서 푸코의 지식의 영역, 권력의 영역을 잇는 제3의 영역 곧 **윤리**의 영역이 탄생한다.

쾌락의 활용(usage des plaisirs, *chrēsis aphrodision*)이란 고대 그리스 사상에서 보이는 개념으로서, 푸코는 이를 육체에 대한 관계, 아내에 대한 관계, 소년들에 대한 관계 및 진리에 대한 관계라는 네 가지 영역을 통해 분석한다. 이는 다시 고대 그리스어에서 '성적 쾌락'을 의미하는 단어였던 *ta aphrodisia* 개념에 대한 분석과 겹치면서 '아프로디지아가 어떻게 도덕적 배려의 영역으로서 구성되었는가?'를 탐구한다. 푸코의 결론은 다음과 같다. "우리가 도덕적 체험의 변형들을 이해한다면, 성적 엄격함은 법전(code)의 역사보다 더욱더 결정적인 하나의 역사, 곧 **개인을 도덕적 행동의 주체로서 성립시키는 자기 자신과의 관계 양식**의 완성으로서 이해되는 **윤리의 역사**에 속한다."[28] 이러한 윤리의 역사가 나에게 묻는 질문은 다음과 같은 것이다.

나는 어떻게 하여 섹슈얼리티 혹은 욕망과 쾌락의 문제와 연관하여 나 자신을 하나의 도덕적 주체로서 구성하게 되었는가?

---

28) UP, 275.

참고문헌

I. 푸코

DEQ: *Dits et écrits 1954~1988*, Collection 'Quarto', Gallimard, 2001.

HS: *L'Herméneutique du sujet. Cours au Collège de France 1981~1982*, édition établie sous la direction de François Ewald et Alessandro Fontana, par Frédéric Gros, 'Hautes Etudes', Gallimard/Seuil, 2001; 미셸 푸코, 심세광 옮김, 『주체의 해석학. 1981~1982, 콜레주 드 프랑스에서의 강의』, 동문선, 2007.

SS: *Le souci de soi* (Histoire de la sexualité III), Gallimard, 1984; 이영목·이혜숙 옮김, 『성의 역사 3. 자기에의 배려』, 나남출판, 2004.

TS: *Technologies of the self. A seminar with Michel Foucault*, ed. Luther H. Martin, Huck Gutman and Patrick H. Hutton, The University of Massachusetts Press, 1988; 미셸 푸코, 이희원 옮김, 『자기의 테크놀로지』, 동문선, 1997.

UP: *L'usage des plaisirs* (Histoire de la sexualité II), Gallimard, 1984; 문경자·신은영 옮김, 『성의 역사 2. 쾌락의 활용』, 나남출판, 2004.

VS: *La volonté de savoir* (Histoire de la sexualité I), Gallimard, 1976; 이규현 옮김, 『성의 역사 1. 앎의 의지』, 나남출판, 2004.

II. 그 외

Gilles Deleuze, *Foucault*, Les Editions de Minuit, 1986; 질 들뢰즈, 허경 옮김, 『푸코』, 동문선, 2003.

John Rajchman, *Truth and Eros. Foucault, Lacan, and the Question of Ethics*, Routledge, 1991.

Judith Revel, *Le vocabulaire de Foucault*, ellipses, 2002.

허경, 「'욕망의 억압'에서 '쾌락의 활용'으로 - 미셸 푸코의 『성의 역사』를
　　중심으로」, 『인문과학연구』 제23집, 강원대학교 인문과학연구소, 2009년
　　12월, 429~452쪽.

질주하는 몸의 욕망과 자아의 재귀
– 루키즘의 욕망과 동양의 신체미학 –

홍성민

1. 들어가는 말

탈근대의 뚜렷한 표적(表迹)을 들라면, 그것은 몸과 정신의 지위를 전도하고 몸을 가장 각광받는 주제로 급부상시켰다는 점일 것이다. 진리 파악의 방해자로만 취급되던 몸은 탈근대의 시대를 만나 구체적이고 근원적인 삶의 토대로 승인되었다. 이러한 몸의 개가(凱歌)는 지금도 고조되고 있고 앞으로도 계속될 것이다.

그러나 몸의 귀환이 그렇게 좋은 것만은 아니었다. 몸의 귀환을 가장 반긴 것은 자본주의 시대의 상품 논리였다. 자본주의에 포섭된 몸은 그 본래 의미를 상실한 채 소비의 주체이자 대상으로 전락하였다. 몸은 '의미 없는 살덩어리'로서 자본주의가 조장하는 욕망을 순순히 실행하는 존재가 되었다. 몸이 부박(浮薄)해지고 눈먼 욕망만이 질주하는 이 현실은 탈근대가 예상치 못했던 중대한 착오였다.[1]

그렇다면 이 시대 몸의 욕망은 무엇일까? 굳이 보드리야르(J. Baudrillard)의 말을 빌리지 않더라도, 이 사회가 이미지의 소비 시

---

[1] 이승환, 「후기-근대적 신체의 부박함에 대하여」, 『인문연구』, 제47호, 영남인문과학연구소, 2004 참조.

장이라는 점은 자명하다. 따라서 몸의 욕망 역시 이미지를 향한 욕망, 즉 외모의 욕망으로 귀결되며, 기초적이고 생리적인 몸의 욕망들 역시 모두 외모의 욕망으로 포섭되고 용해된다. 성욕은 성 상품화와 더불어 외모지상주의로 수렴되는 것은 당연하거니와, 식욕도 외모의 욕망 안으로 거두어지고 있다. 그래서 먹고 마시는 일마저 어떤 외모가 되는가에 따라 가부가 결정되고, 외모를 위해서라면 '음식을 끊는' 비장한 지조마저 당연해진다. 한마디로 말해 '루키즘'(lookism)은 이 시대의 절대 이념이 된 것이다.

이러한 정황은 현대인의 심리구조에도 그대로 반영된다. 여러 심리학 연구 결과에 따르면, 현대인에게 있어 외모에 대한 긍정적 평가는 자기 존중감(self-esteem)과 주관적 안녕감(subjective well-being)에도 크게 영향을 미치는 것으로 보고되고 있다. 남녀노소를 막론하고, 특히 여성의 경우, 자기의 외모에 대한 타인의 평가가 긍정적이면 그만큼 자존감과 행복감을 느끼고 그렇지 않으면 자기 비하와 수치심을 느낀다는 것이다.[2] 외모가 현대인의 존재감을 결정짓는 중요한 요인으로 작용하고 있는 것이다.

그렇다면 한국의 상황은 어떠할까? 전통적으로 '얼굴 예쁜 것보다 마음씨 고운 것이 미덕'이라 여겨졌던 한국 사회에서는 외모지상주의가 별로 심각하지 않을까? 실상은 그와 정반대이다. 한국은 세계에서 성형수술을 가장 많이 하는 나라일 뿐 아니라,[3] 다이어트

---

[2] 박은아, 「신체 존중감이 주관적 안녕감에 미치는 영향에 관한 비교문화 연구: 한국과 미국 여대생을 대상으로」, 『한국심리학회지 일반』 제22집, 한국심리학회, 2003, 37~39쪽 참조.

[3] Asian Plastic Surgery Guide에 따르면, 2009년 한 해 한국인 중 성형수술 시술을 받은 사람은 인구 1만 명당 74명으로 세계 1위를 차지하고 있다("Highest Plastic Surgery Rates for 2009", http://www.asianplasticsurgery.com 참조).

와 미용성형 산업의 추세가 기하급수적으로 증가하고 있는 나라이기도 하다.[4] 한국인에게 있어 외모는 그 어떤 것보다 중요한 삶의 토대로 인정되고 있는 것이다.

몸에 관한 담론을 새롭게 시작해야 하는 이유가 바로 여기에 있다. 이제 몸 담론의 화두는 몸과 정신의 불평등한 지위 문제나 심신이원론에 대한 비판과 극복에 머물러서는 안 된다. 몸에 관한 연구는 몸의 욕망, 특히 아름다운 외모를 원하는 욕망에 집중되어야 한다. 외모가 우리의 존재감을 좌우하고 있다는 사실만으로도, 외모의 욕망에 관한 철학적 성찰은 필수적이고 유의미한 작업이다. 철학이 삶에 관한 지혜라면, 현대인의 삶의 양상을 탐구하는 것은 철학이 해야 할 의무이기도 할 것이다.

이 글에서는 이 시대 몸의 욕망을 해부해보고자 한다. 특히 외모의 관리와 성형에 치중하는 몸의 욕망이 왜 그리고 어디에서 발생한 것인지를 밝히고, 그것을 교정할 대안이 있는지 모색해보고자 한다. 특히 사회 구성주의적 관점에서 외모지상주의의 심리적 기제를 분석하고, 한국의 상황에 대한 문화적 탐구를 시도할 것이다. 그리고 장자와 유가의 신체미학을 분석하여 현대 사회의 루키즘에 대한 대안을 탐색해볼 것이다.

---

[4] 20대 남녀를 대상으로 조사한 결과에 따르면, 1995년 성형수술에 대한 긍정적 인식은 불과 25.1%에 불과하였는데, 2005년에는 60%로 증가하였고, 2009년에는 성형수술 희망 비율이 무려 80%에 이르렀다(임인숙, 「미용성형공화국의 고지되지 않은 위험」, 『사회와 역사』 제88집, 한국사회사학회, 2010, 42쪽.)

2. 구성되는 몸: 푸코와 보르도의 몸

자기 몸을 아름답게 꾸미고자 하는 것은 자연적이고 자율적인 욕망인가? 아니면 역사적 사회적 조건들이 부과한 비자발적이고 타율적인 욕망인가? 이를 탐구하기 위해서는 먼저 '몸'의 개념과 범주를 해명해야 한다. 몸에 대한 자연주의적(naturalistic) 견해에 따르면, 몸은 자아와 사회라는 상부구조가 근거하고 있는 전(前) 사회적이고 생물적인 토대이다. 이러한 생각에 따르자면, 몸의 능력과 한계의 차이가 개인 간의 차이뿐 아니라 사회적, 정치적, 경제적 차이를 만들어내는 것이라 할 수 있다.5) 아울러 몸의 자연적 성차(性差)는 남녀의 상이한 성역할(gender role)과 사회적 욕망의 차이를 만드는 중요한 원인이기도 한 것이다. 이 관점대로라면, 외모지상주의의 욕망 역시 모종의 생물학적 기제에서 발현된 자연스러운 현상일 것이다.

그러나 사회적 차원의 현상들을 생물학적 토대로 환원시키려는 시도가 그리 타당한 것만은 아니다. 현대 사회의 현상은 그보다 복잡한 원인과 구조로부터 기인한 것으로 여겨지기 때문이다. 루키즘의 욕망도 자연적인 몸의 욕망이 변형되고 확장된 것에 불과하다고 말하기는 어려워 보인다. 이점에 대해 푸코의 입장은 뚜렷하다. 그는 몸이란 사회의 권력과 담론에 의해 구성된 것이며, 몸의 욕망은 그 구성의 산물이라고 주장하고 있다.

---

5) 크리스 쉴링, 임인숙 옮김, 『몸의 사회학』, 나남, 1999, 69쪽.

몸은 새로운 권력기구들의 표적이면서 동시에 지식의 새로운 형식 대상이 된다. 사변적 물리학에서의 몸이라기보다는 오히려 훈련을 위한 몸이고 동물적 성향이 스며들어 있는 몸이라기보다는 오히려 권력에 의해 조작되는 몸이다.[6]

푸코에게 있어 몸은 권력과 지식이 작동하는 지점으로서 존재할 뿐 자연적이고 생물적인 몸은 자취를 찾아볼 수 없다. 몸은 담론에 의해서 의미가 부여되는 것일 뿐 아니라 전적으로 담론에 의하여 구성되는 것이다. 몸은 생물적 실체가 아니라, 무한정 변화할 수 있고 고도로 불안정한 사회적 구성물인 것이다.[7]

푸코가 말하는 사회적 구성물로서의 몸이란 어떤 것인가? 이를 파악하기 위해서는 푸코가 제시하는 몸의 역사를 살펴보아야 한다. 간추리면 이런 것이다. 과거 시대 군주는 신체형(身體刑)을 통해 권력을 상징화하였고, 그로써 백성들을 공포에 몰아넣고 통제할 수 있었다. 그리고 백성들은 죽음의 공포 때문에 자신을 규제하였다. 이 시대에 몸은, 군주의 입장에서 보자면 권력 행사의 대상이었고, 백성의 입장에서 보면 권력에 저당 잡힌 담보물이었다. 요컨대 몸은 권력의 행사와 순응을 이루어주는 매개체였던 것이다.

그러나 자본주의가 들어서면서 백성을 통제하는 양식이 바뀌게 된다. 노동력, 그것도 잉여 노동력이 필요한 자본주의 시대에 권력은 '백성을 살려주는' 생체 권력(bio power)으로 변신했다. 즉 자본주의의 권력은 노동력을 확보하기 위해 국민의 출생과 사망, 건강 수준 등을 조절하고 통제하게 되었고, 개인의 몸은 노동력의 수단

---

6) 미셸 푸코, 오생근 옮김, 『감시와 처벌』, 나남, 2007, 245~246쪽.
7) 크리스 쉴링, 앞의 책, 114쪽.

으로 국가 권력에 의해 관리되었던 것이다.[8]

이와 더불어 20세기 초반에 권력은 이른바 '엄하고 과중하며 세심하고 부단한' 훈육체계들을 통하여 학교와 병원, 공장 및 가정에서 '순응하는 몸'(corps docile)을 구성하였다. 복종할수록 유용해지고 유용해지는 만큼 복종하는 신체가 권력에 의해 만들어지는 것이다.[9] 이제 몸은 처벌의 대상이 아니라 지배의 효율성을 위해 감시하고 길들여져야 할 관리의 대상이 되었다. 물론 몸의 효율이 자본의 효율과 직결되는 것임은 두말할 나위가 없다. 그래서 몸은 자본의 효율을 위해 관리되고 증식되어야 할 예속적 존재가 된 것이다.

요컨대 푸코의 몸은 사회와 문화, 담론 이전에 선험적으로 존재하는 것이 아니다. 오히려 사회와 담론에 의해서 신체가 역사적으로 구성되는 것이다. 신체에 대한 개념들뿐만 아니라 그 물리적인 측면까지도 담론의 힘에 의해 사회적으로 각인되고, 역사적으로 형태화된다. 요컨대 푸코는 신체에 대한 자연주의적 관점을 거부하고 모든 신체를 구성주의의 관점으로 파악한 것이다.[10]

이처럼 몸이 권력과 담론의 구성물이라면, 몸의 욕망 역시 그것들의 산물일 뿐 원초적이고 자연적인 것은 아니게 된다. 이러한 맥락에서 푸코는 성적 욕망을 자연적이고 생래적인 것으로 보는 프로이트의 관점을 거부하고, 그것을 사회적 억압과 조작의 산물로 간주한다. 즉 성적 욕망은 지배계급에 의해 창안되고 공론화되는 동시에 피지배계급을 억압하고 통제하기 위한 장치였다는 것이

---

8) 미셸 푸코, 박정자 옮김, 『사회를 보호해야 한다』, 동문선, 1998, 278~279쪽.

9) 미셸 푸코, 오생근 옮김, 『감시와 처벌』, 나남, 2007.

10) 이소희, 「메를로 퐁티와 푸코의 신체론 비교: 선험적 주체와 자연주의적 신체를 넘어서」, 『철학연구』 37집, 고려대학교 철학연구소, 2009.

다.[11] 이러한 점에서 푸코는 자연 상태로서의 성(sexe)이란 구체적인 현실 세계에는 있을 수 없으며, 단지 다양한 장치들에 의해 조작되어 구체화되는 사회적이고 역사적인 현상으로서의 성적 욕망(sexualite)만 있을 뿐이라고 말하는 것이다.[12]

나아가 20세기 자본주의 시대가 부추기는 몸의 욕망 역시 효율적인 지배와 통제를 위해 고안된 것에 불과하다고 푸코는 말한다. 몸의 욕망을 자극하여 통제를 유지하는 것이 그 지배 권력의 양상이라는 것이다. "우리는 더 이상 억압이 아닌, 자극을 동원한 통제양식으로 제시되고 있는 새로운 투자양식을 발견한다. '벗어라, 그러나 날씬하고 잘 생기고 햇볕에 잘 그은 피부여야만 한다!'"[13]

푸코의 생각에서 우리의 몸은 개인의 주체성이 무시되고 수동적이기만 한 온순한 몸이다. 몸은 권력의 작용지점으로서만 존재할 뿐이다. 그래서 몸이 행사하는 것은 사회적 감시와 통제하에 스스로 처하는 것이다. 몸의 욕망 역시 권력의 지배를 위해 조장된 효과에 불과하다.

그렇다면 이러한 푸코의 관점은 루키즘의 욕망을 분석하는 데에도 적용될 수 있을까? 수전 보르도(Susan Bordo)는 푸코의 생각을 받아들여 여성의 외모 관리 욕망을 해석하는 데 활용한다. 보르도에 따르면, 여성의 몸은 해부학적으로 결정되어 있는 본질적 존재가 아니라 남성 중심의 규범과 통제, 그리고 소비자본주의의 부추김에 의

---

11) 미셸 푸코, 이규현 옮김, 『성의 역사 1』, 나남출판, 2006, 155~162쪽 참조.

12) 홍경실, 「푸코철학의 전기와 후기에 있어서 우리의 몸에 대한 이해 비교」, 『철학연구』 38집, 고려대학교 철학연구소, 2010, 260~261쪽.

13) Michael Foucault, 'Body/Power', in C. Gordon(ed.) *Michael Foucault: Power/Knowledge*. 1980. p.57 (크리스 쉴링, 앞의 책, 120쪽에서 재인용).

해 '구성되는' 존재일 뿐이다. 보르도는 특히 매스미디어와 광고가 몸에 대해 행사하는 영향력에 주목한다. 여성의 몸에 대한 통제의 규범은 매스미디어 안에 은밀히 잠복하여 작동하고 있다. 그중 하나가 대중매체의 '정상화의 메커니즘'(normalizing mechanism)이다. 대중매체는 끊임없이 비정상적인 몸들을 보여주며 심각하게 경고한다. 예를 들어, 거식증과 폭식증, 운동 강박증, 지방흡입술, 과도한 성형수술 등 '너무 지나친' 행동들의 위험성을 보여주면서 그것이 비정상적이고 병리적인 것이라고 표지한다. 그러나 아이러니하게도 이것은 여성 스스로 수행하는 다이어트와 운동은 정상적이고 건전한 행위라고 은밀히 각인시키는 것이 된다. 그리고 동시에 이것은 날씬한 몸매가 정상의 기준임을 암묵적 전제로 받아들이게 하고 있는 것이다. 이것이 대중매체가 산포하는 교묘한 정상화의 메커니즘이다. 간단히 말해 비정상적이고 병리적인 몸들을 보여줌으로써 여성 스스로 권력의 정상성으로 귀속하게 하는 기술이 정상화의 과정인 것이다.[14]

보르도에 따르면, 현대의 여성은 대중매체가 암암리에 부여하는 정상의 기준을 수용하고, 그 기준에 따라 자발적으로 자신을 감시하고 훈육해가는 정상화의 과정을 수행하고 있다. 보르도의 말대로라면, 현대 사회가 정상적이라고 규정하는 여성의 몸은 여성을 '유순한 몸'으로 길들이는 과정일 뿐이다.[15] 현대 여성의 외모 꾸미기 역시 여성의 자발적인 욕망과 선택인 것 같아 보이지만, 실은 사회

---

14) S. Bordo, *The Unbearable Weight*, univ of california press, 1993. 185∼187쪽.
15) 조현순, 「여성의 몸: 수잔 보르도와 주디스 버틀러」, 『비평과 이론』 제7권 2호, 한국비평이론학회, 2002, 39쪽.

이데올로기가 강요하는 정상성에 순응하고 있는 것이라 할 수 있다.16) 요컨대 여성의 몸 역시 권력의 감시와 훈육으로 길들여진 문화적 구성물에 다름 아니다.

3. 주시되는 몸: 객체화 신체의식과 유교의 몸 담론

몸을 사회적 구성의 결과로 간주하는 푸코와 보르도의 생각은 매킨리(N. M. McKinley)의 심리학 연구에서 실증적으로 재조명되고 있다. 일반적으로 외모에 대한 집착은 남성보다 여성에게 더 강하게 나타난다. 그래서 여성은 남성보다 자기 외모에 대한 부정적 경험을 더 많이 하며, 외모에 대한 만족으로부터 자기 존중감과 주관적 안녕감을 더 높게 느끼기도 한다. 기존의 견해에서는 이러한 현상이 여성의 사회적 성역할과 여성에 대한 매스미디어의 압력에서 기인한 것이라고 설명되었다.

그런데 매킨리는 이러한 견해만으로는 몸에 대한 여성의 심층심리를 모두 해명할 수 없다고 보고, 사회 구성주의적 관점(social construction perspective)을 활용하여 이 점을 설명하고자 한다.17) 그는 '객체화 신체의식'(objectified body consciousness)이라는 개념을 창안하여 사회적 담론에 의해 몸이 구성되는 과정을 보다 실증적으로 조명하고, 외모 관리에 치중하는 현대인(특히 여성)의 심리적 기제를 해명한다.

---

16) S. Bordo, 앞의 책, 254~262쪽

17) N. M. McKinley & J. S. Hyde, "The Objectified Body Consciousness Scale", *Psychology of Women* 20, 1996, 181~182쪽.

여성주의에 따르면, 사회 속에서 여성의 몸은 '응시되는'(to be looked at) 대상으로 구성되어왔다고 한다. 이러한 사회적 구성 때문에 여성은 자신이 마치 외부 관찰자인 것처럼 자기 몸을 응시하는 것을 훈습해왔다. 이로 인해 여성은 몸의 문화적 기준을 스스로 내면화하여 그것이 마치 원래 자신에게서 유래한 것인 양 여기게 되고, 또 그 기준에 자신을 맞추고자 노력한다는 것이다. 이처럼 여성은 자신의 몸을 객체로서 경험하면서 이런 경험이 온당하다고 신념을 갖게 된다. 이것이 매킨리가 말하는 객체화 신체의식이다. 매킨리에 따르면 객체화 신체의식의 작용 때문에 여성은(남성도) 자신을 타자의 시선(사회 문화적 신체 기준)으로 바라보고 그것에 맞게 자기 몸을 구성해나간다는 것이다.[18]

매킨리는 객체화 신체의식을 세 가지의 요소로 세분화한다. 즉 첫째, 신체 감시성(body surveillance), 둘째, 문화적 신체 기준의 내면화와 이에 따른 수치심(internalization of cultural body standards and shame), 셋째, 외모에 대해 통제할 수 있다고 믿는 신념(appearance control beliefs)이 그것이다.[19]

그중 신체감시성은 타인의 시선이 자신을 감시하는 것처럼 자기 몸을 사회문화적 기준의 시선으로 스스로 감시하는 것이다. 여성은 자신과 자기 몸의 관계를 외부관찰자와 객체의 관계로 인식하면서 자기 몸을 타자의 눈으로 감시한다. 이러한 신체 감시는 자신에 대한 부정적 인상을 양산하고 주체의 안녕감을 해치기 쉽다. 특히 신체의 사회문화적 기준이 실현 불가능한 것일수록 그 열등감과 불

---

18) 위의 글, 183쪽.
19) 위의 글, 181~183쪽.

안은 더욱 깊어진다.

신체에 대한 수치심은 신체 감시성의 연장선 상에 있다. 이상화된 신체 이미지를 내면화하고 그것을 현재 자신의 신체와 비교할 때 우리는 자기 몸에 대해 수치감을 느끼게 된다. 이러한 수치의 감정은 특히 이상적 신체 기준을 내면화하는 과정에서 비롯된다. 즉 이상적 신체 기준이라는 것이 사회문화적 조작에 의한 이미지에 불과하다고 여기지 않고 오히려 그것이 자신 스스로 형성한 것이라고 생각하게 될 때, 자기 몸에 대한 수치심과 자기 거부감이 발생하게 된다는 것이다.

나아가 신체 기준의 내면화는 자기 외모에 대한 통제 신념을 양산한다. 객체화 신체의식은 여성이 노력하면 문화적 기준에 맞게 외모를 스스로 관리할 수 있다는 신념을 전제로 한다. 특히 매스미디어는 여성 자신의 노력을 통해 문화적 신체 기준에 도달할 수 있다는 신념을 주입하고 그 기준에 도달하는 것을 여성 자신의 능력과 책임으로 귀결시킨다.[20] 그래서 여성이 자기 외모를 통제하고 관리할 수 있다고 믿는 것은 유능함을 느끼도록 하는 중요한 원천이 된다.

신체 통제신념은 외모에 대한 문화적 기준이 지나치게 높을 때 특히 중요하다. 여성이 자기 외모를 통제할 수 있다고 믿게 되면, 신체 감시성이나 수치심을 어느 정도 경감시킬 수 있기 때문이다. 스스로 통제하고 있다는 자신감은 비만으로 인한 스트레스를 조절하는 데 도움을 주고 정한 바의 목표를 지속적으로 추구하게 해주기 때문이

---

20) 위의 글, 183~186쪽.

다.[21] 신체 통제신념은 일종의 자기 긍정과 낙관의 힘인 것이다. 이러한 낙관적 신념은 자기 존중감을 제고하는 데 기여한다.

매킨리의 조사에 따르면, 신체 감시성과 수치심의 지수가 높은 사람일수록 신체 존중감이 낮으며 자기 신체에 대해 부정적인 경험을 더 많이 겪는 것으로 나타났다. 그리고 그것은 자기 존중감을 저하시키는 결정적 요인이 되기도 한다.[22] 이것은 자기 몸에 대한 심리와 인식이 사회적 시선과 문화적 기준에 의해 좌우된다는 점을 시사한다. 자기 몸은 끝없이 타자의 시선과 기준에 의해 조장되고 있다는 것이다. 한편 매킨리는 신체 통제 신념이 강한 사람일수록 신체 수치심은 낮고 신체 존중감은 높으며 외모를 꾸미거나 변형하려는 시도가 더 많아진다고 보고한다.[23] 즉 신체 통제 신념은 타자의 시선과 문화적 기준에 대한 압박을 완화하는 데 중요한 역할을 한다는 것이다.

그러나 주의해야 할 것은, 이러한 신체의 통제 신념 역시 자기 신체를 객체화하는 과정에서 유래한다는 사실이다. 신체 통제 신념은 여성 스스로 타자의 시선과 문화적 기준을 거부하고 주체적으로 자기 몸을 찾아가는 동력이 아니다. 그것 역시 내면화된 타자성에 의존하고 있는 것이기는 마찬가지이다. 요컨대, 신체에 관한 심리상태가 긍정적이건 부정적이건 간에, 그것은 타인의 눈과 기준으로 자기 신체를 재구성하는 결과이다.

이상과 같은 매킨리의 조사는 몸이 사회적으로 구성되는 것이라

---

21) 박은아, 앞의 글, 40쪽.

22) N. M. McKinley & J. S. Hyde, 앞의 글, 208~210쪽.

23) N. M. McKinley & J. S. Hyde, 앞의 글, 208~212쪽.

는 푸코의 주장을 실증적으로 뒷받침해준다. 여성이 자신의 몸에 대해 객체화 신체의식을 갖는다는 것은 그만큼 자기 몸을 스스로 감시하고 규율하며 훈육하는 데 길들여져 왔음을 방증하는 것이다. 사회 담론이 형성한, 혹은 권력과 규율이 주입하는 이상적 신체 이미지에 따라 스스로를 감시하고 수치감을 느끼며, 급기야 그 이미지대로 몸을 '만들어가는' 것이다. 그렇게 몸을 만들어갈 때 혹은 만들어간다고 믿을 때, 우리는 신체 존중감과 자기 존중감을 얻고 주관적 안녕감을 획득하게 된다. 앞서 언급한 보르도의 정상화 메커니즘도 이와 다르지 않은 것이다.

매킨리의 연구방법은 국내에서도 널리 활용되고 있다. 국내에서 실행한 다양한 조사에서도 매킨리의 방법은 유효한 것으로 나타났으며 조사의 결과는 국내에서도 큰 변화가 없었다. 즉 대학생들의 외모 불만족이나 체형 불안의 심리적 기제를 객체화 신체의식으로 해석하는 것이 가능했으며,[24] 성형수술이나 부정적 섭식을 좌우하는 심리적 기제 역시 그 척도로 설명될 수 있었다.[25] 이것은 한국인의 경우도 자기 몸에 대한 인식에서는 사회적 담론의 영향을 강하게 받고 있다는 점을 시사한다.

그런데 한국인의 신체의식 조사에서는 주목할 만한 특이 사항이 보고되고 있다. 신체 존중감과 자기 존중감에서 한국인은 특별한

24) 정용민, 「대학생의 외모에 대한 사회문화적 태도, 객체화된 신체의식, 사회적 체형 불안이 신체활동에 미치는 영향」, 『한국사회체육학회지』 Vol.43, 한국사회체육학회, 2011.

25) 손은정, 한국 여성들의 성형수술 시도에 있어서도 객체화된 신체의식 지수가 상당히 유의한 정적 관련을 보여주고 있으며(손은정, 「공적 자기의식, 사회문화적 가치의 내면화 및 신체상에 대한 태도가 성형 의도에 미치는 영향」, 『한국심리학회지 여성』 Vol.19, 한국심리학회, 2007), 부정적 섭식에도 상당한 영향을 끼치는 것으로 보고하고 있다(손은정, 「공적 자기의식, 신체에 대한 감시, 신체에 대한 수치심이 섭식 행동에 미치는 영향」, 『한국심리학회지 상담 및 심리치료』 Vol.19, 한국심리학회, 2007).

의식구조를 가지고 있다는 점이다. 박은아의 연구에 따르면, 객체화 신체의식은 신체 존중감에 유의한 영향을 미친다. 그런데 미국 여성이 자기 존중감을 형성하는 데에 신체 존중감과 신체 통제신념이 함께 영향을 미치는 데 비해, 한국 여성들의 경우에는 자기 존중감의 형성에 신체 존중감만 영향을 미친다는 사실이다.[26]

이러한 현상은 어떻게 설명할 수 있는가? 사실 한국 여성에게는 신체 통제신념이 없다거나 미국 여성에 비해 약하다는 것을 의미하지 않는다. 이것은 한국 여성이 신체 통제신념을 가지고 있어도, 그것이 자기 존중감의 형성에는 별다른 영향을 주지 않는다는 것을 의미한다.

앞서 살펴본 바와 같이, 신체 통제신념이란 이상적 신체 기준을 스스로 달성할 수 있다는 낙관적 믿음이다. 그 낙관적 믿음에는 문화적 기준과 자신에 대한 주관적 해석이 전제되어 있다. 주관적 해석으로 말미암아 스스로 몸을 통제할 수 있다는 긍정적 신념이 도출되는 것이라 할 수 있다. 그러나 한국 여성은 그러한 주관적 해석과 신념이 자기 존중감 형성에 큰 영향을 발휘하지 않는 것 같다. 즉 서양인이 주관적 안녕감을 자기 내적 기준에 의해서 찾는 반면, 동양인은 자기 외부의 기준으로 주관적 안녕감을 찾으려는 경향이 짙기 때문에,[27] 한국의 여성은 자기 존중감 형성에 있어 자기 신체와 문화적 기준에 대한 주관적 해석과 믿음보다 객관적 시선과 타자의 관심이 더 크게 작용하는 것이다. 요컨대 한국 여성은 자기 존중감을 자신의 신체에 대한 사회적 기준과 타자의 평가로

---

26) 박은아, 앞의 글, 35쪽 참조.
27) 위의 글, 51쪽.

부터 얻는 경향이 많다는 것이다.

이는 한국 여성 개인들의 심리적 문제가 아닐 것이다. 한국 여성이 자기 주관과 의지, 자기 긍정의 힘이 부족하기 때문이 아니라 오히려 한국 사회를 지배하고 있는 독특한 문화적 의식구조 때문일 것이다. 그 문화적 의식구조는 무엇일까? 그것은 매스미디어의 영향력과 이미지 소비 풍조가 광범위하게 작동하는 현대 자본주의의 구조 때문만은 아닐 것이다. 그보다 더 심층적으로 한국인의 내면에 자리하고 있는 인식의 틀이 있을 것이다. 그것은 바로 유교 문화의 몸 담론이다.

유교 문화의 전통에서 자아의 존재는 공동체 안에서 자신을 주시하는 타인의 시선에 의해 결정된다. 즉 소속된 공동체 안의 상호주관적 시선에 의해 자신의 존재가 확인되는 것이다.[28] 이때 개인들의 상호주관성을 매개하는 것은 사회적 검증을 거친 관습과 관행, 즉 '예'(禮)이다. 나의 몸이 공동체의 상호주관적 시선으로부터 인정받으려면 예를 학습하는 사회화의 과정, 즉 사회 가치 담론에 의해 자기 몸을 만들어가는 수신(修身)이 요구된다. 수신은 몸을 온전한 사회적 기표로 만드는 과정이라 할 수 있다. 달리 표현하자면, 유교문화권에서 몸은 관습과 관행으로 규정된 사회 가치적 의미들을 구체적으로 드러내는 장소가 되어야 한다는 것이다. 이렇게

---

28) 이승환, 「눈빛, 낯빛, 몸짓」, 『감성의 철학』, 민음사, 1996, 133~138쪽. 김종갑은 동양사회에서는 생존의 필수 요건을 衣食住로 배열하는 반면, 영어에서는 food, clothing, habitation으로 배열한다는 점에 주목한다. 이것은 동양인이 생존에 있어 타자의 시선과 승인을 중요하게 여긴다는 의미를 함축한다. 그는 이렇게 말한다. "우리나라 사람들은 항시 다른 사람을 의식하면서 행동한다. 혼자서 잘 먹고 잘사는 것으로 충분하지 않다. 다른 사람에게 부유하게 보이기 위해서 우선 잘 입어야 한다. 문화의 품목 중에서 옷이 전적으로 타인의 시선을 위한 것임은 두말할 나위가 없다. 항시 누군가 나를 바라보고 있다는 의식, 언제나 누군가에 의해 둘러싸여 있다는 의식, 지옥도 친구와 함께라면 참고 견딜 만한 동네가 된다"(김종갑, 『타자로서의 몸, 몸의 공동체』, 건국대출판부, 2004, 56쪽).

되었을 때, 개개의 몸들, 즉 개개의 기표들은 서로의 기표를 상호주 관성의 영역에서 독해하여 서로가 공통의 삶의 지반에 살고 있음을 확인하게 되고 공동체에 소속된 삶을 살아가게 된다. 요컨대, 유교문화권에서 몸은 사회가치를 체현하는 수단인 것이다. 유교적 몸은 철저하게 사회적 구성물인 셈이다.

이러한 점에서 보자면, 푸코의 몸과 유교의 몸이 서로 유사하다는 것을 알 수 있다. 양자는 모두 몸을 사회적 담론의 산물로 간주하고 있다는 점에서 그렇다. 몸은 권력과 담론, 타자의 시선과 공동체의 관습에 의해 구성되는 존재이다. 권력과 담론의 질서 안에 몸이 스스로를 짜 맞출 때 몸은 비로소 존재할 수 있고 의미를 얻을 수 있다. 몸은 그 태생부터 사회 순응적인 것이다.

물론 여기에서 간과하지 말아야 할 것이 있다. 푸코의 몸이 자본주의의 효율을 위해 통제하고 활용하는 경제 효용적 몸인 반면, 유교적 몸은 사회공동체의 화합이라는 가치를 실현하는 도덕적 몸이다. 보르도의 몸이 매스미디어에 의해 주입된 가상의 이미지라면 유교적 몸은 자신의 사회 윤리의 가치를 표현하는 도덕의 기표이다. 매킨리의 몸이 이상적 신체 이미지라면 유교적 몸은 성인의 이상을 추구하는 덕의 상징이다. 여기에 유교적 몸의 진의가 담겨 있다.

그러나 유교의 도덕이 사실 권력의 미식(美飾)에 불과하다면, 공동체의 덕이 탈각되고 그 구속적 형식만 잔존하게 된다면, 유교윤리는 결국 개인의 자유와 자존감을 억압하는 판옵티콘으로 남게 되는 것이다. 이러한 유교 문화적 의식은 한국 사회의 외모지상주의와 절대로 무관하지 않다. 타인의 시선으로 자기 존재가 규정된다면, 몸은 타인을 고려하여 꾸며질 수밖에 없다. 특히 여성을 공동체의 시선 안에 위리안치(圍籬安置) 해온 유교의 역사적 맥락을 고려한다면, 한국 사회에서 여성의 몸은 주체성과 자기 긍정성을 갖기 어려웠을 것으로 판단된다. 이러한 상황에 이미지 소비 풍조와 매스미디어의 루키즘이 가세함으로써 그 몸은 공동체의 구속에 자본주의의 구속까지 더해져 이중의 결박을 당하고 말았다는 것이다.

그렇다면 그 대안은 무엇인가? 전통적 사유 방식을 일거에 적출해낼 수 있을까? 그것은 아마 쉽지 않을 것이다. 이 연구에서는 유교 전통 내부로부터 변혁의 실마리를 찾아 자발적 자기 변혁의 길을 찾아보고자 한다. 이를 위해 두 가지의 대안을 모색할 것이다. 하나는 장자의 도움을 받아 몸을 가두는 사회의 틀을 해체하여 몸을 해방시키는 것이고, 다른 하나는 유가 윤리의 진의를 해명하여 몸을 원래대로 재귀시키는 것이다. 장을 바꾸어 그 가능성을 타진해보자.

4. 해체되는 몸: 사회적 몸에 대한 장자의 비판

사회적으로 구성된 몸은 스스로 욕망하지 못한다. 몸의 욕망은 단지 권력과 담론의 메커니즘이 작동하는 현상에 불과하다. 권력은 몸의 욕망을 억압하고 제거하려는 것 같지만, 사실 욕망은 그 억압으로부터 파생한 결과물이며 권력이 기도한 몸 길들이기의 도구이다.[29] 몸은 권력과 담론의 질서에 저항할 수 없을 뿐 아니라 그 밖

---

29) 이러한 점에서 푸코는 성적 욕망은 금지의 원인이 아니라 금지의 효과와 결과라고 본다. 17세기 유럽 사회에서 성을 규제하고 금기시하는 풍토는 오히려 성에 대한 담론을 더욱 활발하게

으로 벗어날 수도 없다. 그렇다면 권력과 관습이 부과하는 억압적 질서에 대항하려 하여도 그것은 불가능할 것처럼 보인다. 왜냐하면, 대항의 근거지로 삼아야 할 몸이 이미 그 권력 질서의 산물이기 때문이다. 권력의 담론을 제외한다면 몸도 존재할 수가 없다.[30] 아이러니하게도 몸을 가지고 있기 때문에 권력의 억압에 저항할 방법은 원천적으로 봉쇄되고 만다.

그렇다면 어떻게 해야 하는가? 여기에서 장자의 이야기[31]를 살펴보는 것은 일정한 의미가 있을 것이다. 그는 사회적 몸의 필연성을 부정하면서 그것을 망각하고 해체하라고 주장한다.

> 신도가(申徒嘉)가 말했다. "세상 사람 중에는 자기들의 두 발이 온전하다고 해서 내 발이 온전하지 못하다는 것을 비웃는 자가 많다. 그런 얘기를 들으면 나는 발끈 화가 나지만 선생님을 찾아가면 깡그리 잊고 평상시로 돌아온다. 선생님이 훌륭한 덕으로 나를 씻어 주셨는지 모르겠다. 나는 선생님께 퍽 오랫동안 배워왔지만, 아직 선생님은 내가 발 병신이란 걸 모른다. 지금 자네와 나는 형해(形骸) 안의 일에서 교유해야 할진대, 자네는 나를 형해 밖에서 찾다니 어찌 잘못이 아니겠는가?"
> 정자산(鄭子産)이 겸연쩍어하면서 말했다. "자네, 이제 그만해주게."[32]

이 대화는 사회적 몸을 망각하는 장자의 사유를 잘 보여준다. 신

만들었으며, 권력은 그 성적 욕망을 통제의 수단으로 활용한다(미셸 푸코, 『성의 역사 1: 앎의 의지』, 이규현 옮김, 나남, 1996 참조).

30) 크리스 쉴링, 앞의 책, 120~124쪽 참조.

31) 주지하는 바와 같이 『장자』의 내편(內篇)은 장주(莊周) 본인의 저작이지만 외편(外篇)과 잡편(雜篇)은 그 후학의 저작으로 알려져 있다. 그러나 이 글에서는 편의상 '장자'로 통칭하고자 한다.

32) 『莊子』「德充符」, 申徒嘉曰: "人以其全足笑吾不全足者多矣, 我怫然而怒., 而適先生之所,, 則廢然而反. 不知先生之洗我以善邪? 吾與夫子遊十九年矣. 而未嘗知吾兀者也, 今子與我遊於形骸之內, 而子索我於形骸之外, 不亦過乎!" 子産蹵然改容更貌曰: "子無乃稱!"

도가와 정자산은 모두 백혼무인(伯昏無人) 문하의 학생이다. 그런데 신도가는 한쪽 발이 잘리는 형벌을 받은 범죄자이었던 반면, 정자산은 한 나라의 재상이었다. 정자산은 신도가를 부끄럽게 여겨 힐난하였고, 신도가는 위와 같이 대답하였던 것이다.

신도가의 사회적 몸은 범죄인이고 수형자(受刑者)이며 불구이다. 그러나 그의 스승 백혼무인은 신도가의 몸의 이상에 대해 전혀 인식하지 못하고 있다. 백혼무인은 신도가의 한쪽 다리가 없는 물리적 상태를 지각하지 못한 게 아니다. 범죄인, 수형자, 불구라는 사회적 몸의 의미를 지각하지 못한 것이다. 몸의 사회성을 탈각하는 것, 그것이 백혼무인의 훌륭한 덕이며 사회적 몸의 차별에 분노하는 신도가를 다스려주는 힘이었다. 신도가가 말한 '형해'(形骸) 역시 사회적 몸을 가리킨다. 신도가는 사회적 몸으로 자신을 평가하지 말고 그 몸 안에 있는 것으로 교유할 것을 주문한다. 이것은 몸의 사회성을 탈각하고 더불어 그 몸을 구성하는 사회적 담론에서 벗어나야 한다는 의미를 함축하고 있다.

이 단락에서 장자는 몸의 사회성을 망각함으로써 몸들의 차이를 무화시키고자 한다. 재상의 몸과 범죄인의 몸, 두 쪽 발이 성한 몸과 한쪽 발을 잃은 몸의 차이와 의미는 장자에게 모두 망각되어 버린다. 그것은 사회가 만들어낸 임의적 기준에 의해 구분된 것일 뿐 사회적 잣대를 대지 않을 때는 아무런 차이가 없는 것이기 때문이다.

이렇게 몸을 잊을 때 몸을 구성하는 사회의 담론도 함께 무화된다. 권력과 지식의 공모로 창출된 정상과 비정상, 옳음과 그름 등의 가치 기준도 몸의 망각과 함께 부정되고 있는 것이다. 몸의 망각은 제물론(齊物論)의 사유와 맞닿아 있다.

사회적 몸을 망각하라는 장자의 주장은 몸의 미추의 영역으로 확장된다. 장자는 아름다운 몸과 추한 몸도 모두 잊어야 한다고 주장한다. 몸의 미추는 사회적 담론이 빚어낸 결과물에 불과하기 때문이다. 장자는 아름다운 몸의 가치 기준을 해체하기 위해, 수많은 불구자와 추남들을 등장시킨다. 그들은 장자에게 있어 질시와 거부의 대상이 아니라 오히려 칭송과 예찬의 대상이다. 지독한 추남 애태타(哀駘它), 절뚝발이 우사(右師), 꼽추 지리소(支離疏), 몸뚱이가 뒤틀린 자여(子輿) 등은 사회적 몸의 제한을 넘어설 수 있는 중대한 대안으로 제시되고 있다.

> 절름발이이며 꼽추에다 언청이인 인기지리무신(闉跂支離無脤)이 위령공(衛靈公)에게 도(道)를 말하였다. 위령공은 그를 매우 좋아했다. 그 후로 위령공은 정상적인 사람(全人)을 보면 그 목이 야위고 가냘프게 보였다. 또 목에 물동이같이 큰 혹이 달린 옹앙대영(甕盎大癭)이 제환공(齊桓公)에게 유세했더니 제환공은 그를 좋아했다. 그 후로 제환공은 몸이 정상적인 사람을 보면 그 목이 야위고 가냘프게 보였다. 그러므로 덕이 뛰어나면 외모 따위는 잊게 되는 것이다. 그러나 세상 사람들은 잊어야 할 외모는 잊지 않고 잊지 말아야 할 덕은 잊고 있다. 이것을 '참으로 잊고 있다'(誠忘)라고 한다.[33]

이 구절에서 장자는 기발한 패러디 전략을 쓴다. 익히 잘 알려진 바와 같이, 위령공과 제환공은 세속적 아름다움을 탐닉하던 인물이었다. 위령공은 충신 거백옥(遽白玉) 대신 미남 미자하(彌子瑕)를

33) 『莊子』「德充府」, 闉跂支離無脤, 說衛靈公,, 靈公說之., 而視全人, 其脰肩肩. 甕盎大癭, 說齊桓公, 桓公說之., 而視全人, 其脰肩肩. 故德有所長, 而形有所忘. 人不忘其所忘, 而忘其所不忘, 此謂誠忘.

총애하던 왕이었고, 제환공은 여색을 매우 좋아하던 임금이었다. 그러나 장자의 이야기에서 위령공과 제환공은 스스로 미추의 기준을 전도시키고 있다. 그들은 인기지리무신과 옹앙대영 같은 추한 몸들에 매료되어 '정상적인 몸들'을 오히려 비정상적인 몸으로 간주하고 있다. 장자는 위령공과 제환공 같은 인물마저 정상과 비정상, 아름다움과 추함의 기준을 전도시킨다는 우화를 통해, 세속적인 미추의 판단 기준이 얼마나 허구적인 것인지 역설하였다.

그렇다면 그 세속적 가치를 전도시키는 기제는 무엇일까? 장자는 '도와 덕'이라고 말한다. 위령공과 제환공이 미/추와 정상/비정상의 기준을 뒤바꿀 수 있었던 까닭은 바로 그들이 도와 덕을 알게 되었기 때문이다. 장자에게 있어 도와 덕은 '관점 없는 관점'의 세계[34]이기 때문에, 그 도와 덕을 알게 될 때 편협한 사회적 기준을 초월할 수 있게 되는 것이다. 그래서 장자는 외모는 잊어야 하되 덕은 잊지 말아야 한다고 주장한다.

장자는 여기에서 한 걸음 더 나아간다. 몸을 망각하는 것에 그치지 않고 몸을 해체할 것을 주문한다. 몸을 해체한다는 것은 사회적 몸을 폐기하는 것을 뜻한다. 이것은 담론과 권력의 구속으로부터 몸이 완전히 해방되는 길이다.

> 안회(顔回)가 말했다. "저는 진전이 있었습니다."
> 공자(孔子)가 말했다. "무얼 얻었느냐?"
> "저는 인의(仁義)를 잊었습니다."
> "좋다. 하지만 아직 미흡하다"
> 다른 날 또 만나서 말했다.

---

34) 이승환, 「눈빛, 낯빛, 몸짓」, 155쪽.

"저는 진전이 있었습니다."

"무엇이냐?"

"저는 예악(禮樂)을 잊었습니다."

"좋다. 하지만 아직 미흡하다."

다른 날 또 만나서 말했다.

"저는 진전이 있었습니다."

"무엇이냐?"

"저는 좌망(坐忘)하게 되었습니다."

공자가 놀라서 물었다. "무엇을 좌망이라고 하느냐?"

"손발과 몸을 허물어 버리고 눈과 귀의 작용을 물리쳐서, 육체를 버리고 지각을 제거하여 저 위대한 도와 하나 되는 것, 이것을 좌망이라고 합니다."

공자가 말했다. "도와 하나가 되면 좋다 싫다는 차별이 없어지고, 도와 하나가 되어 변하면 한 군데 집착하지 않게 된다. 너는 정말 훌륭하구나. 나도 네 뒤를 따라야겠다."[35]

이 구절에서 우선 주목해볼 것은, 안회가 망각하고 해체해간 대상들이다. 안회는 먼저 인의를 잊었고 그다음 예악을 잊었으며 마지막으로 좌망하여 신체를 망각하고 해체하였다. 장자는 왜 안회가 이러한 순서로 나아갔다고 서술하고 있는가?

인의는 유가적 세계관의 최고 가치이므로 최종에 부정될 대상으로 여겨지기 쉽지만, 실은 그 반대이다. 인의는 추상적 이념이고 관념이어서, 몸에 구체적으로 작용하는 것이 아니다. 그렇기 때문에 오히려 떨쳐내기가 쉽다. 그래서 안회는 인의를 먼저 잊을 수 있었

---

35) 『莊子』「大宗師」, 顔回曰: "回益矣." 仲尼曰: "何謂也?" 曰: "回忘禮樂矣." 曰: "可矣, 猶未也." 他日, 復見, 曰: "回益矣" 曰: "何謂也?" 曰: "回忘仁義矣." 曰: "可矣, 猶未也." 他日, 復見, 曰: "回益矣." 曰: "何謂也?" 曰: "回坐忘矣." 仲尼蹴然曰: "何謂坐忘?" 顔回曰: "墮肢體, 黜聰明, 離形去知, 同於大通, 此謂坐忘." 仲尼曰: "同則無好也, 化則無常也. 而果其賢乎! 丘也請從而後也."

던 것이다. 한편 예악은 몸을 통제하고 훈육하는 규범과 규율체계이다. 예악은 구체적으로 몸에 직접 작용하면서 신체를 길들이는 습관화의 체계이기 때문에, 그것을 제거하는 것은 인의를 제거하는 것보다 어렵다. 그래서 안회는 더 늦게 예악을 삭제할 수 있었던 것이다. 예악과 같이 몸에 미시적으로 작동하고 있는 규범과 제도가 제거될 때, 그 규범과 제도에 정당성을 부여하는 추상적 가치(혹은 권력의 이념)인 인의 역시 함께 소거된다는 점은 더 말할 나위가 없다. 구체적인 규범과 제도가 없으면 추상적인 이념은 발붙일 데가 없기 때문이다.

규범과 제도들을 제거하고 나면, 이제 몸은 권력과 관습의 담론으로부터 해방되는 것인가? 아직은 아니다. 몸이 존재하는 한 권력이 작동할 수 있는 지점은 여전히 남아 있는 것이며, 통제와 훈육의 기율들은 다시 세밀한 작동을 시작할 수 있다. 그래서 몸의 규율들을 잊는 것보다 몸 자체를 잊는 것이 더 근본적인 해결방안이다.[36] 그래서 안회는 마지막에 몸을 떨쳐내었던 것이다.

그러나 손발과 몸을 허물어 버린다는 것이 자기의 물리적 신체에 손상을 가한다거나 감각기관을 제거한다는 의미는 결코 아니다. 안회가 버린 몸은 인위적 몸, 즉 사회적 몸이다. 안회는 사회적 담론에 의해 형성된 몸을 버린 것이고, 사회 담론이 자신의 몸에 부과한 의미들을 모두 제거한 것이다. 이렇게 되었을 때 좌망의 상태에 이르게 된다. 이것은 사회로부터 異化되는 것이고, 다른 한편으로는 道에 동화되는 것이다. 공자가 설명하는 것처럼, 이 상태에서

---

36) 이것은 郭象의 말을 차용한 것이다. 郭象은 "禮者, 形體之用, 樂者, 樂生之具. 忘其具, 未若其所以具也."(郭象, 『莊子注』)라고 말하였다.

는 사회적 기준에 의거한 호오의 분별이 사라지고 하나의 기준을 고집하는 일도 없어지게 된다. 이것은 사회적 몸의 완전한 해체이며 권력과 관습의 질서로부터 벗어나는 것이다.

몸이 해체될 때 욕망도 함께 소멸된다. 장자에게 있어 욕망이란 자연적이고 생리적인 욕구를 가리키는 것이 아니다. 장자가 부정하려는 욕망은 사회 규범의 제도화에 의해 발생하고 증폭된 잉여욕망이다.37) 권력과 관습의 담론이 조장하고 억압하여 생산해 낸 허구적 산물인 것이다. 그렇기 때문에 사회적 몸을 해체할 때 그 몸의 욕망도 함께 소거되는 것이다. 달리 표현하자면, 사회적 틀에서 이화될 때 자연의 도에 동화될 때 몸은 무욕의 상태에 이르게 된다.38)

장자는 우리 몸을 구성하는 권력과 제도의 억압을 파헤치고 그 권력의 담론질서를 소거함으로써, 우리에게 몸을 해방시킬 수 있는 가능성을 열어 보여주었다. 장자의 생각에 따른다면, 현대 사회에 팽배한 '이상적 신체 기준'(idealized body standards)이라는 것은 아무런 필연성과 가치가 없는 헛된 기표일 뿐이다. 만일 그 사실을 깨닫는다면, 몸은 그만큼 욕망의 피로한 질주에서 벗어날 수 있을 것이고 또 그런 만큼 자유로워질 것이다. 이것이 장자의 철학이 지금도 여전히 유효한 이유이다.

---

37) 오상무, 「인간을 보는 두 시각: 『순자』와 『장자』」, 『철학연구』 제36집, 고려대학교 철학연구소, 2008, 523쪽.

38) 『莊子』 「馬蹄」, 夫至德之世, 同與禽獸居, 族與萬物並, 惡乎知君子小人哉! 同乎无知, 其德不離., 同乎无欲, 是謂素樸., 素樸而民性得矣.

5. 재귀하는 몸: 장자와 유가의 신체미학

그러나 그 해체 작업 이후에는 어떻게 되는 것인가? 몸 없이 사회 내에서 어떻게 살아갈 수 있는 것인가? 사회로부터 이화되어 자연의 도에 동화된 삶이란 구체적으로 무엇인가? 그 무욕의 상태에 이른 삶이란 과연 어떤 것일까? 그것은 현실 사회로부터 이탈하여 산속으로 피해 사는 은둔자의 삶인가? 아니면 현실에서는 도저히 도달할 수 없는 지고한 해탈의 경지인가? 장자가 주장하는 그 삶의 모습은 우리 현실에서 어떻게 실현될 수 있는가? 그의 사상은 비판철학으로서는 가치가 있지만, 실제적이고 일상적인 삶의 태도로서는 곤란한 것은 아닐까?

물론 장자에게 한계는 있다. 인간의 삶에서 사회성과 역사성, 그리고 제도성이 차지하는 공간을 고려하지 않았다는 것은 장자 사상의 예정된 한계일 것이다.[39] 하지만 그렇다고 해서 장자의 삶이 비현실적이거나 무의미한 것은 아니다. 삶이 반드시 사회와 역사라는 거대 테마를 수반해야 하는 것은 아니다. 미시적 일상 세계에서 자기의 삶을 가꾸는 것만으로도 그 삶은 충분한 의미를 가질 수 있다. 거대 담론을 해체한 후 그가 추구하는 삶의 양태는 단지 자신의 일상생활에 충실하면서 자연 생명을 보전하는 것이다. 장자적 삶은 이러한 점에서 가치를 가지며 또 실현 가능한 것이기도 하다.

---

[39] 박원재는, 장자의 철학이 진리·도덕·문화의 이름으로 자행되는 제도적 폭력에 대한 항거라는 점에서 통시적인 비판력을 담지하고 있다고 호평하면서도, 장자가 인간의 삶에서 역사성이 차지하는 공간을 배려하지 않았다는 점에서 한계가 있다고 지적하였다(박원재, 「몸에 대한 장자의 비판적 기호학」, 『전통과 현대』 제8호, 전통과현대사, 1999 참조).

지리소(支離疏)라는 자는 턱이 배꼽에 가려지고 어깨는 정수리보다 높고 상투는 하늘을 가리키고 내장이 머리 위로 올라갔으며 두 넓적다리는 옆구리에 닿아 있다. 이렇게 심한 꼽추지만 옷을 깁거나 빨래를 하면 충분히 먹고 살아갈 수 있고, 키질을 해서 쌀을 고르면 열 식구는 먹여 살릴 수 있었다. 나라에서 군인을 징집하면 지리(支離)는 (몸 병신이라 징집될 일이 없어서) 징집되는 사람들 사이에서 두 팔을 걷어붙인 채 유유히 다닐 수 있었고, 나라에서 큰 공사를 벌이면 지리는 고질병이 있다는 이유로 노역을 받지 않았다. 그러면서도 나라에서 병자들을 구휼할 때는 3종(鍾)의 곡식과 열 다발의 장작을 받았다. 저 지리소의 몸으로도 제 몸을 잘 보양하여 천명을 다할 수가 있는데, 하물며 그 마음의 재주가 온전하지 못한 자는 어떠하겠는가![40]

지리소의 몸은 사회적 기표로서 아무 가치가 없는 것이었다. 그의 몸은 매우 추하여 사회의 미적 기준에서 어긋나는 것은 물론이거니와, 징병과 사역 같은 사회적 쓰임도 없었다. 한마디로 그의 몸은 사회 권력의 작동 지점으로서 아무런 가치가 없는 것이었다. 그러나 지리소는 추하고 쓸모없는 몸을 가지고 있었어도, 자기의 일상생활을 영위하고 일상적 욕구를 충족하며 생명을 보전하는 데는 전혀 지장이 없었다. 오히려 그 몸의 무용성 덕분에 그는 권력의 지배에서 벗어나 자연 수명을 안락하게 누릴 수 있었다. 사회적으로 무용한 몸은 생명을 누리는 데는 유용한 몸이 되었던 것이다.

사회적 지배의 틀에서 벗어나 자기 생명을 배려하고 보존하는 것, 사회적 몸을 망각하고 자연 생명의 몸을 보존하는 것, 이것을

---

40) 『莊子』「人間世」, 支離疏者, 頤隱於臍, 肩高於頂, 會撮指天, 五管在上, 兩髀爲脇. 挫鍼治繲 足以餬口. 鼓筴播精, 足以食十人. 上徵武士, 則支離攘臂而遊於其間., 上有大役, 則支離以有常疾不受功., 上與病者粟, 則受三鍾與十束薪. 夫支離其形者, 猶足以養其身, 終其天年, 又況支離其德者乎!

장자는 가장 가치 있는 삶의 기술이라고 강조한다. 이러한 장자의 생각은 푸코의 '자기 테크놀로지'(technique de soi)를 떠올리게 한다. 권력의 테크놀로지가 개인의 행위를 규정하고 개인을 특정한 목적이나 지배에 종속시켜 주체의 객체화를 꾀하는 기술이라면, 자기 테크놀로지는 '자기, 즉 나의 정체성을 세워주는 토대'를 확인하고 그것을 배려하고 관리하는 기술을 의미한다.[41] 자기 테크놀로지는 권력 규범의 훈육과 통제에서 벗어나 자신을 마주 대하고 자기 삶을 아름다운 작품처럼 만들어나가는 자기 수양의 과정이다. 푸코는 이것을 '실존의 미학'(l'esthétique de l'existence)이라고 불렀다.[42]

장자가 배려하고 관리하고자 하는 '자기'란 오직 자신의 자연 생명이다. 장자는 자기의 생명이 어떠한 간섭도 받지 않고 자연의 이치에 따라 그대로 보전되기를 희망하였다. 권력의 잣대와 통제에서 벗어나 자유롭고 자율적이며 독자적으로 자신의 자연 생명을 영위해가는 것이 그가 생각했던 삶의 기술이었다. 여기에서 장자는 '인간'이라는 자기도취적 의무감에서 짊어지게 되는 사회성과 역사성의 짐을 모두 벗어버린다. 그런 것들은 그저 권력과 관습이 만들어낸 허구적 이념일 뿐이다. 오직 자기 자신에 주목하고 자기를 배려하며 자기 실존을 가꾸어가는 것이 장자가 주장하는 심미적 삶의 테크닉이다.

그렇다면 장자가 제시하는 삶의 기술은 현대 사회에 어떤 의미가 있을까? 타자의 시선과 사회적 기준에 붙들린 루키즘의 욕망 앞에 장자는 무엇을 이야기하고 있는가? 장자는 자신의 몸을 찾으라

41) 미셸 푸코, 이희원 옮김, 『자기의 테크놀로지』, 동문선, 1997, 36쪽, 48~56쪽 참조.
42) 미셸 푸코, 심세광 옮김, 『주체의 해석학』, 동문선, 2007, 25쪽.

고 주문하고 있다. 즉 타자에 내맡겨지고 타자의 잣대로 재단된 몸을 원본의 형태로 재귀(再歸)시키고 보전해야 한다는 것이다. 세속적인 미추의 판단을 정지하고 그보다 더 근원적이고 본질적인 심미성을 찾을 때 그 몸은 아름다움을 획득하게 된다. 다시 말해 사회적 시선에 의해 손상되지 않은 자연 그대로의 원형 상태가 장자에게는 가장 아름다운 몸인 것이다. 장자의 생각은 루키즘의 욕망에 휘둘린 우리에게 깊은 성찰의 기회를 제공하고 있다.

그러나 장자의 비판과 해체 전략은 너무 래디컬한 것 같다. 그는 윤리적 삶을 모두 권력 담론의 통제와 훈육에 의해 조장된 허위적 가치로 치부한다. 그는 오로지 자연 본성만 지키려 할 뿐 도덕 가치는 일체 배제하려 한다. 장자가 보기에 도덕이란 자신의 자연적 본성에게 기인하는 게 아니라, 남의 기준에 얽매여서 억지로 흡족해하고 억지로 기뻐하는 것에 불과하다. 도덕은 인위적인 억압으로 인해 자기 본성을 상실한 상태인 것이다.[43] 그렇기 때문에 장자는 모든 윤리성을 비판하고 해체하려고 한다.

하지만 인의(仁義)라는 것이 장자의 생각처럼 그렇게 타율적이고 인위적인 가치체계일 뿐인가? 예악(禮樂)은 개체들의 자연 본성과 아무 관련 없는 권력과 관습의 통제 규범일 뿐인가? 적어도 순자(荀子)를 제외한다면, 이러한 장자식의 규정에 동의할 유학자는 없을 것이다. 그들은 아마 인의예악이란 자연본성에 가장 부합하는 가치와 규범들이라고 이야기할 것이다.

---

43) 『莊子』「騈拇」, 夫不自見而見彼, 不自得而得彼者, 是得人之得而不自得其得者也, 適人之適而不自適其適者也. 夫適人之適 而不自適其適, 雖盜跖與伯夷, 是同爲淫僻也. 余愧乎道德, 是以上不敢爲仁義之操, 而下不敢爲淫僻之行也.

자연적 본성에 도덕성이 내재한다는 주장(性善)을 사실명제로 받아들인 것인가 아니면 그것을 권력에 의해 훈육되어 본성화된 결과로 간주할 것인가의 문제는 지금 논쟁할 필요가 없다. 여기에서 중요한 것은 그 성선에 관한 담론으로부터 유교적 몸의 의미를 다시 생각할 여지가 생긴다는 사실이다. 앞서 논의한 바에 따르면, 유교에서 몸은 공동체의 상호주관적 시선에 의해 규정되고 구성될 때 비로소 의미를 얻게 되는 것이었다. 그리고 수신(修身)은 몸이 사회적 가치를 잘 표현해내는 사회적 기표로 작용할 수 있도록 자신을 닦아가는 것이었다. 요컨대 몸은 사회적 관계망 안에 위치하여 사회 윤리적 가치를 수행하고 파급하는 주체인 것이다.

　그러나 인간의 본성을 도덕성으로 규정하고 몸을 바라본다면 몸과 사회의 관계는 역전된다. 몸은 자기 내부의 도덕 본성을 외부의 타자에게로 드러내 보이는 덕의 기표가 된다. 그리고 공동체의 시선은 내발(內發)하는 덕의 징표를 독해하고 수용하는 수동적 시선이 된다. 몸은 내면의 덕성을 드러내는 주체이지 외재적 규율에 의해 통제되는 객체가 아니며, 외재적 규율은 내면의 덕성에 비해 부차적인 것에 불과하다는 것이다.[44]

> 군자가 본성으로 지니는 인의예지(仁義禮智)는 마음에 뿌리를 두고 있는데, 그것이 겉모양으로 발하면 얼굴에 환하게 드러나고 등에 넘쳐흐르며 사체(四體)에 뻗친다. 그러면 사체는 말하지 않아도 그것을 알아 저절로 행동한다.[45]

---

[44] 『論語』「八佾」, 子曰: "人而不仁, 如禮何? 人而不仁, 如樂何?"

[45] 『孟子』「盡心」上, 君子所性, 仁義禮智根於心. 其生色也, 睟然見於面, 盎於背, 施於四體, 四體不言而喻.

몸은 내면의 덕성을 자발적으로 드러낼 때 그 심미성을 획득할 수 있다. 맹자는 내면의 덕성이 무르익으면 얼굴로 환하게 드러나고 등에 넘쳐흐르며 사체에서 저절로 실행된다고 말한다. 수면앙배(睟面盎背), 이것은 몸의 가장 아름다운 양태이다. 몸은 제도와 규율에 잘 길들여져 있을 때 아름다운 것이 아니라 내면의 덕성을 잘 드러낼 때 아름다운 것이다. 가장 아름다운 몸은 내면의 덕과 진정성이 배어 나온 몸이다. 그런 몸은 아름다움을 밝고 뚜렷하게 드러내어 많은 이들을 감동시키고 감화시킬 수 있다.[46] 만일 내면의 진정성은 결여한 채 타자의 시선 앞에서 미끄러운 혀와 번지르르한 낯빛(巧言令色)만 꾸며댄다면, 그것은 덕을 아는 군자에게는 추악하고 불쾌한 모습에 불과하다.[47]

유가의 수신도 이러한 맥락에서 이해되어야 한다. 수신이란 타율적인 규범들을 몸으로 익혀 그 규범들이 함축하는 사회적 가치를 몸에 삼투하고, 그로써 자연적 몸을 사회적 몸으로 변화시켜가는 과정이 아니다. 수신은 주체 스스로 윤리적 삶을 살아갈 수 있는 길을 모색해가는 것이다. 그래서 이것은 자기를 마주하여 자기로부터 그 근거를 찾고 또 그 근거에 따라 자신을 가꾸어 가는 자기만의 삶의 기술이다. 그렇기 때문에 수신은 정심(正心)과 성의(誠意)라는 자기 근거적 성찰과 덕성의 계발을 거칠 때 비로소 이루어지는 것이다.

소인배는 혼자 있을 때 불선한 짓을 하며 못하는 것이 없다가, 군

---

46) 『中庸』 제23장, 誠則形, 形則著, 著則明, 明則動, 動則變, 變則化, 唯天下至誠爲能化.
47) 『論語』 「學而」, 子曰: "巧言令色, 鮮矣仁!"

자를 보고 나면 슬그머니 자기의 불선한 행실을 감추고 위선적인 낯빛을 드러낸다. 하지만 남이 자신을 알아보는 것이 마치 그 폐와 간을 뚫어보는 듯한데, 그렇게 감춘들 무슨 소용이 있겠는가? 이런 것을 일러 "마음에서 진실하면 몸 밖으로 드러난다"라고 하는 것이다. 그러므로 군자는 반드시 신독(愼獨)하는 것이다. 증자(曾子)께서 말씀하시길, "열 개의 눈이 뚫어 보고 열 개의 손이 가리키는 것 같구나. 그 삼엄함이여!"라고 하셨다. 부유함은 집을 윤택하게 하고 덕은 몸을 광채 나게 하나니, 마음이 넓어지면 몸은 편안해진다. 그러므로 군자는 반드시 성의(誠意) 공부를 하는 것이다.[48]

소인배는 군자 앞에서 선한 행위를 내보인다. 이것은 그가 자기 몸을 타자의 시선과 사회적 규범에 맞게 관리하고 있다는 것이다. 그의 행위는 겉으로 봐서는 사회적 의미를 잘 수행하고 있는 기표이다. 그러나 『대학』에서는 그의 몸을 인정하지 않는다. 그 몸은 진정성을 드러내지 않은 위선적 모습이기 때문이다.

『대학』이 요구하는 것은 겉모양새만 바로잡는 것이 아니라 자기 내면을 진실하게 만드는 것이다. 내면의 상태는 반드시 몸으로 드러나게 마련(誠於中, 形於外)이어서 감추려 한들 소용이 없다. 불선한 내면은 그 위선적 몸을 투과하여 밖으로 드러나고 결국 타자의 시선에 포착되고 만다. 거꾸로 말하면 타자의 시선은 반드시 폐부를 꿰뚫듯 그의 내면에까지 이르게 된다는 것이다. 바로 이러한 점에서 몸을 닦는다는 것은 마음을 닦는 것일 수밖에 없는 것이다. 마음을 닦지 않고서는 몸이 반듯해질 수 없기 때문이다.

신독(愼獨)의 수양은 이 점에서 또 다른 중요한 의미를 갖는다.

---

48) 『大學』, 小人閒居爲不善, 無所不至, 見君子而后厭然, 揜其不善, 而著其善. 人之視己, 如見其肺肝然, 則何益矣. 此謂誠於中, 形於外, 故君子必愼其獨也. 曾子曰: "十目所視, 十手所指, 其嚴乎!" 富潤屋, 德潤身, 心廣體胖, 故君子必誠其意.

'독'(獨)은 '남들은 아직 모르고 자신만 홀로 아는 자기 마음 상태'[49] 이기 때문에, 쉽게 자신을 속이고(自欺) 불선을 저지를 수 있는 위기의 순간이기도 하다. 『대학』은 바로 이때 다른 사람이 내 속을 훤히 들여다보고 있는 것처럼 여기고서 자기 자신을 속이지 말아야 한다(毋自欺)고 말하고 있다.

그러나 신독 공부에서 타자의 시선은 방편일 뿐이다. '독'의 순간 자기 내면을 주시하는 이는 타자가 아니라 나 자신이다. 나의 시선이 나에게 이르러 스스로를 감시하는 것이다. 그래서 이때는 자기가 자신을 마주 대하는 때인 것이다. 자기의 시선으로 자기를 바라보고 자기를 위하여 자기를 바로잡는 과정, 이러한 점에서 신독은 자기 근거적이고 자기충족적인 공부인 것이다. 이것은 일체의 타자적 시선과 사회적 가치 규범을 탈각하고 오직 자신에게 관심을 기울여서 스스로를 윤리적 주체로 만들어가는 과정이다. 신독의 공부는 타인을 위한 공부가 아니라 자기를 위한 공부(爲己之學), 즉 몸의 재귀인 것이다.

이러한 자기 충족의 공부는 유가의 신체미학으로 나아간다. 자기에게 충실한 공부를 통해 내면의 덕성이 무르익고 나면 몸이 저절로 광채를 발할 것이다. 그리고 마음이 넓어지고 나면 몸은 저절로 편안하고 느긋해질 것(心廣體胖)이다. 광채를 발하면서 편안하고 느긋한 몸, 이것이 유가에서 말하는 아름다운 몸이다. 이 아름다운 몸은 자기를 윤리적 주체로 바로 세워갈 때 비로소 만들어질 수 있다. 그것은 겉모양을 치장한다고 해서 이루어지는 게 아니라 자기

---

49) 朱熹, 『大學章句集注』, 獨者, 人所不知而己所獨知之地也.

내면을 얼마나 윤리적으로 가꾸느냐에 따라 결정되는 것이다. 이러한 점에서 유가의 신체미학은 윤리적 미학이라고 할 수 있다.

물론 유가에서는 외재적 가치 규범과 타자의 시선을 의식하지만, 그것은 내면의 도덕 본성보다 부차적인 것이다. 외재적 가치 규범은 내면의 덕성을 내발시키기 위한 장치일 뿐이고 타자의 시선은 자기의 시선을 이끌기 위한 도구일 뿐이다. 유가의 몸은 외재적 틀보다는 내면의 덕성을 드러내는 상징이다. 이러한 점에서 유가의 신체는 몸 스스로 주체인 것이며 수신은 그 주체화를 이루는 자기 테크놀로지인 것이다.

유가에 있어 아름다운 몸은 윤리성을 짙게 함축하고 있다. 장자에게 있어서라면 그 윤리적 신체 미학은 비판의 대상이 된다. 장자에 따르면, 아름다운 몸은 일체의 사회적 기준과 도덕 가치를 배제하고 원본의 자연 생명을 잘 보존할 때 이루어지는 것이기 때문이다. 그러나 장자와 유가의 신체관에는 중요한 공통분모가 존재한다. 양자 모두 몸을 사회로부터 자기에게로 귀환시키고 있고, 그런 재귀적 몸에서 심미성을 찾고 있다는 점이다. 유가와 장자는 모두 타자의 시선이 아닌 나의 시선으로, 외재적 규율이 아닌 자기 내발적 근거로, 통제와 훈육이 아닌 자기 돌보기와 자기 배려로 몸을 가꿀 것을 주문하고 있다. 이러한 점에서 유가와 장자는 자기 몸을 잊고 타자의 몸을 갈구하는 현대의 루키즘에 대해 몸이 자신에게 귀환하는 항로를 열어 보여주고 있다.

6. 나가는 말

이 글에서는 '루키즘'으로 귀결되는 현대사회의 몸의 욕망을 문화심리학적으로 분석하고 그것에 대한 동양철학적 대안을 모색해 보고자 하였다. 이 글에서는 먼저 몸에 관한 푸코의 논의에 기대어, 아름다운 외모를 향한 욕망은 사실 사회의 권력과 담론이 만들어 낸 허구적 구성물에 불과할 뿐 주체의 자발적 욕망이 아니라는 점을 밝히고자 하였다. 즉 개인은 권력의 담론이 조장한 이상적 신체 기준을 자기 신체 기준으로 간주하고 그것을 욕망하는 것일 뿐 자기 몸에 대한 자발적 욕망을 갖는 것은 아니라는 것이다. 이것은 신체의 탈주체화라고 할 수 있는데, 소비자본주의시대 대중매체의 공모가 더해지면서 이러한 탈주체화의 현상은 더욱 심화되고 있다.

이 연구는 이러한 사회구성주의적 시각에 입각하여 루키즘이 한국에서 더욱 성행하는 원인을 탐색하고 있다. 이를 위해 '객체화 신체의식'에 관한 심리학의 연구에 기대어 현대 사회의 루키즘 욕망을 조명하였다. 그리고 그것을 유교적 몸 담론의 영향과 연결하였다. 유교 담론에 따르면 몸은 사회 종속적인 것이다. 자아는 공동체의 상호주관적 시선 안에서 몸을 통해 스스로 드러낸다. 따라서 유교적 담론 질서 안에 있는 몸은 타인의 시선으로부터 자기 존재를 확인하게 되는 것이고, 자기 존중감의 척도 역시 타자의 시선에서 얻게 되는 것이다. 유교문화에서 몸이 사회적 존재로 규정되고 있다는 사실은 한국사회의 루키즘을 추동하는 불편한 요인으로 작동하고 있다.

이 글에서는 그 대안을 찾기 위해 사회적 몸에 대한 장자의 해체

전략을 검토하였다. 장자는 우리 몸의 욕망이란 사실 사회 담론에 의해 조장된 거짓 욕망일 뿐이라고 폭로하면서 사회적 몸을 해체하고 자연의 무욕 상태로 돌아가야 한다고 주장한다. 이러한 장자의 작업은 사회의 억압 구조에 대한 비판이라는 점에서 일정한 의미를 가지는 것이었다. 그러나 장자의 비판적 전략에는 한계가 있다. 왜냐하면, 그의 주장에는 인간의 삶에서 윤리적 측면이 본래적인 것임을 인정하지 않기 때문이다. 이러한 점에서 이 글은 몸에 관한 유교담론의 심층적 함의를 다시 조명하고자 하였다. 유교담론에서 몸은 사회적 가치를 수행하는 기호 체계이기도 하지만, 그보다 근본적으로 주체 내면의 진정성을 드러내는 기표로 규정된다. 그리고 修身은 타자의 눈에 몸을 맞추는 것이 아니라 자기 본성을 몸으로 체현하는 것이다. 이것은 내면으로부터 자기 몸을 아름답게 가꾸어가는 일종의 윤리적 미학이다. 여기에 유교적 몸 담론의 참된 의의가 있으며, 현대사회의 루키즘에 유학이 제시하는 의의가 있다.

참고문헌

朱熹, 『四書集注』, 北京: 中華書局, 2000.

郭慶藩, 『莊子集釋』(全四冊), 北京: 中華書局, 1982.

미셸 푸코, 박정자 옮김, 『사회를 보호해야 한다』 서울: 동문선, 1998.

_____, 오생근 옮김, 『감시와 처벌』, 서울: 나남, 2007.

_____, 『성의 역사 1: 앎의 의지』, 이규현 옮김, 서울: 나남, 1996.

_____, 이희원 옮김, 『자기의 테크놀로지』, 서울: 동문선, 1997.

_____, 심세광 옮김, 『주체의 해석학』, 서울: 동문선, 2007.

김종갑, 『타자로서의 몸, 몸의 공동체』, 서울: 건국대출판부, 2004.

조용진, 『미인』, 서울: 해냄, 2007.

크리스 쉴링, 임인숙 옮김, 『몸의 사회학』, 서울: 나남, 1999, 69쪽.

S. Bordo, *The Unbearable Weight*, Univ of california press, 1993.(박오복 옮김, 『
　　　참을 수 없는 몸의 무거움』, 서울: 또하나의 문화, 2003.)

박원재, 「몸에 대한 장자의 비판적 기호학」, 『전통과 현대』 제8호, 전통과현
　　　대사, 1999.

박은아, 「신체 존중감이 주관적 안녕감에 미치는 영향에 관한 비교문화 연
　　　구: 한국과 미국 여대생을 대상으로」, 『한국심리학회지 일반』 제22
　　　집, 한국심리학회, 2003.

손은정, 「공적 자기의식, 사회문화적 가치의 내면화 및 신체상에 대한 태도
　　　가 성형 의도에 미치는 영향」, 『한국심리학회지 여성』 제19호, 한국
　　　심리학회, 2007.

_____, 「공적 자기의식, 신체에 대한 감시, 신체에 대한 수치심이 섭식 행
　　　동에 미치는 영향」, 『한국심리학회지 상담 및 심리치료』 제19호, 한
　　　국심리학회, 2007.

오상무, 「인간을 보는 두 시각: 『순자』와 『장자』」, 『철학연구』 제36집, 고려
　　　대학교 철학연구소, 2008.

이소희, 「메를로 퐁티와 푸코의 신체론 비교: 선험적 주체와 자연주의적 신

체를 넘어서」, 『철학연구』 제37집, 고려대학교 철학연구소, 2009.

이승환, 「후기 - 근대적 신체의 부박함에 대하여」, 『인문연구』, 제47호, 영남 인문과학연구소, 2004.

_____, 「눈빛, 낯빛, 몸짓」, 『감성의 철학』, 서울: 민음사, 1996.

임인숙, 「미용성형공화국의 고지되지 않은 위험」, 『사회와 역사』 제88집, 한 국사회사학회, 2010.

정용민, 「대학생의 외모에 대한 사회문화적 태도, 객체화된 신체의식, 사회 적 체형 불안이 신체활동에 미치는 영향」, 『한국사회체육학회지』 제 43호, 한국사회체육학회, 2011.

홍경실, 「푸코철학의 전기와 후기에 있어서 우리의 몸에 대한 이해 비교」, 『 철학연구』 제38집, 고려대학교 철학연구소, 2010.

조현순, 「여성의 몸; 수잔 보르도와 주디스 버틀러」, 『비평과 이론』 제7권 2 호, 한국비평이론학회, 2002.

N. M. McKinley & J. S. Hyde, "The Objectified Body Consciousness Scale", *Psychology of Women* 20, 1996.

Asian Plastic Surgery Guide<http://www.asianplasticsurgery.com>

글의 출처

김형찬, 「생태적 미래와 자발적 가난」, 한국동양철학회, 『동양철학』, 36집 (2011), 143~164쪽.

고현범, 「다문화주의 속의 욕망」, 한국헤겔학회, 『헤겔연구』, 31집(2012), 351~370쪽.

김철운, 「강요된 교육경쟁과 물화된 자기실현」, 강원대학교 인문과학연구소, 『인문과학연구』, 34집(2012), 287~313쪽.

소병일, 「욕망과 폭력: 국가 폭력을 정당화시키는 욕망의 담론 구조에 관하여」, 고려대학교 철학연구소, 『철학연구』, 47집(2013), 37~64쪽.

이승환, 「토지 불로소득과 분배정의」, 한국철학사상 연구회, 『시대와 철학』, 22권 3호(2011), 175~206쪽.

이진남, 「왜곡된 욕망과 정신건강: 치료제로서의 심리상담과 철학상담」, 고려대학교 철학연구소, 『철학연구』, 44집(2011), 207~232쪽.

이찬, 「맹목적 욕망과 자기인식의 결여: 부끄러움에 대한 철학적 인간학의 성찰」, 범한철학회, 『범한철학』, 63집(2011), 93~124쪽.

조준호, 「생존지속 욕망에 대한 불교적 검토」, 불교학연구회, 『불교학연구』, 31집(2012), 251~296쪽.

허경, 「생명 권력과 '욕망인의 분석'」, 서강대학교 생명문화연구소, 『생명연구』, 19집(2011), 193~216쪽.

홍성민, 「질주하는 몸의 욕망과 자아의 재귀」, 고려대학교 철학연구소, 『철학연구』, 44집(2011), 267~302쪽.

김형찬

고려대학교 국어국문학과-철학과를 졸업하고 동 대학원에서 철학 박사학위를 취득했으며, 전 동아일보 학술전문기자를 거쳐 현재 고려대학교 철학과 교수이다. 주요 논문으로는 「여주이씨·성호학파의 지식논쟁과 지식권력의 형성」, 「통일의 가치와 통일철학의 성찰」, 「조선유학의 理 개념에 나타난 종교적 성격 연구」, 「마음의 理氣와 자연의 理氣」, 「內聖外王을 향한 두 가지 길」, 「위정척사론의 저항적 민족주의와 국민국가 체제 이후의 문화중심주의」 등이 있다.

고현범

고려대학교 생물학과를 졸업하고 동 대학원에서 철학 박사학위를 취득했으며, 현재 고려대학교 철학연구소 연구교수이다. 주요 논문으로는 「다문화주의 속 욕망: 이데올로기 비판을 중심으로」, 「폭력과 정체성: 다문화주의를 중심으로」, 「헤겔 철학 체계에서 우연성과 주체구성의 관계: 지젝의 헤겔 철학 독해를 중심으로」, 「현대 폭력론에 관한 연구: 발터 벤야민의 "폭력비판론"에 대한 데리다의 독해를 중심으로」 등이 있으며, 저서로는 『휴대전화, 철학과 통화하다』, 번역서로는 『생각』(사이먼 블랙번), 『선』(사이먼 블랙번), 『논변의 사용』(스티븐 툴민)이 있다.

김철운

강원대학교 철학과를 졸업하고 동 대학원에서 철학 박사학위를 취득했으며 현재 강원대학교 철학과에 출강하고 있다. 주요 논문으로는 「農巖金昌協三淵金昌翕人性與物性同論之研究」(中文), 「화이분별론의 정형화 과정과 그 비판적 고찰」, 「공자의 앎(知): 人道의 실현」, 「공자-죽음에서 삶의 희망을 봄」, 「순자의 욕망론」, 「『십익』子曰문장의 철학적 검토」, 「놀이하는 몸(homo ludens): 자연과 인공의 경계에서-고려시대의 산수유기(山水遺記)를 중심으로」 등이 있고, 저서로는 『유가가 보는 평천하의 세계』, 『공자와 유가』, 『순자와 인문세계』 등이 있으며, 번역서로는 『중국경학사의 기초』(공역), 『일곱 주제로 만나는 동서비교철학』이 있다.

소병일

고려대학교 철학과를 졸업하고 동 대학원에서 철학 박사학위를 취득했으며 현재 고려대학교 철학연구소 연구교수이다. 주요 논문으로는 「헤겔의 욕망론」(박사학위논문), 「예나 시기 헤겔의 욕망과 인정 개념」, 「정념의 형이상학과 그 윤리학적 함의」, 「인륜성의 실현으로서 욕망의 변증법」, 「이성과 감정의 이원론을 넘어: 현대 감정론을 통해서 본 헤겔의 감정론」, 「욕망과 폭력: 국가폭력을 정당화시키는 욕망의 담론구조에 관하여」, 「공감과 공감의 윤리적 확장: 흄과 막스 셸러를 중심으로」 등이 있다. 서양철학에서 욕망과 감정의 문제를 중심으로 연구 중이다.

이승환

고려대학교 철학과를 졸업하고 국립대만대학 철학연구소에서 석사학위, 미국 하와이 주립대에서 박사학위를 취득했으며 현재 고려대학교 철학과 교수이다. 주요 논문으로는 「주자 수양론에서 미발(未發)의 의미」, 「주자는 왜 미발체인에 실패하였는가?」, 「성리학 기호 배치방식으로 보는 조선유학의 분기」 등이 있으며, 저서로는 『유가사상의 사회철학적 재조명』, 『유교 담론의 지형학』, 『횡설과 수설: 4백 년을 이어온 조선유학 성리논쟁에 대한 언어분석적 해명』 등이 있다. 현재는 조선유학의 성리 논쟁을 분석철학적으로 해명하는 일에 관심을 가지고 연구를 진행하고 있다.

이진남

고려대학교 철학과를 졸업하고 동 대학원을 졸업했으며 미국 성토마스대학교 토마스 아퀴나스 철학연구소에서 토마스 아퀴나스 윤리학에 대한 논문으로 박사학위를 취득했다. 미국 철학상담사와 한국 철학상담치료 수련감독이며 강원대학교 철학과 교수이다. 주요 논문으로 「지성과의 화해: 아리스토텔레스와 아퀴나스의 욕구 개념」, 「철학상담의 한국적 적용을 위한 기초이론연구」, 「윤리이론으로서의 신명론」, 「토마스주의 자연법윤리에서 신자연법주의와 환원주의 자연법주의」 등이 있으며, 저서로 『종교철학: 종교는 무엇이고 신은 어떤 존재일까?』, 『왜 철학상담인가?』, 『논쟁과 철학』 등이 있다.

이찬

고려대학교 한문학과를 졸업하고 동 대학원 철학과를 졸업했으며 미국 하와이대학교 철학과에서 주자의 덕윤리와 도덕심리학에 관한 논문으로 박사학위를 취득했다. 현재 한림대학교 철학과 교수이다. 주요 논문으로 「지행문제의 도덕심리학적 이해」, 「Zhu Xi on Moral Motivation: An Alternative Critique」, 「유표성이론을 통한 인지주의와 비인지주의 재해석」, 「맹자 독해의 정치철학적 함의와 經과 史의 긴장」 등이 있다.

조준호

동국대학교 및 인도 델리대학교 불교학과에서 석사학위와 박사학위를 취득했다. 한국외국어대학교 인도연구소 연구원, BK(Brain Korea)21 불교사상연구단과 동국대 불교학술원 전임연구원을 역임했다. 주요 논문으로 「대승의 소승폄하에 대한 반론」, 「초기불교에 있어 止 觀의 문제」, 「위빠사나 수행의 인식론적 근거」, 「초기불교중심교리와 선정수행의 제 문제: 화두선 전통과의 교두보 확보를 위하여」, 「무명(無名)과 공(空): 욕망의 비실재성에 대한 불교적 통찰」, 「평상심(平常心)과 도(道): 욕망의 질적 전환을 통한 삶의 대긍정」 등이 있고, 저서로는 『우파니샤드 철학』과 『불교—종교문화적 그리고 사상적 기원에 대한 비판적 검토』, 『실천불교의 이념과 역사』(공저)가 있으며, 번역서로는 Kahawatte Siri Sumedha Thera의 『인도불교부흥운동의 선구사: 제2의 아소카 아나가리카 다르마팔라』 등이 있다.

허경

고려대학교 불어불문학과를 졸업하고 동 대학원 철학과에서 석사학위, 프랑스 스트라스부르대학교에서 「미셸 푸코와 근대성」이라는 제목으로 박사학위를 취득했다. 고려대학교 응용문화연구소와 철학연구소에서 연구교수를 역임했다. 주요 논문으로 「미셸 푸코의 『말과 사물』에 나타난 '생명' 개념」, 「체계에의 정열―푸코의 레비스트로스 수용」 등이 있고, 저서로 『미술은 철학의 눈이다』(공저)가 있다.

홍성민

한국외국어대학교 철학과 및 중국어과를 졸업하고 고려대학교 대학원 철학과에서 석사학위 및 박사학위를 취득했다. 고려대학교 민족문화연구원 한국사상연구소 연구원, 중국사회과학원 역사연구소 방문학자, 고려대학교 철학연구소 연구교수를 거쳐 현재 숙명여자대학교 교양교육원 교수이다. 주요 논문으로 「從工夫論看朱子知識論的意義: 以身體與實踐知的關係爲中心」, 「戴震之中和論」, 「수욕달정(遂欲達情), 공감의 윤리와 욕망의 소통」, 「주자 수양론에서 기질변화설의 의미」, 「주자 미발론의 특징: 일상의 수양을 위한 마음 이론」 등이 있고, 저서와 번역서로는 『從民本走向民主: 黃宗羲思想研究』(공저)와 『성학십도(聖學十圖): 역주와 해설』(공역)이 있다.

욕망의 문제틀로 읽는 현대사회

초판인쇄   2014년 9월 25일
초판발행   2014년 9월 25일

지은이   김형찬·고현범·김철운·소병일·이승환·이진남·이찬·조준호·허경·홍성민
펴낸이   채종준
펴낸곳   한국학술정보㈜
주소   경기도 파주시 회동길 230(문발동)
전화   031) 908-3181(대표)
팩스   031) 908-3189
홈페이지   http://ebook.kstudy.com
전자우편   출판사업부 publish@kstudy.com
등록   제일산-115호(2000. 6. 19)

ISBN   978-89-268-6685-6 93100